"十二五"国家重点图书出版规划

法律科学文库
LAW SCIENCE LIBRARY

总主编 曾宪义

平行进口法律规制的比较研究

王春燕　著

A Comparative Study on Legal
Regulation to Parallel Imports

中国人民大学出版社
·北京·

总　序

曾宪义

"健全的法律制度是现代社会文明的基石"，这一论断不仅已为人类社会的历史发展所证明，而且也越来越成为人们的共识。在人类历史上，建立一套完善的法律体制，依靠法治而促进社会发展、推动文明进步的例证，可以说俯拾即是。而翻开古今中外东西各民族的历史，完全摒弃法律制度而能够保持国家昌隆、社会繁荣进步的例子，却是绝难寻觅。盖因在摆脱了原始和蒙昧以后，人类社会开始以一种"重力加速度"飞速发展，人的心智日渐开放，人们的利益和追求也日益多元化。面对日益纷纭复杂的社会，"秩序"的建立和维持就成为一种必然的结果。而在建立和维持一定秩序的各种可选择方案（暴力的、伦理的、宗教的和制度的）中，制定一套法律制度，并以国家的名义予以实施、推行，无疑是一种最为简洁明快，也是最为有效的方式。随着历史的演进、社会的发展和文明的进步，作为人类重要精神成果的法律制度，也在不断嬗变演进，不断提升自身的境界，逐渐成为维持一定社会秩序、支撑社会架构的重要支柱。17世纪以后，数次发生的工业革命和技术革命，特别是20世纪中叶发生的电子信息革命，给人类社会带来了天翻地覆的变化，不仅直接改变了信息交换的规模和速度，而且彻底改变了人们的生活方式和思维方式，使人类生活进入了更为复杂和多元的全新境界。在这种背景下，宗教、道德等维系社会人心的传统方式，在新的形势面前越来越显得力不从心。而理想和实际的选择，似乎是透过建立一套理性和完善的法律体制，给多元化社会中的人们提供一套合理而可行的共同的行为规则，在保障社会共同利益的前提下，给社会成员提供一定的发挥个性的自由空间。这样，既能维持社会整体的大原则、维持社会秩序的基本和谐和稳定，又能在此基础上充分保障个人的自由和个性，发挥每一个社会成员的创造力，促进社会文明的进步。唯有如此，方能达到稳定与发展、整体与个人、精神文明与物质进步皆能并行不悖的目的。正因为如此，近代以来的数百年间，在东西方各主要国家里，伴随着社会变革的大潮，法律改革的运动也一直呈方兴未艾之势。

　　中国是一个具有悠久历史和灿烂文化的国度。在数千年传承不辍的中国传统文化中，尚法、重法的精神也一直占有重要的位置。但由于古代社会法律文化的精神旨趣与现代社会有很大的不同，内容博大、义理精微的中国传统法律体系无法与近现代社会观念相融，故而在19世纪中叶，随着西方列强对中国的侵略，绵延了数千年的中国古代法律制度最终解体，中国的法制也由此开始了极其艰难的近现代化的过程。如果以20世纪初叶清代的变法修律为起点的话，中国近代以来的法制变革活动已经进行了近一个世纪。在这将近百年的时间里，中国社会一直充斥着各种矛盾和斗争，道路选择、主义争执、民族救亡以及路线斗争等等，使整个中国一直处于一种骚动和不安之中。从某种意义上说，社会变革在理论上会给法制的变革提供一定的机遇，但长期的社会骚动和过于频繁的政治剧变，在客观上确实曾给法制变革工作带来过很大的影响。所以，尽管曾经有过许多的机遇，无数的仁人志士也为此付出了无穷的心力，中国近百年的法制重建的历程仍是步履维艰。直至20世纪70年代末期，"文化大革命"的宣告结束，中国人开始用理性的目光重新审视自身和周围的世界，用更加冷静和理智的头脑去思考和选择自己的发展道路，中国由此进入了具有非凡历史意义的改革开放时期。这种由经济改革带动的全方位民族复兴运动，也给蹉跎了近一个世纪的中国法制变革带来了前所未有的机遇和无限的发展空间。

应该说，自1978年中国共产党第十一届三中全会以后的20年，是中国历史上社会变化最大、也最为深刻的20年。在过去20年中，中国人民高举邓小平理论伟大旗帜，摆脱了"左"的思想的束缚，在政治、经济、文化各个领域进行全方位的改革，并取得了令世人瞩目的成就，使中国成为世界上最有希望、最为生机勃勃的地区。中国新时期的民主法制建设，也在这一时期内取得了令人惊喜的成就。在改革开放的初期，长期以来给法制建设带来巨大危害的法律虚无主义即得到根除，"加强社会主义民主，健全社会主义法制"成为一个时期内国家政治生活的重要内容。经过近二十年的努力，到90年代中期，中国法制建设的总体面貌发生了根本性的变化。从立法上看，我们的立法意识、立法技术、立法水平和立法的规模都有了大幅度的提高。从司法上看，一套以保障公民基本权利、实现司法公正为中心的现代司法诉讼体制已经初步建立，并在不断完善之中。更为可喜的是，经过近二十年的潜移默化，中国民众的法律意识、法制观念已有了普遍的增强，党的十五大确定的"依法治国"、"建设社会主义法治国家"的治国方略，已经成为全民的普遍共识和共同要求。这种观念的转变，为中国当前法制建设进一步完善和依法治国目标的实现提供了最为有力的思想保证。

众所周知，法律的进步和法制的完善，一方面取决于社会的客观条件和客观需要，另一方面则取决于法学研究和法学教育的发展状况。法律是一门专业性、技术性很强，同时也极具复杂性的社会科学。法律整体水平的提升，有赖于法学研究水平的提高，有赖于一批法律专家，包括法学家、法律工作者的不断努力。而国家法制总体水平的提升，也有赖于法学教育和法学人才培养的规模和质量。总而言之，社会发展的客观需要、法学研究、法学教育等几个环节是相互关联、相互促进和相互影响的。在改革开放的20年中，随着国家和社会的进步，中国的法学研究和法学教育也有了巨大的发展。经过20年的努力，中国法学界基本上清除了"左"的思想的影响，迅速完成了法学学科的总体布局和各分支学科的学科基本建设，并适应国家建设和社会发展的需要，针对法制建设的具体问题进行深入的学术研究，为国家的立法和司法工作提供了许多理论支持和制度上的建议。同时，新时期的法学教育工作也成就斐然。通过不断深入的法学教育体制改革，当前我国法学人才培养的规模和质量都有了快速的提升。一大批用新思想、新体制培养出来的新型法学人才已经成为中国法制建设的中坚，这也为中国法制建设的进一步发展提供了充足和雄厚的人才准备。从某种意义上说，在过去 20 年中，法学界的努力，对于中国新时期法制建设的进步，贡献甚巨。其中，法学研究工作在全民法律观念的转变、立法水平和立法效率的提升、司法制度的进一步完善等方面所发挥的积极作用，也是非常明显的。

　　法律是建立在经济基础之上的上层建筑，以法律制度为研究对象的法学也就成为一个实践性和针对性极强的学科。社会的发展变化，势必要对法律提出新的要求，同时也将这种新的要求反映到法学研究中来。就中国而言，经过近二十年的奋斗，改革开放的第一阶段目标已顺利实现。但随着改革的逐步深入，国家和社会的一些深层次的问题也开始显现出来，如全民道德价值的更新和重建，市场经济秩序的真正建立，国有企业制度的改革，政治体制的完善等等。同以往改革中所遇到的问题相比，这些问题往往更为复杂，牵涉面更广，解决问题的难度也更大。而且，除了观念的更新和政策的确定外，这些复杂问题的解决，最终都归结到法律制度上来。因此，一些有识之士提出，当前中国面临的难题或是急务在于两个方面：其一，凝聚民族精神，建立符合新时代要求的民族道德价值，以为全社会提供一个基本价值标准和生活方向；其二，设计出一套符合中国国情和现代社会精神的"良法美制"，以为全社会提供一系列全面、具体、明确而且合理的行为规则，将各种社会行为纳入一个有序而且高效率的轨道。实际上，如果考虑到特殊的历史文化和现实情况，我们会认识到，在当前的中国，制度的建立，亦即一套"良法美制"的建立，更应该是当务之急。建立一套完善、合理的法律体制，当然是一项极为庞大的社会工程。而其中的基础性工作，即理论的论证、框架的设计和实施中的纠偏等，都有赖于法学研究的进一步深入。这就对我国法学研究、法学教育机构和广大法律理论工作者提出了更高的要求。

　　中国人民大学法学院建立于 1950 年，是新中国诞生以后创办的第一所正规高等法学教育机构。在其成立的近半个世纪的岁月里，中国人民大学法学院以其雄厚的学术力量、严谨求实的学风、高水平的教学质量以及极为丰硕的学术研究成果，在全国法学研究和法学教育领域中处于领先行列，并已跻身于世界著名法学院之林。长期以来，中国人民大学法学院的法学家们一直以国家法学的昌隆为己任，在自己的研究领域中辛勤耕耘，撰写出版了大量的法学论著，为各个时期的法学研究和法制建设作出了突出的贡献。

　　鉴于当前我国法学研究所面临的新的形势，为适应国家和社会发展对法学工作提出的新要求，中国人民大学法学院和中国人民大学出版社经过研究协商，决定由中国人民大学出版社出版这套"法律科学文库"，陆续出版一大批能全面反映和代表中国人民大学法学院乃至全国法学领域高品位、高水平的学术著作。此套"法律科学文库"是一个开放型的、长期的学术出版计划，以中国人民大学法学院一批声望卓著的资深教授和著名中青年法学家为主体，并聘请其他法学研究、教学机构的著名法学家参加，组成一个严格的评审机构，每年挑选若干部具有国内高水平和有较高出版价值的法学专著，由中国人民大学出版社精心组织出版，以达到集中地出版法学精品著作、产生规模效益和名著效果的目的。

　　"法律科学文库"的编辑出版，是一件长期的工作。我们设想，借出版"文库"这一机会，集中推出一批高质量、高水准的法学名著，以期为国家的法制建设、社会发展和法学研究工作提供直接的理论支持和帮助。同时，我们也希望通过这种形式，给有志于法学研究的专家学者特别是中青年学者提供一个发表优秀作品的园地，从而培养出中国新时期一流的法学家。我们期望并相信，通过各方面的共同努力，力争经过若干年，"法律科学文库"能不间断地推出一流法学著作，成为中国法学研究领域中的权威性论坛和法学著作精品库。

1999 年 9 月

序

　　平行进口是与知识产权有关的国际贸易领域中一个极为复杂的问题，它集中反映了知识产权制度中的一些基本理论问题，包括知识产权的权利穷竭原则、地域性与独立保护原则、知识产权许可理论，以及知识产权保护与竞争法的关系等问题。研究这一问题，对于中国知识产权制度基本理论的建构有着重要的意义。随着国际贸易的发展，知识产权与国际贸易的关系日益密切，我国加入WTO后面临诸多国际贸易新课题，其中包括平行进口问题。对此进行恰当、稳定的法律调整已经显得日渐紧迫。研究这一问题，对于我国今后相关法律制度的设计以及经济贸易的发展有重要的实践意义。

　　王春燕博士多年从事知识产权的教学与研究工作，她自2000年起即开始关注平行进口问题，并以"平行进口法律规制的比较研究"为其博士论文的选题，该论文于2003年6月通过了答辩。论文得到了各位匿名评审专家及答辩委员会委员的一致好评，认为该文"在比较分析的基础上提出了许多独到的见解，取得了具有创新价值的研究成果，填补了这一领域的研究空白"。该文随即入选中国人民大学出版社"法律科学文库"。近年有更多的研究者开始关注平行进口问题，而该文的观点、意见与研究方法仍然具有独特的理论意义和实践意义。本书即是在该博士论文基础上加以必要更新后的成果。

该书构建了平行进口法律规制的理论框架，以比较研究与实证分析的方法，从"平行进口的制度性前提"、"权利穷竭原则"、"许可协议和销售合同对平行进口的调整"等多种角度研究平行进口问题，提出了一些有价值的观点。例如，作者对权利穷竭原则进行分析后提出，权利穷竭不等于知识产权穷竭，而是指相关知识产权权利群中的某一项子权利的穷竭；作者提出以混合式权利穷竭原则与修正的权利穷竭原则的"协调化解决方案"、"多重价值选择"以及"逐案演进"等方式实现对平行进口的规制。

我很高兴看到该书的出版。是为序。

赵中孚

2012 年 4 月 30 日

前　言

在国际贸易领域，平行进口现象由来已久。这是一个因知识产权而引起的国际贸易问题。它被视为国际贸易领域中与知识产权有关的最扑朔迷离的现象之一。[①] 平行进口（Parallel Importation，我国台湾地区学者译为"平行输入"），一般是指未经知识产权权利人（著作权人、专利权人、商标权人或者独占被许可人）授权，将由权利人自己或经其同意投放某一特定市场的产品，向知识产权人或独占被许可人所在国或地区的进口。它集中反映了知识产权贸易与货物贸易之间的冲突，以及知识产权保护与国际贸易自由化之间的矛盾。随着知识产权与国际贸易关系的愈益密切，平行进口成为世界贸易组织（WTO）多边贸易体制中的一个重要课题。

随着 WTO 的《与贸易有关的知识产权协

---

① See Christopher Heath，*Parallel Imports and International Trade*，28 IIC 623（1997）.

定》（TRIPs）的签订，知识产权成为 WTO 多边贸易体制的一个重要组成部分。这意味着，知识产权与国际贸易的关系更加密切。WTO 协议的主要目标是为各成员之间的贸易提供充分的竞争机会，它被视为一套致力于开放、公平及无扭曲竞争的规则；而促进公平竞争是其基本原则之一。[①] 在《建立 WTO 协议》的序言中，WTO 的目标被表述为："扩展商品和服务贸易"，"消除国际贸易关系中的歧视待遇"，并"发展一种综合的、更有活力和持久的多边贸易体制"。与此相联系，它所确立的国际贸易的基本规则是："出口货物一般应被允许完全自由地输入进口国。"根据 WTO 协议，除某些例外情况，贸易自由化的承诺普遍适用于所有成员。[②]

　　把知识产权纳入 WTO 的框架内，意味着知识产权的独占性须服从于国际贸易和竞争的规则。知识产权与国际贸易的这种关系体现在 TRIPs 序言所申明的目标之中，即减少对国际贸易的扭曲和阻碍，促进对知识产权的有效和充分的保护，并保证实施知识产权的措施和程序本身不成为合法贸易的障碍。这一目标与 WTO 的目标完全一致。而知识产权与竞争的传统关系，尤其是权利穷竭与平行贸易问题，开始在全球治理的层面上发生转变，使人们通过新的视角讨论存在已久的问题。[③]

　　平行进口反映了错综复杂的利益关系，这种利益关系既包括知识产权人、消费者、平行进口商之间的关系，也包括中小企业和跨国企业之间的利益关系，甚至还可能包括发展中国家与发达国家之间的利益关系；这种利益关系既包括私益之间的关系，如知识产权人与平行进口商之间的关系，也包括私益与公益之间的关系，如权利人与社会公众之间的利益关系。同时，平行进口涉及多个层面的问题，既涉及知识产权制度中的一些基本理论问题，又涉及国际贸易的实践问题；既涉及有关国家的立法和司法，也涉及有关的区域性条约和国际条约，尤其是 WTO 协议。它是一个融合了理论性和实践性、国内法和国际法的问题。

　　平行进口所涉及的知识产权的基本理论问题主要包括：著作权、专利权

---

　　① 参见钟兴国等：《世界贸易组织——国际贸易新体制》，2～7 页，北京，北京大学出版社，1997。

　　② 参见［印］巴吉拉斯·拉尔·达斯：《世界贸易组织协议概要》，刘刚译，1～10 页，北京，法律出版社，2000。

　　③ See Thomas Cottier and Petros C. Mavroidis (ed.), *Intellectual Property：Trade, Competition, and Sustainable Development*, The University of Michigan Press, 2003, Preface.

与商标权的"权利穷竭原则";知识产权的地域性与独立性原则;知识产权的许可制度。在有关许可的问题上,还涉及知识产权保护与反不正当竞争的关系问题。研究这一问题,对中国知识产权制度基本理论的建构具有重要的意义。

由于平行进口涉及许多错综复杂的利益关系和理论问题,在国际层面,迄今为止,对此问题尚未能达成一致的意见,有关的国际条约如TRIPs对该问题也未置可否。① 在国家和地区层面,对该问题的态度则呈现出多样化的状态,例如,在亚太国家和地区中,日本、新加坡、泰国和马来西亚倾向于允许平行进口,其中,日本和新加坡还被视为最自由的平行进口区域;其他一些国家或地区则对涉及不同类型知识产权的产品采取不同的做法。例如,对于商标产品的平行进口,大多数国家或地区未予以禁止,其中,印度、澳大利亚、新西兰以及我国香港和台湾地区对商标产品的平行进口持赞同态度②;而对于著作权产品的平行进口,则存在着比较大的分歧,如澳大利亚③和新西兰允许④,而我国台湾

---

① TRIPs 对平行进口的态度集中反映在其第 6 条的规定上,参见本书第二章第五节对该条内容的介绍与分析。

② 2002 年 6 月 27 日,韩国贸易委员会在一起平行进口案件的处理决定中,认为申请人是案件所涉及的计算机游戏产品在韩国的商标权独占被许可人,被申请人必须停止在韩国销售平行进口产品。据此,韩国贸易委员会确立了韩国第一个官方的规范平行进口的准则。此前,在韩国,平行进口从未被限制或禁止。参见 Kara Josephberg, David Lange et al., *Korean Trade Commission rules against parallel imports*, Intellectual Property & Technology Law Journal, Feb 2003 v15 i2 p. 21. (2)。

③ 澳大利亚自 1991 年开始通过对其著作权法的三次修订,陆续允许唱片和书籍的平行进口,并通过其 2003 年著作权法(平行进口)修正案,允许计算机软件和电子作品的平行进口。

④ 新西兰《商标法》(2002 年)、《著作权法》(1994 年)、《著作权法修订案》(1998 年)均允许将商品平行进口到新西兰,日本则对专利产品的平行进口采取宽松的态度。参见〔印〕甘古力:《知识产权:释放知识经济的能量》,宋建华等译,198、199页,北京,知识产权出版社,2004;*Copyright (Removal of Prohibition on Parallel Importing) Amendment Act 1998*, http: //www. legislation. govt. nz/act/public/1998/0020/latest/DLM426040. html, 2012 - 01 - 13; *A thorny problem—Parallel importing in New Zealand*, http: //www. google. com. hk/url? sa = t&rct = j&q = New + Zealand + trademark++parallel+import+2006&source=web&cd=1&ved=0CCsQFjAA&url=http%3A%2F%2Fwww. ajpark. com%2Farticles%2FPDFs%2Fthorny _ problem _ trade mark _ world _ simon _ fogarty. pdf&ei = irwPT9ScBILBiQfO3Pgy&usg = AFQjCNFEOZ-0NtUj9J02rvQCMxfpDnBJgSA&cad=rjt, 2012 - 01 - 13。

地区则禁止。① 与其他亚太国家和地区相比，中国大陆有关平行进口的立法最为欠缺，目前尚无有关平行进口问题的法律规定以及司法判决。② 这一问题在中国大陆只是最近几年才引起注意。③ 随着国际贸易的发展，国际贸易与知识产权关系的日益密切，我国加入 WTO 后也会面临诸多的国际贸易新课题，其中包括越来越多的平行进口问题，对此实行恰当、稳定的法律调整已经日益急迫。与此同时，面对当前各国立法和司法实践以及国际条约对这一问题所采取的纷繁复杂的态度，我国对该问题应采取哪种做法，才既符合我国国情、又顺应国际潮流，就是一个至关重要的问题。因此，研究这个问题，对于我国今后相关法律制度的设计以及经济贸易的健康发展具有重要的实践意义。

自 20 世纪 70 年代以来，平行进口问题逐渐引起西方学者的重视，从 20 世纪 90 年代至今，该问题一直是知识产权领域中最令人关注的问题之一。④ 在许多国家和地区，如欧盟、美国、日本、我国香港及台湾地区，这一问题一直备受关注和争议。目前，其他国家和地区对该问题的研究现状表现出如下特点：第一，在有关平行进口合法性的问题上一直存在争议，至今尚无一致的意见；分歧主要源于对知识产权制度中的基本理论问题，即知识产权的地域性和独立性，以及著作权、专利权和商标权的权利穷竭原则的不同理解。第二，在研究方法上，主要采取比较法的方法和实证分析的方法，结合相关法院（如欧洲法院、美国联邦最高法院、日本最高法院以及英国伦敦高等法院等）的典型判例，讨论平行进口的合法性问题。第三，开始从原先的主要以"权利穷竭"原则为中心的研究转向多元化的既从权利穷竭的角度，也从合同法的角度的研究，探讨合同约定在相

---

① See Christopher Heath, *Exhaustion and Parallel Imports in Asia*, IIC Vol. 33, 5/2002, pp. 622-623.

② 实际上，自 1995 年平行进口案件就已经在我国出现，但是，法院在审理时却忽视或者回避了平行进口问题。参见本书第六章的有关介绍与分析。

③ 我国台湾地区则从 1984 年开始就出现了平行进口问题，至 1991 年，台北地方法院与板桥地方法院分别对"可口可乐"一案作出了不同的判决结果，从而引发了对平行进口问题的讨论风潮。参见邱志平：《真品平行输入之解析》，77 页，台北，三民书局，1996。

④ See Ansgar Ohly, *Trade Marks and Parallel Importation——Recent Developments in European Law*，30 IIC 512（1999）.

关问题中所扮演的角色。

在我国，自 20 世纪 90 年代中后期开始陆续出现研究平行进口问题的著述，从国内有关平行进口的文献看，平行进口领域中的相关概念尚待厘清，各种学说和规则相互之间的关系尚待梳理；大部分研究仅仅选取了知识产权中的某一项权利作为研究对象，如涉及商标权的平行进口问题，而欠缺对平行进口的共性问题的研究；在研究视角上，主要以"权利穷竭"原则为中心，缺乏多元化的研究视角；在研究方法上，多局限于条文意义上的法律比较，缺乏对各国及地区不同的立法司法实践的实质内容及其背后的社会原因的比较分析；在研究结论上，或者停留在非此即彼的二元选择上，或者因缺乏充分的论证而使其说服力受到影响。此外，还存在一种值得注意的因比较研究中的偏差而导致的研究结论上的轻率与矛盾。①

本书将在现有相关研究的基础上，结合 WTO 多边贸易体制的法律框架，同时采用多种研究方法，通过多元的视角，深入、系统地研究平行进口问题。在对问题进行描述的基础上，关注对问题进行正当化（justification）方面的分析论证，即为什么及怎么样，着力构建一个清晰的理论框架及行之有效的分析工具。本书的问题意识和研究思路主要体现在以下几个方面：

首先，解析基本概念，揭示平行进口的发生机制，论述平行进口中的权利冲突，分析平行进口之利弊与合法性问题。

其次，探讨平行进口问题的基本理论框架，对平行进口领域存在的丰富的学说和规则——包括权利穷竭原则、默示许可理论、商标功能学说、商标保护的双重目的理论、假冒理论和搭便车理论、普遍性原则和地域性原则等——进行全面的论述，描述这些学说和规则的历史演变，梳理这些学说和规则相互之间的关系，展现这些学说和规则在平行进口案件中的运用。同时，研究知识产权许可理论，探讨合同关系对平行进口的调整。

再次，共性研究与个性研究相结合。本书第一章、第二章、第五章和

---

① 例如，有文章指出大部分国家对平行进口持反对态度，相反，有文章则认为目前多数国家均允许平行进口。参见蔡宝刚：《阻却知识产权平行进口的立法思考——以 TRIPs 协议为目标和准则》，载《扬州大学学报》，1998（6）；管敏正：《试论平行进口的合法性及其趋势》，载《山东法学》，1997（3）。

第六章研究共性问题，第三章及第四章则研究个性问题。通过这种结构体例保证研究的系统和深入。

最后，与本书所采用的研究方法和研究视角相关，对于平行进口这一被认为是国际贸易领域中最扑朔迷离的问题，本书将在比较研究的基础上，对现有规制方法作出评价，并对我国平行进口的法律规制提出建议和意见。

目　　录

第一章　平行进口概述

第一节　何为平行进口

一、知识产权的地域性与平行知识产权

知识产权的地域性意味着，根据一国或者地区的法律取得的知识产权只在该国或地区的法域范围内有效，而不能在其他国家或者地区自动地获得保护（指专利权和商标权），或者获得一致的保护（指著作权）。如果要在其他国家或地区也获得专利和商标保护，就需要依照各该国或地区的法律提出申请。对于著作权，绝大多数国家奉行自动保护主义，无须履行申请手续。但是，由于各国著作权法规定有异，同一作品在不同国家所获得的保护水平也是不尽相同的。因此，地域性为知识产权的基

本属性，它实际是知识产权在空间范围上的限制。

根据法律适用的一般原则，各国可以要求在其领土范围内只适用自己的法律；任何国家都不能要求其法律具有域外效力。从这种意义上来说，依一国法律产生的物权也有地域性问题。但是，自19世纪以来，依一国法律创设的有形财产权以及婚姻、继承等方面的人身权为其他国家所承认，而知识产权则仍与公法领域的权利（力）一样具有严格的地域性。对此，有些学者从知识产权的雏形——早期的封建君主赐予的特权——具有地域性这一历史事实来解释知识产权的地域性现象。[①] 这说明了知识产权的地域性源远流长。在现代社会，知识产权没有像同样作为法定权利的物权那样具有超越地域限制的特性，原因主要在于知识产权保护对象的无形性。也就是说，地域性取决于知识产权保护对象——智力成果和工商业信誉的无形性。无论是智力成果还是工商业信誉均缺乏像有形物那样的可认知的界定，它们只有经由法律的直接确认才能成为无形的非物质财产。而各国的经济、技术发展水平不同，文化和价值观以及法律保护传统也各异，因此，为各国法律所认可的智力成果和工商业信誉的范围是不尽一致的。尽管随着知识产权领域的国际协调的进展，尤其是 TRIPs 的缔结，这种差别已日渐缩小，但是，却没有也不可能完全消除。在这种情况下，各国自然也就不会自动承认依照别国法律产生的知识产权。

知识产权的地域性使得在一国或地区受到保护的知识产权的效力不会延伸至其他任何一个国家或地区。然而，基于以下两方面的原因，在其他国家或地区获得知识产权保护具有极为重要的意义。一方面，知识产权的保护对象——智力成果和工商业信誉——是一种无形的信息。这就意味着，这种对象既不可能为权利人所实际控制，又由于信息传播的零边际成本而使得信息的扩散不受任何限制。也就是说，在一国受到保护的对象可以被其他国家的任何人轻易获取并无偿利用。另一方面，随着国际贸易的开展，知识产权产品的市场不再局限于一国，知识产权成为开拓国际市场的重要工具。

早在19世纪后半叶，人们就已经认识到寻求其他国家知识产权保护的重要意义。1883年缔结的《保护工业产权巴黎公约》（以下简称《巴黎

---

① 参见郑成思：《知识产权若干问题辨析》，载《中国社会科学院研究生院学报》，1993（2）。

公约》）的宗旨就是为这种保护提供实现的途径。《巴黎公约》第 2 条确立
了对知识产权保护带来深远影响的国民待遇原则。该条第 1 款规定：任何
本同盟成员国的国民，在工业产权保护方面，在其他本同盟成员国内应享
有各该国法律现在或未来给予该国国民的各种便利；本公约所特别规定的
权利不得遭受任何损害。因而，他们只要遵守对该国国民适用的条件和手
续，就应和该国国民享有同样的保护，并在他们的权利遭受任何侵害时，
得到同样的法律救济。这一原则成为知识产权保护领域的一项基础性原
则，为此后有关知识产权保护的国际条约所吸收。如《保护文学艺术作品
伯尔尼公约》以及 TRIPs 均以国民待遇原则为其基本原则。

国民待遇原则为不同国家或地区的申请人在其他国家或地区寻求知识
产权保护减少了不确定性，降低了成本。根据国民待遇原则，无论是发明
人、作者、商标使用人还是其他申请人均可以在其他国家以与该国国民同
等的条件获得相关知识产权保护。

随着知识产权国际协调的发展，如今，依据《专利合作条约》、《商标
国际注册马德里协定》及其《议定书》或者《商标法律条约》，申请人可
以提出专利国际申请，或者提出商标注册国际申请。无论是专利国际申请
还是商标国际注册申请均简化了程序，为相关申请人减轻了负担、降低了
费用、提高了效率，为申请人在多个国家或地区寻求知识产权保护创造了
更加有利的条件。

因此，就同一项发明创造、商标或作品，其所有人可以在不同的国家
或地区享有知识产权，这些存在于不同国家或地区就同一个对象所授予的
知识产权就构成了"平行"的知识产权，这些知识产权之间互相独立。平
行知识产权成为一道可能阻止平行进口的防线。①

不过，在基于知识产权转让或公司分立而导致的原所有人就同一对象
在不同国家或地区所享有的平行知识产权分属不同主体所有的情况下②，
原先具有关联性的"平行知识产权"成为相互独立的知识产权，鉴于这类
情形未能满足下文第二章有关"同意"这一权利穷竭成立的关键性因素，

---

①　有一类例外，在"返销"或"重新进口"的情形下，不存在"平行知识产
权"。

②　有著述将这种情形称为"具有同源性的知识产权"。参见严桂珍：《平行进口
法律规制研究》，12～13 页，北京，北京大学出版社，2009。

这种情形将不纳入本书所论述的平行进口的范畴。

二、平行进口与灰色市场

如前所述，平行进口一般是指未经相关知识产权权利人授权，将由权利人自己或经其同意投放特定市场的产品，向知识产权人或独占被许可人所在国或地区的进口。[①] 在美国，平行进口的反对者通常以"灰色市场商品"（Gray Market Goods）指称平行进口商品。根据美国判例法，涉及商标的"灰色市场商品"是指："未经美国商标所有人同意而进口至美国的在美国境外制造，并贴附有效的美国商标的商品。"[②] 这一概念同样用于指代涉及专利权及著作权的具有类似情形的商品。从严格意义上来说，"灰色市场"概念比"平行进口"概念具有更大的包容性，它同时涵盖并不存在授权进口而只有未经授权进口的情形，在这种情况下，无所谓"平行"进口。因此，"平行进口"这一概念并不全面。但是，"灰色市场"概念却存在价值判断上的问题。"灰色市场"表明了其介乎正当的"白色市场"与非法的"黑色市场"之间，这一用语表达了人们对平行进口合法性的怀疑态度。然而，从所涉及的商品属于被合法地制造和销售这一角度看，并无"灰色"可言。"灰色"仅仅与其通往进口国的销售渠道有关。因此，这一用语或许可以从美国市场饱受灰色市场商品的冲击中找到原因。据估计，灰色市场商品的销售每年给美国产业造成的损失达 600 亿～800 亿美元。[③] 根据德勤会计师事务所的评估，消费品灰色市场使得美国每 100 亿美元的销售额中就损失 4.5 亿美元，这 4.5％的销售额损失率意味着在美国每年高达 1.4 万亿美元的货物市场中，灰色市场将导致 630 亿

---

① 有著述将"平行进口"定义为："指在国际贸易中，未经国内知识产权权利人授权，进口由权利人或者经权利人同意投放市场的产品（或者服务），或者进口与权利人的权利具有同源性的知识产权产品的行为或者现象。"参见严桂珍：《平行进口法律规制研究》，12～13 页，北京，北京大学出版社，2009。笔者认为，"与权利人的权利具有同源性的知识产权"主体属于独立的第三方，该第三方与权利人之间的关系无异于任何其他第三方与权利人的关系，因此，这种情形不宜纳入平行进口的范畴。

② K Mart Corp. v. Cartier, Inc., 486 U. S. 281, 285 (1988).

③ See Geoffrey M. Goodale, *The New Customs Gray Market Regulations: Boon or Bust for U. S. Trademark Owners*, AIPLA Quarterly Journal, Fall 2000, p. 336.

美元的损失。①　由此可见，"平行进口"与"灰色市场"这两个概念各有利弊，前者在外延上不能完全涵盖所描述的对象，后者则在概念的内涵上局限了所描述的对象。对于"平行进口"与"灰色市场"这两个概念在语义上的区别，美国第三巡回上诉法院作了如下阐述："平行进口"一语准确地描述了所涉及的商品，与"灰色市场"相比，这一概念因其没有否定性的含义而成为较好的术语。尽管如此，该法院考虑到"灰色市场"概念已被普遍用于指代所涉及的产品，因此，这一用语也同时被采用。②　其他一些判例也将上述两个概念视为同义词。③

严格意义上的"平行进口"是与授权经销渠道相对而言的，即与后一种进口"平行"。但是，考虑到当前"平行进口"这一概念在包括欧洲各国在内的许多国家已被普遍接受，上述不存在"平行"进口的情形实际上也被纳入"平行进口"这一概念之中，也就是说，如今，"平行进口"一语不再局限于物理意义上的"平行"。因此，本书采用了"平行进口"这一概念。

三、平行进口的特征及表现形式

"平行进口"具有以下重要的典型特征：第一，被进口的产品与特定的知识产权，如商标权、专利权或著作权相关。第二，被进口的产品有合法的来源，即系由权利人或经其同意之人投放于出口国或地区的市场，因此，这类商品又被称为"真正商品"或"真品"（Genuine goods）。第三，平行进口未经权利人的授权，被平行进口的产品以低价与进口国或地区市场上原有的同一版权产品、专利产品或商标产品展开竞争。第四，在进口国或地区存在反对平行进口的相关权利人。例如，1976 年年初，澳大利亚一家大型零售书店——Angus & Robertson，从美国加利福尼亚州一享有合法经销权的批发商处购得一批书籍，并以每本 8.95 澳元的价格在澳

---

①　See Carol Wolf, *Losing $ 63 Billion to Gray Market Is Sleuth Obsession*, http://www. bloomberg. com/apps/news? pid＝newsarchive&sid＝aBSGM5eaLYrc & refer＝home，2012－01－13。

②　See Weil Ceramics & Glass, Inc. v. Bernard Dash, 878 F. 2d 659, 662 n. 1 (3d Cir. 1989).

③　See Ferrero U. S. A. , Inc. v. Ozak Trading, Inc. , 952 F. 2d 44, n. 1（3d Cir. 1991）.

大利亚出售；而与此同时，该书店的竞争者从一获得授权的澳大利亚独占经销商处得到的同样的书籍则以 16.95 澳元的价格在同一市场出售。在该案中，Angus & Robertson 所出售的书籍属于通过平行进口进入澳大利亚书市的商品，它在支付了所有的运输费、关税及其他费用之后仍可以以比其竞争者的价格低一半的价格出售。①

"平行进口"所涉及的相关权利人有以下两种类型：(1) 在进口国或地区与出口国或地区由同一人享有知识产权，并由知识产权人自己（或者由被许可人）同时在进口国或地区与出口国或地区两个市场或其中的一个市场经销有关产品。这是一种严格意义上的形态，所涉及的权利人包括知识产权人和被许可人。(2) 进口国或地区与出口国或地区相关的知识产权分别由通过某种公司纽带形式相联系的不同企业（如母公司与子公司，或不同的子公司）根据合同享有。所涉及的权利人包括进口国或地区与出口国或地区的知识产权人。

平行进口可以有多种表现形态。对此也有不同的描述方式。本书在此对平行进口的实质形式予以介绍，其他许多形式均从这几种形式衍化而来。②

第一种为"重新进口"或"返销"。这被认为是一种最初始的形式。试举一例说明：知识产权人甲在 A 国以 60 元的成本制造商品，并在同一国家以 100 元的价格出售；甲在 B 国也享有受 B 国法律保护的同类知识产权，由于 B 国属于低价国，甲以 70 元的价格在 B 国销售同一商品；第三人在 B 国以 70 元合法购得该商品，并将其返销至 A 国而以 90 元的价格出售。这样，在 A 国，第三人以明显的价格优势与权利人甲展开竞争（见图 1—1）。在美国，所谓的"灰色市场产品"主要指通过这种方式进口的产品，这一类平行进口判例为数众多。③

---

① See Warwick A. Rothnie, *Parallel Imports*, Sweet & Maxwell, 1993, p. 1.

② See Melvin Simensky et al. , *Intellectual Property in the Global Market—Place*, John Wiley & Sons, Inc. , 1999, Chapter 14.

③ 这是因为美国是一个高价国。例如，在 L'anza Research Int'l 诉 Quality King Distributors 一案中，原告为美国的一家护发用品制造商，对其产品的标签享有美国著作权，它直接向英国销售商出口其护发产品，该产品的出口价比美国境内的批发价低 30%～40%，第三方获得这些产品后转售美国。参见 98 F.3d 1109 (9th Cir. 1996)。

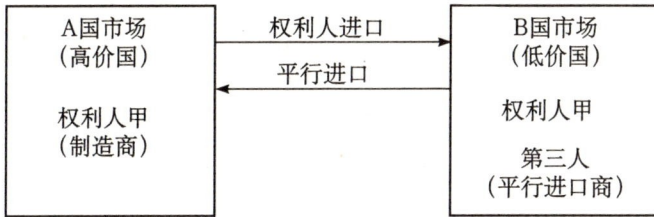

图 1—1

第二种为第一种形式的"变体"，即知识产权人甲利用 B 国低廉的劳动力成本（假设与 A 国相比，在 B 国的制造成本仅为 30 元），通过其在 B 国的子公司或被许可人在 B 国制造供应 B 国市场的商品。若第三人在 B 国市场上以 70 元的价格合法购得商品后，进口至权利人所在的 A 国，则可以 90 元的价格与权利人以 100 元销售的同样的商品竞争（见图 1—2）。

图 1—2

第三种为上述两种形式的结合，即知识产权人甲通过其在 B 国的子公司或被许可人在 B 国制造低成本的商品同时供应 B 国市场及 A 国市场，假设由权利人或由其授权的经销商进口 A 国的商品定价仍为 100 元，而供应 B 国市场的同类商品的定价为 70 元，则平行进口商即可以 70 元在 B 国购得商品后进口至 A 国，并以 90 元在 A 国销售，从而与权利人甲或其被授权人竞争（见图 1—3）。

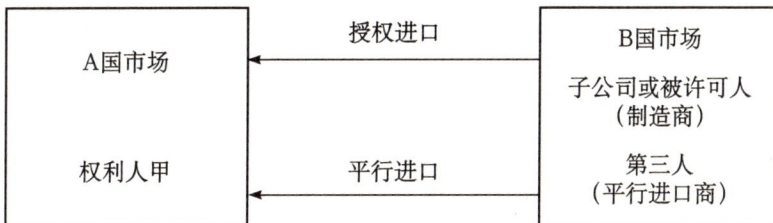

图 1—3

　　在上述三种形式中，只有第三种属于纯粹意义上的"平行"进口，"平行进口"一语也由此而来。① 而第一种属于返销，第二种只存在一种未经授权的进口。尽管如此，如前所述，"平行进口"一词并不局限于物理意义上的"平行"。判断是否构成平行进口的关键性要素为：被进口的产品有合法的来源，即系由权利人或经其同意之人投放于出口国或地区市场。而上述返销和未经授权的进口两种情形均具备了构成平行进口的关键性要素。据此，这两种情形也被归入平行进口的主要表现形式之列。

　　这里所描述的三种情形均以知识产权人作为进口国的权利人，平行进口直接影响的是知识产权人的利益。因此，在这种情形下，一旦发生纠纷，主张权利者为知识产权人，即由知识产权人提出禁止平行进口的请求。这只是为了说明问题的方便而描述的一种模型。实际上，在进口国或地区的相关权利人除了知识产权人以外，在许多情况下是知识产权人的被授权人，尤其是独占被许可人。从实践中所发生的案件看，大部分也是属于平行进口影响了进口国或地区的独占被许可人的利益。如前所述，平行进口可能涉及众多的权利人，许可证制度和跨国公司的发展使得分布在进出口国家或地区的相关权利人之间呈现出多样化的关系。因此，除了最简单的在进出口国家或地区的权利人均为同一知识产权人以外，这种关系在许多情形下或者表现为知识产权人和被授权人的关系，或者表现为存在经济上或经营组织上的关联如母公司和子公司的关系。② 现实生活中的平

---

　　① 有作者将"平行进口"中的"平行"解释为"知识产权的平行"。参见严桂珍：《平行进口法律规制研究》，12页，北京，北京大学出版社，2009。

　　② 如果在进出口国家的知识产权分属不同的主体，也即平行的知识产权的权利人非同一人，而且不同权利人彼此之间也无任何关系，那么，在这种情形下在外国合法制造的知识产权商品不是"真品"，不属于本书讨论的平行进口的范畴。对于这种商品的输入，各国及地区的立法均明确规定构成侵犯进口国权利人相应的知识产权。不过，在 K. Mart 公司诉 Cartier 公司一案中，美国联邦最高法院将这种情况视为平行进口的三种情形之一。该法院将这种情形描述为：美国公司购买了将一独立的外国公司的商标注册为美国商标的权利以及在美国销售在外国制造的产品的权利；第三方从国外购买了由外国公司制造、使用已在美国注册的商标的产品并进口至美国。参见486 U. S. 286。由于这种情形下的商标是由与美国商标权人完全独立的外国公司所贴附，美国许多评论认为这种情形不属于平行进口范畴。参见 Geoffrey M. Goodale, *The New Customs Gray Market Regulations：Boon or Bust for U. S. Trademark Owners*, AIPLA Quarterly Journal, Fall 2000, pp. 337-338。

行进口会因上述关系的多样化而表现出纷繁的形态，不过，万变不离其宗，实际的平行进口形态都是在这里所讨论的三种基本的平行进口形式的基础上衍化出来的。

第二节   平行进口的发生机制

一方面是日益增长的产品与贸易的全球化趋势，另一方面是不同国家之间产品成本与发达程度的巨大悬殊，这两方面的结合造就了"平行进口"，有人甚至视其为一种产业。① 当对产品的全球需求不断增长而将产品从低价国向高价国运输的成本却不断降低时，平行进口成为越来越普遍的现象。对于某些类型的产品，平行进口就更为普遍，例如，奔驰牌轿车及某些品牌的照相机所遭遇的平行进口比率曾高达 5：1，即每五件产品中就有一件是平行进口的产品。② 又如手机产业，iSuppli 公司的统计报告称，2009 年中国手机灰色市场出货量将达到 1.45 亿部，比 2008 年时的 1.01 亿部激增 43.6%。这将是规模为 11.3 亿部的全球合法手机市场的 12.9%，并且手机灰色市场将在 2012 年达到顶峰，届时出货量预计为 1.92 亿部。③ 而且，当关税壁垒（关税或其他限制性措施）不断降低时，平行进口的趋势也在增强。只要这种情形持续下去，将在低价国销售的商品进口至高价国的现象就不会消失。本书从制度性前提及经济诱因这两个方面探讨平行进口的发生机制。

一、多边贸易体制——平行进口发生的制度性前提之一

第二次世界大战以后，随着双边尤其是多边贸易谈判的开展，各国之

---

① See Melvin Simensky, et al., *Intellectual Property in the Global Marketplace*, John Wiley & Sons, Inc., 1999, 14.1.

② See Warwick A. Rothnie, *Parallel Imports*, Sweet & Maxwell, p. 568.

③ 参见 Kevin Wang, *Cell Phone Industry's Dirty Little Secret：China's* 145 *Million Unit Gray Market*, http://www.isuppli.com/china-electronics-supply-chain/news/pages/cell-phone-industrys-dirty-little-secret-chinas-145-million-unit-gray-market. aspx, 2012-01-13。

间的贸易壁垒逐渐减少。作为多边贸易谈判的成果，多边贸易体制的主要目的是"在不产生不良负面影响的情况下，使贸易尽可能自由地流动"①。从1948年关税与贸易总协定的出现始，多边贸易体制已有六十多年的历史。这一体制的基本原则主要包括：第一，非歧视原则，即"一国不应在其贸易伙伴之间造成歧视，他们都被平等地给予'最惠国待遇'；一国也不应在本国和外国的产品、服务或人员之间造成歧视，要给予他们'国民待遇'"。第二，自由贸易原则，即"通过谈判使贸易壁垒不断减少"，使贸易更加自由。第三，可预见性原则，即"外国公司、投资者和政府应相信贸易壁垒（包括关税、非关税壁垒及其他措施）不会随意增加；在WTO中，越来越多的关税税率和市场开放承诺得到约束"。第四，竞争原则，即不鼓励采用像出口补贴和为获得市场份额而以低于成本的价格倾销产品这类"不公平"的做法，鼓励形成更具竞争性的国际市场。②

　　减少贸易壁垒是实现更自由的贸易的最显著的方式之一。贸易壁垒主要包括关税以及其他非关税壁垒，如进口禁令或进口配额等有选择地限制数量的措施。自从1947年～1948年关税与贸易总协定（GATT）创立以来，已经进行了八轮贸易谈判。从表1—1可以看出，前五轮谈判所涉及的议题均只有一个，即关税，后三轮谈判虽然增加了其他议题，但是关税仍然是最重要的议题。此外，非关税措施也被列入最后两轮谈判的议题之中。由此可见，降低进口产品的关税是GATT以及后来的WTO所管理的多边贸易体制的重要内容。除了减少贸易壁垒以外，多边贸易体制的参与方有关不增加贸易壁垒的承诺也是一个重要的方面。在多边贸易体制中，各成员同意开放其货物或服务市场就意味着"约束"了各自的承诺。就货物贸易而言，这些约束构成了关税税率的上限，即约束税率。

　　截至20世纪80年代后期，工业化国家的工业品关税稳步降至6.3％左右。战后的第一个十年中，世界贸易的年平均增长率约为8％，这一高

----

　　① 世界贸易组织秘书处编：《贸易走向未来》，张江波等译，2页，北京，法律出版社，1999。

　　② 参见世界贸易组织秘书处编：《贸易向未来》，张江波等译，2页，北京，法律出版社，1999。

增长率部分得益于贸易壁垒的减少。乌拉圭回合多边贸易谈判之后，随着关税的进一步大幅度降低，世界贸易的增长率将更为可观。根据乌拉圭回合一揽子协议，发达国家的大部分关税减让将在从 1995 年 1 月 1 日起开始的 5 年时间内完成，届时其工业品关税将被削减 40％，平均税率将从 6.3％降至 3.8％。征收高关税的产品数量将会很少。对于从各个渠道进入发达国家市场的产品，征收高于 15％税率的产品的比重将从 7％降至 5％，而对于发展中国家的出口产品，征收高于 15％税率的产品的比重将从 9％降至 5％。而 1997 年达成的《信息技术协议》也承诺将信息技术产品的关税降到零，也就是说，占世界信息技术产品贸易量 92％以上的 40 个国家同意，在 2000 年前取消这些产品的进口关税和其他税费，少量产品到 2005 年取消。① 2001 年 11 月，多哈发展议程谈判在卡塔尔首都多哈启动，本轮工业品关税谈判的最大特点是降税方式上的突破，在谈判历史上第一次采用了统一的瑞士公式（非线性公式）对参加方的关税进行削减，这种公式的特点是对税率较高的税目削减幅度大，对低税率税目削减幅度小，即所谓"高税多减，低税少减"②。

　　平行进口是国际自由贸易发展的必然结果。当世界市场被各国的贸易保护主义分割成互相封闭的国家市场时，包括平行进口在内的进口也就很难发生。通过减少贸易壁垒，多边贸易体制为平行进口创造了制度性前提。在 WTO 的多边贸易体制框架下，随着贸易壁垒的进一步减少，关税的进一步削减，进出口贸易以更强劲的态势发展，相应地，产品的平行进口也将随之增长。

表 1—1③

年份	地点/名称	涉及议题	参与成员数目
1947	日内瓦	关税	23
1949	安纳西	关税	13

---

　　① 参见世界贸易组织秘书处编：《贸易走向未来》，张江波等译，27 页，北京，法律出版社，1999。

　　② 王晓东：《WTO 新一轮多边工业品关税谈判研究》，载《国际经济合作》，2008（10）。

　　③ 引自世界贸易组织秘书处编：《贸易走向未来》，张江波等译，12 页，北京，法律出版社，1999。

续前表

年份	地点/名称	涉及议题	参与成员数目
1951	托奎	关税	38
1956	日内瓦	关税	26
1960—1961	日内瓦 (狄龙回合)	关税	26
1964—1967	日内瓦 (肯尼迪回合)	关税和反倾销措施	62
1973—1979	日内瓦 (东京回合)	关税、非关税措施和"框架"协议	102
1986—1994	日内瓦 (乌拉圭回合)	关税、非关税措施、规则、服务贸易、知识产权、争端解决、纺织品与服装、农产品、建立 WTO 等	102
2001—2006	多哈 (多哈谈判)	农业、工业品关税、服务贸易、知识产权、贸易便利等20多个谈判议题	152

二、许可证制度和跨国公司制度——平行进口发生的制度性前提之二

对于一个在国外市场上无相应的推销与发行渠道的企业而言，其产品可以通过以下四种途径进入国外市场：第一，设立国外分支机构；第二，在国外设立与其分离的附属公司或隶属机构；第三，建立合资企业；第四，许可。其中，许可及在国外设立附属公司这两种方式被普遍地运用，它们使得包含相同知识产权的产品广泛分布于不同国家的市场成为现实。这意味着，平行进口具有了充分的产品来源。因此，许可证制度和跨国公司制度为平行进口的发生提供了一种制度性前提。

(一) 许可证制度

许可证制度是知识产权制度的重要组成部分，知识产权价值的实现在相当大的程度上直接依赖于许可证制度。许可证制度的中心内容是通过许可协议在不转让所有权的条件下让渡知识产权中的财产权利。由于自身不具备最大限度地利用其知识产权以全面获取经济利益的资源，知识产权人通常都发放许可证。例如，不具备图书出版能力的作者可以授权出版社复

制、发行其作品；计算机软件开发商则许可计算机制造商销售其软件以利用后者在市场及产品销售方面的丰富资源。

许可证制度有多方面的作用，其中，扩展地理市场是其主要作用之一。当世界变成"地球村"时，原本属于区域性的或一国性的产品市场快速地国际化，然而，除了最大型的公司以外，几乎没有公司拥有能够成功地覆盖全球市场的人员或资源。原因之一是大多数产品都要求某些为国外市场所需的"转化"，如广告宣传和市场营销计划也许必须调整以满足当地的风俗习惯和消费嗜好。通过授权外国实体利用其知识产权，知识产权人就可以充分利用业已存在的实体所具有的人员和现有的渠道、资源、生产程序和营销等方面条件，以及该实体对国外市场、风俗习惯和消费需求的了解。许可极大地得益于这些条件，因此，许可往往是进入国外市场的快捷路径。[1]

（二）跨国公司制度

第二次世界大战以后，跨国公司如雨后春笋般发展起来。这类公司在世界各地设立附属公司或隶属机构，利用当地的劳动力和其他物质资源生产和销售其产品。跨国公司奉行利润最大化策略，这一策略包括产品标准化。产品标准化策略源于全球贸易安排的需要。为了节约生产、销售和广告成本，一个跨国公司往往在所有市场上采用相同的产品名称、包装和广告。有的公司还建立统一的世界范围的产品质量担保制度，根据这一制度，顾客可以在担保期限内从世界上任何一个授权服务点获得免费服务。上述策略既有利于产品销售的快速增长，有利于产品信誉的确立，也有利于产品向其他国家或地区市场的扩散。[2]

依凭许可证制度和跨国公司制度的上述作用，包含同一知识产权的相同或类似的产品可以渗透至不同市场，在不同的国家或地区制造和销售，因此，包括平行进口商在内的购买者在不同市场上获取同一权利人的知识产权产品成为可能。

---

① 参见［美］小杰伊·德雷特勒：《知识产权许可》，王春燕等译，1～22页，北京，清华大学出版社，2003。

② See Brian Toyne et al.，*Global Marketing Management：A Strategic Perspective*，Allyn & Bacon，1989.

三、同一商品在不同国家存在的价格差——平行进口发生的经济诱因

同样的商品在不同国家的价格水平参差不齐。1988 年，英国经济学家 Chard 等人曾经做了一项调查，对欧共体各成员国市场上价格差异的原因进行了统计。根据这项调查，引起成员国之间价格差异的原因包括：汇率波动、运输费用、促销策略、技术规格、制造成本、售后服务、国家税收水平、价格政策、进口关税、市场风险和市场竞争等。[①] 除了这种因客观因素造成的价格差异（Price Difference），价格歧视（Price Discrimination）是另一种导致同样的商品在不同国家有不同价格的情形。

（一）价格差异

形成价格差异有多方面的原因。在不同的国家，其市场情况千差万别，这种差别表现在物质、劳动力成本以及供需条件等方面。各国在政治、经济、文化和技术等领域所存在的实质性差别，依次影响到各项市场因素。通过对供求的影响，波及该市场上的价格。当价格和边际成本的比率因市场的不同而不同时，就产生了价格差异。价格差异意味着就相同的产品向不同的消费者索要不同的价格。例如，发达国家的劳动力成本大大高于发展中国家的劳动力成本，因此，发达国家的平均价格水平也就高于发展中国家的平均价格水平。市场的竞争环境也是一个影响价格的重要因素。若在某一市场上存在许多互相竞争的中、小企业，而且所实行的是使经济干预最小化的政策，那么这将造就富有竞争活力的市场，从而使相关产品的价格水平降低。在不同市场上的广告促销活动与零售商训练方面的投入的差别，也是导致不同市场上价格差别的原因之一。例如，在美国联邦最高法院审理的 Quality King 销售商公司诉 L'Anza 国际研究公司一案中，L'Anza 为洗发精制造公司，其将附有著作权标志的产品输出到马耳他及利比亚等国市场。由于 L'Anza 在这类市场并未从事积极的广告促销活动与零售商的训练，所以，以低于美国售价约 35％～40％ 的价格于当地销售。当地经销商以低廉的价格购入该商品，并原封不动地售予美国

---

① 参见 Chard et al. , *International Exhaustion of Intellectual Property Rights*，转引自 Warwick A. Rothnie, *Parallel Imports*，Sweet & Maxwell, pp. 573 - 574。

Quality King 经销商，再转售给零售商，而导致 L'Anza 面临强烈的价格竞争。① 此外，政府的价格控制政策也影响到一个国家的价格水平。例如，在北美三个国家中，同样的处方药价格在美国要大大高于在加拿大和墨西哥，原因在于加拿大和墨西哥政府对处方药价格予以控制。除了上述各方面原因以外，汇率波动也会导致同种商品在不同国家的价格差异。上述诸方面的结合，使得同一商品在不同国家不可能存在一个统一的价格。实际上，即便在一体化程度已经相当高的欧共体市场上，也不存在一个统一的价格政策，更不用说在一体化远未实现的国际市场上所存在的价格差。在欧共体，药品制造商试图在相关市场上达成统一价格政策，以遏制平行进口。然而，统一价格已被宣布为对研究和发展（R&D）不利。②

（二）价格歧视

价格歧视是指在不同国家的市场上，就质量相同的同样产品确定不同的销售价格。经济学家 Stigler 指出："当两种或两种以上相似的商品的销售价格与其边际成本的比例不同时，表示存在价格歧视。"③ 跨国公司在全球营销进程中，为了使其利润最大化，常常根据不同市场上的不同需求条件，使用多元化的价格策略，即对在不同市场上的同类产品维持不同的价格水平。在欧共体，若权利人在不同的成员国实行不同的价格，则可能被视为人为分割统一的内部市场而遭到制止。

"平行进口"涉及将在商品价位较低的市场合法获得的商品向商品价位较高的市场的进口。④ 平行进口中商品的流动方向为：低价市场至高价市场。随着现代技术的迅速发展，货物运输的成本大幅度降低，这使平行进口的成本随之降低，为平行进口提供了更大的利润空间。例如，根据美国商标保护同盟（COPIAT）的报告，国内交易费用占美国销售商销售价格

---

① See 523 U. S. 135 (1998).

② See S. K. Verma, *Exhaustion of Intellectual Property Rights and Free Trade-Article 6 of the TRIPs Agreement*, 29 IIC 534, 549.

③ 转引自余翔：《专利权、商标权耗尽及平行进口的法律经济比较研究》，76、77 页，武汉，华中科技大学博士学位论文。

④ 有研究表明，平行进口也可以"从高价格的国家流向低价格的国家"，"如果商品的供应量之高使得平行进口输出国的边际收益小于平行进口输入国的边际收益加单位运输成本，那么平行进口必然发生"。参见李长英：《平行进口产生的充分必要条件》，载《当代经济科学》，2004（2）。

的 8％～25％，其中 3％～14％为广告费用，而运费只占销售价格的 1％。①因此，对于无须承担国内交易费用的平行进口商来说，去除运费成本以及相关支出之后，仍可以不小的价格优势与进口国的被授权人展开竞争。

针对上述价格差异，有观点认为，制造商完全可以建立一种国际性的能够消除对第三者的任何平行进口诱惑的价格体系，以此来解决平行进口问题。就像瑞典的"Hasseblad"照相机制造商所做的那样。自然，制造商的国际价格政策同时必须与其主要市场的条件相一致。从这个角度看，市场之间的价格差异也许可以使制造商得以扩展生产规模，并降低单位生产成本，这在某些情况下又可以反过来给消费者带来更低的花费。②

第三节　平行进口中的权利冲突

一、知识产权与产品的相关性——与贸易有关的知识产权

传统的贸易是指货物买卖，即有形动产买卖。20 世纪 60 年代以后，技术开始作为一种独立的交易对象进入市场，技术贸易由此产生，贸易开始超越有形财产范畴，再后来出现了服务贸易。在国际层面上，自 1947 年以来，由关税与贸易总协定（GATT）③ 发动的多边贸易谈判的议题也反映了这一点（见表 1—1）。第二次世界大战后 GATT 建立时，国际商业中占主导地位的是货物贸易，20 世纪 80 年代以前的谈判涉及的是货物贸易，此后，随着经济全球化的发展，服务贸易和知识产权成为越来越多的国家的主要利益，1986 年开始的乌拉圭回合谈判将服务贸易与知识产权纳入其议题。与贸易有关的知识产权成为 WTO 所管辖的三项主要多边贸易协定之一——《与贸易有关的知识产权协定》（TRIPs）——所规范

---

① See Rothnie, *Parallel Imports*, Sweet & Maxwell, 1993, p. 572.

② See Timothy H. Hiebert, *Parallel Importation in U. S. Trademark Law*, Greenwood Press, 1994, p. 3.

③ GATT 一语包含了两层含义：一是指从事国际货物贸易所应遵循的规则的国际协议，二是指用以支持该协议而建立的非正式的、事实上的国际组织。后者如今已由 WTO 所取代。前者仍然存在，但原来的文本为 GATT1947，更新的文本为GATT1994。

的对象。

知识产权在贸易中的地位越来越重要，无论是货物贸易还是服务贸易都包含知识产权的内容。以下两组数据可以说明这一点：1996 年经济合作与发展组织（OECD）在其发表的"以知识为基础的经济"报告中提出，OECD 主要成员的 GDP 总值有 50％以上由以知识为基础的产业所创造；美国 1996 年国内生产总值有 33％来自信息业（电信、电子及媒介等）。商品和服务中的知识、技术含量不断提高，而且，所有用于交易的商品或服务均使用商标。因此，货物贸易或服务贸易本身与知识产权（包括专利权、版权、商标权以及商业秘密）具有密切的关系。商品中蕴涵的知识产权往往能够极大地提升商品的价值，进而提高商品的价格。例如，由于专利产品和非专利产品在商品的技术含量上的区别、知名品牌的商品和一般品牌的商品在品牌价值上的区别导致上述两类商品的价格悬殊。

知识产权与产品有引人注目的相关性。例如，计算机软件产品与著作权有极高的相关性；药品则与专利有极高的相关性；而所有的产品均与商标有极高的相关性。1999 年 2 月，在英国的国家经济研究协会（National Economic Research Associates，简称 NERA）受欧盟委员会委托所做的题为"商标领域中的穷竭制度的选择的经济后果"的研究报告中①，涉及不同知识产权对特定产品的相关性的研究。该研究所选择的产品门类包括：鞋类和皮革制品、录音制品、汽车、消费电器、家用电器、化妆品和香水、服装、软饮料、甜食与糕饼、酒精饮料等十类；涉及的知识产权包括：商标权、著作权、外观设计权和专利权。有关上述产品与各类知识产权的相关性问题，NERA 的研究结论是：对于商标权，所调查的十类产品均与其有着高相关性；对于著作权，录音制品与其有着高相关性；对于外观设计权，鞋类和皮革制品、汽车与其有着高相关性，而消费电器、家用电器、化妆品和香水则与其有着中等或高相关性；对于专利权，汽车、消费电器、家用电器三者的零部件与其有着高相关性。由于上述相关性的存在，一方面，商品中蕴涵的知识、技术含量，以及商标信誉往往能够极大地提升商品的价值，进而提高商品的价格；另一方面，货物贸易与知识产权问题纠

---

① "The Economic Consequences of the Choice of Regime of Exhaustion in the Area of Trademarks", See Ruth Towse and Rudi Holzhauer, *The Economics of Intellectual Property*, Volume IV, Edward Elgar Publishing Limited 2002, pp. 335 - 358.

缠在一起，出现了以往单纯货物贸易所未曾有过的侵权或权利冲突问题。

在贸易实践中，与知识产权存在相关性的产品（简称知识产权产品）可以分为两大类：一是未经权利人授权而制造并投入市场的侵权物品；二是由权利人自己或由被授权人制造并投放市场的来源合法的产品，即所谓的"真品"。这两种情形涉及不同的法律关系和问题，前者涉及权利人和侵权人之间的关系，与合法性判断相关，属于"假冒"问题；后者则涉及权利人与消费者之间的关系，与权利制约及利益平衡相关。如今，随着知识产权法律保护机制的健全，有关权利制约与利益平衡的问题开始愈益增多。在知识产权领域，真正商品与国际贸易结合起来，就构成本书所讨论的"平行进口"问题，这是继假冒问题之后，为各国及地区所密切关注的问题。例如，自1952年以来，商标领域中的平行进口问题，成为各国商标法上最大之问题。①

二、货物所有权的移转与知识产权的移转

货物所有权（动产物权）移转属于货物贸易的范畴，知识产权（无形财产所有权）移转则属于知识产权贸易的范畴，两者有不同的标志和条件。有形财产和无形财产在可占有性上具有完全不同的表现。前者可以为权利人实际占有，后者则不可能如此。因此，"转移占有"仅仅对有形财产有意义。在货物贸易中，标的物的交付是动产物权变动的公示方法，交付制度成为货物贸易中的重要制度。与此相关，对于动产善意取得——动产占有人向第三人让渡动产所有权或为第三人设定其他物权，即使动产占有人无处分动产的权利，善意受让人仍可取得动产所有权或其他物权。民法学者认为，这是占有公信力的必然逻辑结果。② 而知识产权的转移则与

---

① 参见邱志平：《真品平行输入之解析》，3、10页，台北，三民书局，1996。

② 参见王轶：《物权变动论》，220页，北京，中国人民大学出版社，2001。而对于包含了知识产权的产品，善意持有人却有可能要承担相应的责任。例如，《计算机软件保护条例》第30条规定了软件复制件的善意持有人的责任："软件的复制品持有人不知道也没有合理理由应当知道该软件是侵权复制品的，不承担赔偿责任；但是，应当停止使用、销毁该侵权复制品。如果停止使用并销毁该侵权复制品将给复制品使用人造成重大损失的，复制品使用人可以在向软件著作权人支付合理费用后继续使用。"

不动产物权变动的要求类似，一般要求进行登记，登记是除了著作权以外的其他知识产权变动的公示方法。例如，我国《专利法》第 10 条第 3 款规定："转让专利申请权或者专利权的，当事人应当订立书面合同，并向国务院专利行政部门登记，由国务院专利行政部门予以公告。专利申请权或者专利权的转让自登记之日起生效。"由于上述区别，货物所有权的移转和知识产权的移转不可能同步实现。

对于知识产权产品而言，货物贸易所转移的只是货物的所有权，货物中所包含的知识产权并未转移。例如，我国《合同法》第 130 条规定："买卖合同是出卖人转移标的物的所有权于买受人，买受人支付价款的合同。"第 137 条规定："出卖具有知识产权的计算机软件等标的物的，除法律另有规定或者当事人另有约定的以外，该标的物的知识产权不属于买受人。"同样，我国《著作权法》第 18 条规定，"美术等作品原件所有权的转移，不视为作品著作权的转移……"《美国著作权法》规定："著作权，或者根据著作权而产生的任何专有权，均与体现作品的物质载体的所有权相区别。对任何物质载体，包括对作品第一次加工固定的复制件或录音制品的所有权的转让，其本身并不包括对体现在该载体中的著作权作品的任何权利的转让。"[①] 传统的商品生产和流通环节所涉及的主体包括制造商、批发商、零售商、消费者等，在这些主体间依次发生物权的转移。对于受知识产权保护的产品如计算机软件产品而言，相关的主体则为软件的设计者（著作权人）、软件复制品的制作与出版者、软件复制品的经销商以及软件复制品最终用户（使用者）。复制品即载体如软盘（FD）、只读光盘（CD—ROM）、高密度只读光盘（DVD—ROM）等的所有权依次在出版者、经销商及消费者之间移转，但是，软件著作权并未随之移转。

三、权利间的制约与利益的平衡

知识产权与产品的相关性，以及知识产权移转与物权移转的非同步性，必将导致货物所有权与货物所蕴涵的知识产权的冲突。货物所有权与知识产权这一对矛盾贯穿平行进口这一问题的始终。知识产权作为一种专有权，可以构成相关产品的市场进入及流通的障碍。因此，既保护知识产

---

① 《美国著作权法》第 202 条。

权人的合法权益，又防止知识产权成为商品自由流通的障碍，就成为必须同时解决的两个问题。在知识产权产品的贸易中，相关权利之间的互相制约正体现了上述两个方面的要求。

其一，产品买受人（物权人）对其所购物品的利用受相关知识产权的制约。例如，我国现行的《计算机软件保护条例》第 16 条规定，软件的合法复制品所有人可以根据使用的需要把该软件装入计算机等具有信息处理能力的装置内，并为了防止复制品损坏而制作备份复制品，但是，这些备份复制品不得通过任何方式提供给他人使用，并且所有人在丧失该合法复制品的所有权时，有责任将备份复制品销毁；同时，为了把该软件用于实际的计算机应用环境或者改进其功能、性能，可以进行必要修改，但是，除合同另有约定外，未经该软件著作权人许可，不得向任何第三方提供修改后的软件。由此可见，软件的合法复制品所有人对复制品的利用受到该复制品所蕴涵的著作权的制约。

其二，知识产权人的权利也受到买受人的物权的制约。这种制约体现在"权利穷竭原则"之上。根据该原则，任何一件受知识产权保护的产品，一旦由权利人自己或由被授权人进行首次销售之后，权利人即无权禁止该产品在相关市场上的继续流通，权利人的相关的知识产权即告"穷竭"。被"穷竭"的权利是为法律所明确规定的与商品的流通和购买者的使用有关的特定权利，即著作权中的"发行权"、专利权中的"使用权"与"销售权"以及商标权中的"使用权"。权利穷竭原则在各国和地区的知识产权法律中均有体现。例如，根据我国《专利法》第 69 条的规定，"专利产品或者依照专利方法直接获得的产品，由专利权人或者经其许可的单位、个人售出后，使用、许诺销售、销售、进口该产品的"，不视为侵犯专利权。"权利穷竭"表现了在特定产品上的制造商的知识产权与购买者的所有权之间的分界线，知识产权人将知识产权产品投放市场，则意味着已经行使了与这些产品相联系的知识产权中的使用权和销售权，此后，这些权利让位于购买者的所有权。这体现了对知识产权人的权利的限制及对买受者的物权的承认这相辅相成的两个方面。由于知识产权保护对象的无形性和非消耗性特点，各种知识产权在客观上均存在被多次使用的可能性。穷竭的目的在于防止权利人对同一产品主张两次权利，一旦权利人独占实施了将受知识产权保护的产品投放市场的行为，则独占权的合理目标已经实现，即权利人已经得到了应得的报偿。因此，任何进一步利用有关的知识产权限制商品在市场上流通的行为都将构成对权利的滥用。

上述权利之间的互相制约现象反映了利益平衡的精神。这种制约与平衡广泛地存在于国家或地区（如欧盟）层面的贸易实践中，对商品自由流通和市场竞争具有积极的作用。当贸易跨越国家或地区的边界时，利益平衡问题会在国际贸易的层面被提起，上述知识产权与物权之间的分界线是否依然适用，需要对权利人与购买者之间的利益予以重新权衡后解决。如何在国际贸易层面缓解这种权利冲突，是本书所要探讨的重要内容，本书第二章将对此做专题分析。

第四节　平行进口之利弊及合法性分析

一、平行进口的利弊分析

平行进口带来了多方面的影响，但是，由于存在大量不确定因素，对平行进口问题进行经验性考察的尚不多见。美国和英国的经济学家曾经尝试在相当宽泛的层面上对平行进口的影响予以评估。[①] 据估计，在 1984年，进入美国市场的平行进口的商标产品的价值在 70 亿～100 亿美元之间，占美国当年进口总额的 2.1％及贸易赤字的 6％。[②] 美国联邦贸易委员会及美国专利商标局也对平行进口的经济影响进行了调查。对于这些调查及数据，美国经济学家 Hilke 认为，它们过于零碎和不完整，因而不具有太强的说服力。这表明，对平行进口的影响进行精确的定量分析尚存在困难。尽管如此，人们仍可以在一定的定量分析的基础上，对平行进口的影响予以定性分析，如对平行进口的利弊予以分析。

不言而喻，在平行进口的情形下，占据价格优势的平行进口商品的进口商及经销商赚取了价格差，进口国的消费者也从中获益，而相关权利人

---

① See John C. Hilke, *Free Trading or Free—Riding：An Examination of the Theories and Available Empirical Evidence on Gray Market Imports*，32 World Competition 75（1988）；J. S. Chard and C. J. Mellor, *Intellectual Property Rights and Parallel Imports*，12 The World Economy 69（1989）.

② See Ruth Towse and Rudi Holzhauer，*The Economics of Intellectual Property*，Edward Elgar Publishing Limited，2002，p. 221.

的利益则受损。从各国及各地区的立法和司法实践看，在上述"三角"关系中，对消费者的利益与相关权利人的利益的权衡成为平行进口纠纷中备受关注的焦点，而平行进口纠纷的发动者——平行进口商或经销商反倒隐至幕后。因此，可以这么说，平行进口似乎引发了知识产权人的利益与消费者利益的冲突。有关平行进口的利弊分析也就涉及对消费者及对权利人之利益影响的分析，以及因这种利弊给经济社会所带来的影响。与此相关，平行进口所带来的竞争因素也是一个值得重视的问题。

（一）平行进口之利

平行进口鼓励价格竞争，使消费者充分享受到竞争的好处，如有更多的选择，购买价格更低等；平行进口促进品牌内竞争，符合市场经济中的自由企业原则以及消费者的利益。有利于消费者的因素主要表现在以下两个方面：一方面，以更低的价格销售的平行进口商品为消费者带来了不可忽视的价格差，在有的市场上，这一价格差平均达到 20%～25%。这样，消费者能以更低的价格购买到同样的商品。另一方面，平行进口带来了进口国市场上同类商品的整体价格的降低。为了对付所谓的"灰色市场"商品的竞争，进口国市场上的被授权经销商也降低其产品的售价。如美国市场上的照相机的整体价格水平即因平行进口商品的竞争而至少平均降低20%。[①] 2000 年，美国国会曾颁布了一项旨在推进受专利保护的处方药的平行进口的法案，以此作为降低药品价格的手段。[②] 1997 年，在一次有关欧洲外观设计指令的会议上，荷兰代表团希望采取权利的国际穷竭原则，即允许平行进口，理由正是平行进口有利于消费者。[③] 有的国家的判例还从一种独特的角度论证平行进口对消费者的好处。例如，在 Nintendo Co. Ltd. & Waldmeier AG v. Imprafot 一案中，瑞士联邦法院判决：将经著作权人同意在其他地方投入市场的复制件进口至瑞士，无须获得瑞士

[①]　See Timothy H. Hiebert, *Parallel Importation in U. S. Trademark Law*, Greenwood Press, 1994, p. 2.

[②]　See Medicine Equity and Drug Safety Act of 2000, Pub. L. No. 106-387, §§745-46, 114 Stat. 1549A-35.

[③]　参见 26 CIPA Journal, June 1997, 419。然而，有的文章则从另外一个角度提出平行进口损害了消费者的利益，包括产品质量的下降、售前与售后服务的减少以及产品创新水平的降低等。参见 J. S. Chard and C. J. Mellor, *Intellectual Property Rights and Parallel Imports*, 12 The World Economy 69 (1989)。

独占被许可人的授权。该法院认为，对于像瑞士这样一个依赖于与其他国家的文化交流的小市场来说，本国消费者能够不受限制地获得外国产品具有极为重要的意义。① 在日本，日本公平交易委员会（FTC）基于保护日本消费者免于承担进口商品的不合理的高昂价格，而强烈反对禁止平行进口。在1996年的一项决定中，FTC对一试图阻止平行进口的企业提出了警告。日本的这种做法受到了德国学者的推崇。②

　　与平行进口带来的平抑价格的作用相联系，平行进口促进了品牌内竞争（intra-brand competition），即在同一许可体系（金字塔）——类似于单一的产品或服务销售链条——内运行的公司之间的品牌内竞争。③ 在一份有关澳大利亚著作权法（平行进口）修正案的调查报告中，平行进口被认为对于开放市场并促进竞争具有实质性意义。澳大利亚政府建议解除对软件产品的平行进口的限制，理由为平行进口可以促进一个更具有竞争活力的软件产品市场，并以更低的价格、改进的服务和产品的可获得性使消费者获益。④ 因此，平行进口被普遍视为是一种应对由独占的地域限制产生的价格合谋的有效的措施。⑤

（二）平行进口之弊

　　平行进口现象同时带来了令不少知识产权保护的支持者不安的趋势——产生直指知识产权保护核心的问题，促使人们去考察所有知识产权的范围和目的。⑥ 对权利人而言，平行进口带来了多方面的损害：首先，市场份额的减少甚至丧失。平行进口产品以其价格优势争夺权利人原有的

---

　　① See Case No. 4C. 45/1998/zus BGE 124 III 321.

　　② See Florian Albert and Christopher Heath，*Dyed But Not Exhausted*，28 IIC 24，32（1997）.

　　③ 与之相对的是"品牌之间"的竞争，即在一许可体系与其他提供替代性的知识产权、产品或服务的公司之间的竞争。

　　④ See Inquiry into the Provisions of the Copyright Amendment（Parallel Importation）Bill 2001，p. 3，p. 7，Senate Legal and Constitutional Legislation Committee.

　　⑤ See Keith E. Maskus & Yongmin Chen，*Vertical Price Contril and Parallel Imports*：*Theory and Evidence*，p. 10. Policy Research Working Paper 2461，the World Bank.

　　⑥ See Warwick A. Rothnie，*Parallel Imports*，Sweet & Maxwell，1993，Preface.

市场份额。其次，因预料之外的品牌内竞争所带来的成本增加。再次，因平行进口产品的"搭便车"导致权利人不能获得充分的回报。平行进口迫使制造商将批发价提高至边际成本之上，这使得垂直的定价体系发生扭曲。① 被授权经销商认为，平行进口不正当地损害了为建立信誉而进行巨大投入的企业的利益。这类企业往往为了向市场推出新产品、建立消费者的认知以及发展有效的营销网络投入巨资。例如，美国的被授权经销商用于广告、服务、研究、销售支持、人员培训以及管理等方面的投入就达12亿美元。平行进口商品的进入导致被授权经销商原有业务的大幅度转移，例如，仅在1983年一年时间里，美国有些被授权经销商就减少了近30%的销量。② 最后，平行进口可能会给权利人的信誉造成损害。权利人提供的产品往往具有完善的售后服务体系，而平行进口产品却缺乏这种体系。当购买平行进口产品的消费者的售后服务要求被拒绝时，消费者对产品的消极印象将损害权利人的信誉。上述损害反过来又会对知识产权的许可和转让带来消极的影响。

　　除了给权利人可能会带来的损害以外，在有的情况下，平行进口也会给一个国家的经济带来影响。例如，前述荷兰代表团有关允许平行进口的建议受到了斯堪的纳维亚国家的反对，这些国家认为，自己的经济过于弱小，承受不起平行进口的冲击。英国经济学家 J. S. Chard 和 C. J. Mellor 也就平行进口对国内经济的影响进行了分析，指出平行进口对国内经济带来两个确定并真实的损害：其一，平行进口常常源于"搭便车"现象，这打击了权利人保持产品的一贯质量并维持售前、售后服务的努力，最终降低创新水平并使消费者的利益也受到损害；其二，平行进口使销售量预测成为不可能，因而影响生产与销售计划，并使供应成本增长，最终导致产品价格的提高。③ 据估计，在美国，灰色市场商品的销售每年给产业带来

---

①　See Keith E. Maskus & Yongmin Chen, *Vertical Price Contril and Parallel Imports：Theory and Evidence*，p. 20. Policy Research Working Paper 2461, the World Bank.

②　See Timothy H. Hiebert, *Parallel Importation in U. S. Trademark Law*, Greenwood Press, 1994, p. 2.

③　See J. S. Chard and C. J. Mellor, *Intellectual Property Rights and Parallel Imports*, 12 The World Economy 69 (1989).

的损失在 600 亿～800 亿美元之间。[①]

由此可见，平行进口利弊兼具。美国经济学家研究发现，平行进口具有典型的两面性。在一些情形下，它能够提高世界福利，但在其他一些情形下结果却正好相反。[②]

在现实生活中，人们对平行进口的态度也因对其利弊权衡的不同而不同。反对平行进口者认为，平行进口之弊大于利。因为，低价所带来的短期好处只不过是一个幻象，从长远看，平行进口所带来的低价将会严重损害人们在创新和品牌信誉上的投资热情；平行进口的增长将导致经济福利的下降。[③] 相反，支持平行进口者则认为，平行进口之利大于弊。价格竞争对于增进消费者的选择机会具有重要的意义。例如，为了解决书籍等受著作权保护的产品的国内价格因对平行进口的控制而居高不下，澳大利亚著作权法分别通过 1991 年、1998 年及 2003 年三次修正案，消除或降低了著作权人对某些著作权产品，如书籍、唱片、计算机软件的平行进口的控制。

二、平行进口的合法性问题——禁止与允许之间

世界各国及各地区对允许还是禁止平行进口并没有一个统一的答案。虽然人们普遍承认，平行进口与 GATT 所倡导的自由贸易的目标极其吻合，但是 TRIPs 并未达成允许平行进口的规定。迄今为止，只有区域性立法如欧盟法明确规定，允许区域内各国之间的平行进口。[④] 另有少数立法如我国台湾地区的"专利法"采用国际穷竭原则，原则上允许平行进

---

① See Geoffrey Goodale, *The New Customs Gray Market Regulations*: *Boon or Bust for U. S. Trademark Owners*, (2000) 28 AIPLA 335, 336.

② See Keith E. Maskus & Yongmin Chen, *Vertical Price Contril and Parallel Imports*: *Theory and Evidence*, p. 22. Policy Research Working Paper 2461, the World Bank.

③ 如英国经济学家 Chard 及 Mellor 即持此观点。参见 J. S. Chard and C. J. Mellor, *Intellectual Property Rights and Parallel Imports*, 12 The World Economy 69 (1989)。

④ 例如，《欧洲共同体委员会协调成员国商标立法第一号指令》（以下简称《商标指令》或《一号指令》）第 7 条第 1 款的规定。详细内容请参见本书第二章。

口。从其他国家或地区的实践看，主要是通过对现行立法的解释①，或者通过判例法、行政决定来实现对平行进口的法律规制。

平行进口的合法性问题常常是不确定的。消费者利益这一因素是平行进口问题争议不断的关键，由于涉及消费者利益，禁止平行进口的法律规则需要特别的正当性证明。② 如果仅仅从权利人与未经授权的进口商或经销商关系的角度看，平行进口无疑应予以制止。知识产权人或独占被许可人能否禁止"真品"的"平行"进口？一般来说，在一个正常运行的市场里，以更低的价格获得同样的商品是一个非常值得追求的目标。某些人（平行进口商或销售商）的牟取暴利的行为对其他人（消费者）却可能是有益的。因为消费者在其他情形下会被迫为同样的商品支付高得多的价款。③ 这正是平行进口商的强有力的抗辩。平行进口商强调价格竞争对于满足消费者需求所起的重要作用，以及平行进口对于削弱价格歧视所起的作用。然而，知识产权人却强调，被授权投放国内市场的产品往往与被平行进口的产品在品质方面存在差异，如产品本身的成分甚至口味等的不同，这会导致消费者的混淆甚至欺骗消费者；即使两者没有区别，投放在国内市场产品的成本和风险往往会更高（如有关产品的使用、特征的售前技术咨询和服务④，以及提供担保、修理以及技术咨询等售后服务）⑤，

---

① 例如，我国台湾地区"商标法"第 61 条第 1 款规定："商标专用权人对于侵害其商标专用权者，得请求损害赔偿，并得请求排除其侵害，有侵害之虞者，得请求防止之。"若平行进口构成侵害商标权，则权利人可以该规定为请求权基础。因此，关键在于对平行进口是否构成侵害商标权之解释，这又有赖于对后文将要讨论的相关的学说和规则的运用。

② See W. R. Cornish, *Intellectual Property*, Sweet & Maxwell, 1996, p. 39.

③ 但是，在某些部门如医药部门，政府的价格控制政策将禁止消费者从平行进口中获益。在美国，虽然美国国会在 2000 年颁布了允许受专利保护的处方药的平行进口的法案，以此作为降低销售价格的措施，但是美国健康服务部长（Health and Human Services Secretary）Donna Shalala 最终以不具有可操作性为由拒绝实施该措施。参见 Margreth Barrett, *A Fond Farewell to Parallel Imports of Patented Goods：The United States and the Rule of International Exhaustion*, [2002] 12 EIPR 571.

④ 对于一些复杂的产品，如照相机和计算机产品，售前技术咨询还涉及培训能够提供具体的技术服务的销售人员。

⑤ 例如，在英国市场上，苹果电脑的销售费用高于美国市场的销售费用。苹果电脑公司认为，原因之一是英国经销商承担了大量的市场促销活动。

相关的权利人理应获得更高的回报。知识产权人声称，对于平行进口商而言，几乎不会发生上述服务费用，平行进口销蚀了这些服务的有效机制，平行进口商的行为被权利人视为不劳而获的"搭便车"行为。如果消费者从平行进口商那里购买了相关产品，却从授权经销商那里获得免费服务，那么，授权经销商将会失去提供这类服务的动力，最终使消费者利益受损。而且，权利人还以在各国存在的平行知识产权的独立性为由，主张自己有权控制产品在不同市场上的首次销售。

20 世纪 80 年代末期以后，随着世界经济条件的变化，涌现了大量的有关平行进口的判例。这些判例中，有的禁止平行进口，有的支持平行进口。对于支持平行进口的判例，仍然存在着不同的意见。例如，在 BBS Kraftfahrzeugtechnik AG v. Rashimekkusu 日本股份有限公司及日本汽车产品股份有限公司案（以下简称 BBS 案）中[1]，日本东京高等法院认为，专利权人所提出的平行进口会阻碍新技术的产生并不存在，这另有原因。至于有关产品的质量问题，日本最高法院认为，这依赖于商人的敏锐及消费者的口味。该法院这一支持平行进口的判决受到了尖锐的批评，批评者指出，该判决将对产业活动产生消极影响。[2]

对平行进口合法性问题的争论普遍存在[3]：既存在于理论界，也存在于立法部门和司法部门；既存在于不同国家或地区之间，甚至也发生于同一国家或地区的不同部门之间，以及不同的法院之间。对于平行进口的合法性问题的认识的多样性更是普遍地存在于美国。在美国，在平行进口的问题上，美国行政部门与法院和国会的态度并不总是一致。行政部门一直以来倾向于采取一种保护主义的立场，对平行进口持反对态度。[4] 其典型

---

[1]　See BBS Kraftfahrzeugtechnik AG v. Rashimekkusu Japan Co. Ltd. and JAP Auto Products Co. Ltd.，29 IIC 331 (1998).

[2]　See William A. Hoyng，*A Surprising Decision*，21 AIPPI 26 (1/1996).

[3]　这种争论还涉及政治层面，欧盟各成员国对平行进口问题的不同看法、TRIPs 有关权利穷竭条款的规定以及美国政府对其他国家和地区（如我国台湾地区）提出禁止平行进口的要求，所有这些都说明了平行进口所蕴涵的政治意义。

[4]　不过，美国政府于 2000 年颁布的一项行政命令表明其在平行进口问题上开始作出一定的让步，根据该行政命令，特定情形的平行进口被允许，以确保撒哈拉以南的非洲地区获得治疗艾滋病的专利药物。参见 Executive Order No. 13155，65 Fed. Reg. 30521 (2000)。

的例子包括：美国政府曾试图与其他一些国家一道将非（国际）穷竭原则引入 TRIPs 协议，使该原则适用于 TRIPs 协议所涵盖的所有类型的知识产权[1]，从而达到禁止平行进口之目的；至少与 5 个国家签订了 5 项国际贸易协议，这些协议的目的是保护国内著作权人免受来自所涉及的 5 个国家的平行进口的损害。在一起涉及著作权的平行进口案件中，美国司法部副部长提出：法院应该对上述协议予以考虑，采用一种领土穷竭原则，禁止被告的平行进口。[2] 美国国会则被认为是平行进口的支持者，2000 年曾颁布了允许受专利保护的处方药的平行进口的法案。

　　而在美国的法院之间则分裂为赞成与反对的两个阵营。美国联邦最高法院当仁不让地成为赞成平行进口的代表。在 1998 年的 Quality King 销售商公司诉 L'Anza 国际研究公司一案中，美国联邦最高法院排除了著作权人依著作权法禁止真品平行进口。该案所涉及的进口是一种"重新进口"或"返销"，属于传统的平行进口形式。L'Anza 依据《美国著作权法》第 602（a）条的规定，主张未经著作权人授权进口的著作权产品，依《美国著作权法》第 106 条的规定，不得输入美国。Quality King 销售商公司则辩称其依《美国著作权法》第 109 条的规定，只要是经合法制造，著作权产品的所有权人可以销售或处置其著作权产品。Quality King 销售商公司既然是标签的所有人，依据《美国著作权法》第 109 条的规定，自然没有违反第 106 条或第 602 条规定的可能，但联邦地方法院与上诉法院均拒绝 Quality King 销售商公司的辩解。上诉法院认为，从法条的字意解释，Quality King 销售商公司的辩称并非毫无道理，但未经授权的输入则为国会所不允许。最高法院则推翻了上诉法院的判决，并认为只要是在美国制造，虽在其他地区销售，仍然符合首次销售原则，依法条字意的解释，自然没有不许其输入的道理。针对美国司法部副部长有关应在本案中考虑美国政府与其他国家签订的国际贸易协议的观点，最高法院裁决：行政部门有关平行进口的谈判与对国内法律的适当解释无关，驳回所

---

① See W. R. Cornish, *Trade Marks：Portcullis for the EEA*，（1998）5 EIPR 173.

② See Margreth Barrett, *A Fond Farewell to Parallel Imports of Patented Goods：The United States and the Rule of International Exhaustion*，（2002）12 EIPR 571.

有支持领土穷竭原则的争辩。① 联邦最高法院根据首次销售学说，认为上诉人的进口行为不构成对被上诉人著作权的侵犯，撤销了上诉法院的判决。②

与美国联邦最高法院的意见相对，美国第九巡回上诉法院则极力反对平行进口，在一系列涉及著作权、在国外制造并首次销售的灰色市场商品的进口案件中，该法院均作出了允许美国著作权人根据著作权法的相关规定禁止平行进口的判决。例如，在 BMG 音乐诉 Perez 一案中，原告拥有多种音乐带的著作权，被告购买了由原告的国外被许可人制作的录音带并将它们进口至美国，美国第九巡回法院判决原告胜诉。③ 此外，作为前述 Quality King 销售商公司诉 L'Anza 国际研究公司一案的上诉审法院，美国第九巡回法院同样作出了有利于原告的判决，支持原告基于其著作权禁止真品的平行进口。有的法院则在不同时期对平行进口持不同的态度，美国第三巡回上诉法院可谓典型。例如，1984 年，在哥伦比亚广播系统公司诉 Scorpio 音乐发行公司一案中，该法院维持了地区法院有关禁止平行进口的判决。④ 然而，在 1988 年的 Sebastian 国际公司诉消费者中介公司一案中，美国第三巡回上诉法院却明确地批评了哥伦比亚广播系统公司案的判决。在该案中，原告在美国印制了受著作权保护的标签并将其出口，被告把带有上述标签的商品重新输入美国。美国第三巡回上诉法院认为，著作权人在任何地方对商品进行首次销售，都会使其控制相关商品进口的

---

① See 523 U. S. 135 (1998).

② 美国学者认为，最高法院在该案中的推理看来将延伸适用于由美国著作权人或其被许可人在国外制造的产品。参见 Margreth Barrett, *A Fond Farewell to Parallel Imports of Patented Goods*：*The United States and the Rule of International Exhaustion*，(2002) 12 EIPR 571，577。

③ See BMG Music v. Perez，952 F. 2d 318 (9th Cir. 1991)，驳回调卷令申请，505 U. S. 1206 (1992)。其他类似的案件还包括：Parfums Givenchy v. Drug Emporium，38 F. 3d 477 (9th Cir. 1994); Parfums Givenchy v. C & C Beauty Sales，832 F. Supp. 1378 (C. D. Cal. 1993)。

④ See Columbia Broadcast Systems，Inc. v. Scorpio Music Distributors，Inc. 569 F. Supp. 47 (E. D. Pa. 1983)，uphold verdict，738 F. 2d 421 (3d Cir. 1984)。

权利归于消灭，因而作出了有利于被告的判决，允许被告的平行进口行为。①

　　在一个国家内部的不同部门之间，以及不同的法院之间，甚至于同一法院在不同的案件中对平行进口性质的不同认识，无疑表明并提升了平行进口问题的复杂程度。笔者将此称为平行进口领域中的"美国现象"，我们在设计相关的制度时应该注意到这种现象，并给予认真的对待。对这一问题，本书将在最后一章作进一步的论述。

　　如前所述，各国或地区主要是通过对现行立法的解释，或者通过判例法实现对平行进口的法律规制。与此相关，在知识产权产品的平行进口领域，存在着丰富的学说和规则，对这些学说和规则的不同理解和运用直接影响到对平行进口的定性，本书将在后面的章节中对相关的学说和规则展开论述。

---

　　① See Lynda J. Zadra-Symes et al. , *Using U. S. Intellectual Property Rights to Prevent Parallel Imports*，(1998) 6 EIPR 219，224.

第二章　权利穷竭原则分析

权利穷竭原则是规制平行进口的一项基本原则，该原则的适用状况直接影响对平行进口的态度。在含有知识产权的产品的贸易过程中，知识产权与物权的冲突影响到商品的自由流通。权利穷竭原则是贸易中知识产权与物权冲突的解决原则，是平行进口领域大量判例援引的基本规则。

第一节　权利穷竭原则的概念

一、权利穷竭原则的含义

权利穷竭（Exhaustion of Rights），又译为权利用尽或耗尽。由于权利穷竭与首次销售密切相关，因此，它又被称为"首次销售"（First Sale）学说或原则。[①] 也有著述以"消

---

① 一般在欧洲多使用"权利穷竭"一语，而美国则习惯用"首次销售"一词。

耗理论"（exhaustion theory）① 或用尽原则②称之。其基本含义可以表述如下：任何一件受知识产权保护的产品，一旦由权利人自己或由经其同意之人进行首次销售之后，则权利人就无权禁止该产品在相关市场上的继续流通，也就是说，权利人的相关的知识产权即告"穷竭"。权利穷竭与权利终止不同，知识产权是有"时间性"的，一旦保护期限届满，则相应的知识产权终止；权利穷竭的情形发生于相应的知识产权的期限届满之前，因此，它实质上属于权利的提前终止。1978 年，在美国国际图片公司诉 Foreman 侵犯著作权案中，Godbold 法官对权利穷竭原则作出了这样的解释："围绕首次销售学说的法律清楚明白。销售著作权作品的复制件的独占权只延及该复制件的首次销售。在某一复制件被首次销售之后，著作权人无权控制该复制件的进一步销售，以及进一步销售的条件。即便著作权人首次销售时在物品上附着了限制（如限定物品的利用方式），未遵循该限制的购买者也无须承担侵权责任。因此，首次销售消灭了著作权人对处于商品流通过程中的复制件的控制能力。"③

　　这项原则首先通过西方国家判例法发展起来，而后获得这些国家制定法的承认。一般认为，权利穷竭的思想最初由德国法学家 Josef Kohler 提出，在其 1900 年发表的有关专利的著作中，Kohler 采用了有别于普通法默示许可④传统的方法以解决专利产品出售后专利权人与产品购买者之间的关系。Kohler 认为，产品的自由流通要求对专利权进行一种内在的限制。这一思想通过 1902 年由德国帝国最高法院的 Kolnisch Wasser 案 及 Guajokol Karbonat 案判决，采用"消耗"（Konsumtion）一语确立下来。⑤ 因此，大陆法上的权利穷竭原则系由德国最高法院在 20 世纪初发展起来的。普通法上的相关学说最初由美国联邦最高法院在 1873 年涉及

---

　　① 参见邱志平：《真品平行输入之解析》，台北，三民书局，1996。

　　② 参见蔡明诚：《论智慧财产权之用尽原则》，载《政大法学评论》，第 41 期。

　　③ American International Pictures v. Foreman, 576 F. 2d 661（5th Cir. 1978）。正是从这种意义上，"穷竭"一语确切地说并非指权利本身（existence）的穷竭，而是指权利行使（exercise）的限制。参见 Christopher Heath（ed.）, Parallel Imports in Asia, Kluwer Law International, 2004, p. 13。

　　④ 有关默示许可的内容将在本书第五章中讨论。

　　⑤ See 50 RGZ 229; 51 RGZ 139; 30 IIC 495（1999）; See Christopher Heath（ed.）, *Parallel Imports in Asia*, Kluwer Law International, 2004, pp. 13 - 15。

专利权的 Adams v. Burke 一案中采用，认为专利产品一旦售出后，对该产品的使用不再受到限制。"当专利权人将该机器或设备出售后，他就不再享有限制使用该机器或设备的权利……专利权人在出售机器或设备的行为中就已经获得了与其权利相应的报酬，从而不再对该机器享有独占权。"[①] 而后，在 1895 年的 Keeler 诉标准折叠床公司一案中美国联邦最高法院再次使用这一学说，并进一步提出："专利产品的购买者不仅能够不受限制地使用该产品，并且，除非受到其与专利权人的合同的限制，还可以转售或以其他方式处分该产品。"[②] 至 1908 年，在 Bobbs-Merrill Co. v. Straus 案中，美国联邦最高法院开始对著作权适用首次销售学说，判决原告的排他销售权穷竭。[③] 在该案中，出版商 Bobbs-Merrill 在其书籍上插入如下告示：零售价低于 1 美元将构成侵犯著作权。被告未考虑该告示而以低于 1 美元的价格销售原告出版的书籍。最高法院裁定，原告所享有的法定的排他销售权只适用于著作权作品的首次销售。[④] 随后，美国国会将最高法院在该案中的判决进行了编撰，这体现在 1909 年《美国著作权法》第 41 条之中。该条规定，"本法的任何规定都不得用于禁止或限制合法获取的著作权作品的复制件的转让"。现行的 1976 年《美国著作权法》第 106（3）条规定了"通过销售或其他转移所有权的方式发行复制件的权利（the right to distribute copies）"。对该项权利的限制不是通过司法解释，而是通过该法第 109（a）条的明确规定实现。该条规定，"合法制作的特定的复制件或唱片的所有人或经该类所有人授权的任何人，无须著作权人的授权，有权出售或以其他方式处理其所合法拥有的复制件或唱片"。此即著作权中的发行权穷竭，它是首次销售原则的体现。现行《美国著作权法》的这一规定延续了美国联邦最高法院在 1908 年的 Bobbs-Merrill 案判决中所确立的首次销售原则。

    权利穷竭原则首先通过西方国家的判例法发展起来，而后获得这些国家的制定法的承认。如今，这项原则在各国和地区的知识产权法律中均得

---

    ①   84 U. S. 453，456（1873）.

    ②   Keeler v. Standard Folding Bed Co.，157 U. S. 659（1895）.

    ③   See 210 U. S. 339（1908）.

    ④   当时生效的 1891 年《美国著作权法》规定，著作权人对其著作权作品享有排他的"销售"权（the right of vending）.

到了体现。例如，根据美国法律，如果依知识产权人的许可制造受专利①、著作权或《1984 年半导体芯片保护法》保护的产品，则该产品的首次销售将穷竭所有人对同一产品的进一步销售的支配权。② 《欧洲共同体商标条例》第 13 条规定了"共同体商标的权利穷竭"，即"共同体商标所有人无权禁止由自己或经其同意而投放共同体市场的商品继续使用共同体商标"。大多数共同体成员国的商标立法均有类似的规定。例如，1994年《英国商标法》第 12 条第（1）款规定："由注册商标所有人或经注册商标所有人同意在已经投放欧洲经济地区市场的有关商品上使用其注册商标的，不构成侵权。"《德国商标和其他标志保护法》第 24 条第（1）款也规定："权利人或经其同意的其他人，将使用其商标或商业标志的商品投入德国、欧洲联盟其他成员国或其他欧洲经济区协定缔约国的市场之后，该商标或商业标志的权利人应无权禁止该标志在上述商品上的使用。"我国台湾地区的"商标法"在 1993 年修正后，也增加规定了权利穷竭原则的内容，其第 23 条第 3 项规定："附有商标之商品由商标专用权人或经其同意之人于市场上交易流通者，商标专用权人不得就该商品主张商标专用权。但为防止商品变质、受损或有其他正当事由者，不在此限。"在我国的知识产权法律中，没有出现如前所述的有关权利穷竭的明确规定，但有关侵权行为的条款均体现了权利穷竭的精神。这在现行《专利法》中表现得尤其明显，该法第 69 条规定了"不视为侵犯专利权"的若干情形，其中，第 1 项规定的情形为"专利产品或者依照专利方法直接获得的产品，由专利权人或者经其许可的单位、个人售出后，使用、许诺销售、销售、进口该产品的"。这一规定与其他国家的相关规定有异曲同工之效。

---

① 在专利领域，不是通过制定法而是通过判例法体现这一学说，但是，后者与专利法的任何法定原则一样具有牢固的确定性。具有代表性的判例包括：United States v. Univis Lens Co. 案，在该案中，美国联邦最高法院认为：被告对转售价格的限制无效，"只能用于实现专利的物品的授权销售意味着对与该物品有关的专利垄断权的放弃"（参见 316 U. S. 241，249，250～251 (1942)）；Keeler v. Standard Folding Bed Co. 案中，美国联邦最高法院认为："从销售专利制品的被授权人处购得专利制品之人拥有对该制品的不受时间或地点限制的绝对财产权"（参见 157 U. S. 659，666 (1895)）。

② 然而，其他法定的独占权，如制造或许可制造受保护项目的追加制品，没有穷竭。

二、权利穷竭的决定性因素——同意

"同意"（consent），为普通法和大陆法上的穷竭概念的相关因素。在大陆法上，一般指知识产权人对首次销售的同意；而在普通法上，通常指知识产权人对由自己或经其同意的第三人售出的产品的再销售的同意。由此可见，"同意"涉及"首次销售"和"再销售"这两种情形。前者涉及法律适用问题，后者则关乎合同约定。

不过，上述区别并不是绝对的，在某些判例中，我们发现普通法系国家的法官强调的是对"首次销售"的同意。例如，在 1999 年的 Zino Davidoff SA v. A & G Imports Limited 一案中，审理该案的英国伦敦高等法院法官 Laddie 指出："通过将产品投放市场或同意将其产品投放市场，权利人就丧失了再次利用在这些产品上的任何知识产权的能力。这种权利的丧失并不是建立在权利人已经同意对其产品的再利用的假设之上。权利人的同意只与产品的首次销售有关。因此，权利穷竭不是由双方约定的，而是根据共同体法律，由首次销售这一事实而自动并不可避免地导致的结果。"[①] 在欧盟法院众多的有关平行进口的判例中，我们发现，欧盟法院将"同意"视为权利穷竭的决定性因素或者说标准。欧盟法院一些具有里程碑意义的判例[②]强调，一旦受保护产品由权利人或经其同意被投放市场，则所有人不得利用其权利禁止对该产品的进一步交易。这种情形被描述为所有人的"同意"，"同意原则"（doctrine of consent）由此而来。在许多场合，该原则等同于穷竭原则（doctrine of exhaustion）——一旦受保护产品由权利人自己或经其同意被投放市场，则权利人"穷竭"了其在这类产品上的权利。

由此可见，导致权利穷竭的首次销售必须是由权利人自己或经其同意的其他人（如被许可人）或关联企业（如子公司）所为，除此以外的其他

---

① （1999) 3 ALL ER 711（Ch. D）502.

② See Deutsche Grammophon GmbH v. Metro-SB-Grossmarkte GmbH & Co.，1971 1 C. M. L. R. 631；Centrafarm BV v. Sterling Drug Inc. and Centrafarm BV v. Winthrop BV.，1974 2 C. M. L. R. 480.

合法的首次销售被排除在外。①

"同意"作为权利穷竭的决定性因素，意味着权利穷竭原则不适用于通过非自愿许可如强制许可而投放市场的产品。例如，欧盟法院在其1985 年审理的 Pharmon 诉 Hoechst 一案中认为，由于强制许可情形缺乏专利权人直接或间接的同意，因而，欧共体条约并不禁止适用某一成员国授予该国专利权人禁止在另一成员国由获得强制许可的另一方所生产的专利产品在专利权人国家销售的权利的规定。②

需要特别指出的是，权利穷竭原则非经双方商定，而是根据有关法律的规定自动产生的结果。但是，知识产权所有人可以在一定程度上通过合同约定穷竭影响的界限，例如，限定销售区域。对这一问题，将在本书第五章中予以探讨。

第二节　被"穷竭"的权利

在对权利穷竭原则作进一步探讨之前，首先需要了解相关知识产权所包含的权利内容，并在此基础上明确被"穷竭"的究竟是什么权利。

一、知识产权中的权利群

我国《民法通则》第 71 条规定："财产所有权是指所有人依法对自己的财产享有占有、使用、收益和处分的权利。"上述各项权利构成了财产所有权的权利群（bundle of rights）或权利束。③ 作为一种民事权利，著作权、

---

① 这里的合法销售是指由与本国权利人没有任何关系的其他国家或地区的权利人（包括基于知识产权转让及公司分立而出现的新的权利人）在国外市场的首次销售。参见，Boesch v. Graff，133 U. S. 697 (1890)。

② 参见http://eur-lex. europa. eu/LexUriServ/LexUriServ. doF，2012 - 01 - 13。

③ 有学者将此称为"一束权利集合"，参见王涌：《所有权概念分析》，载《中外法学》，2000 (5)。关于权利束的观念，参见［美］托马斯·格雷：《论财产权的解体》，载《经济社会体制比较》，1994 (5)；梅夏英：《民法上"所有权"概念的两个隐喻及其解读》，载《中国人民大学学报》，2002 (1)。

专利权和商标权这三项基本的知识产权也存在着权利群，而且，作为与传统的物权相对应的无形财产的所有权，其指向更具有典型的权利群的特征。① 每一种类型的知识产权都有其自身特殊的为制定法所确定的、或多或少的独占权利群，在普通法国家如美国还包括由普通法所确定的权利群。②

知识产权"权利群"的构成直接取决于其保护对象的特点。一般认为，知识产权的保护对象包括了创造性智力成果和识别性商业标志两大类。这两类对象均有一个共同的特点，即无形性，它们无法像物那样为权利人所实际控制，相反却可以同时为不特定的多数人所"占有"。在经济学概念中，智力成果被视为公共物品（public goods），公共物品具有两个特点：第一，非排他性——两个或两个以上的人可以同时使用；第二，非消耗性——不像有体物那样存在物理上的消耗性，不因使用而失去其使用价值。③ 因此，在有关所有权的四项权能中，"占有权"于知识产权所有人而言恰似水中月，镜中花。为弥补因"占有权"的缺席所带来的问题，知识产权制度对知识产权的权利内容作出了独特的安排。这种安排表现在以下两个方面：

一方面，赋予知识产权强烈的排他权（也称禁止权）特征。所有类型的知识产权具有一个共同的特征，即它们实质上是一种消极性的权利——制止他人做某些事情的权利：制止他人未经许可复制、模仿或使用其作

---

① 在构成知识产权的三项传统的权利中，专利权及商标权只包含财产权利，与此不同，著作权的内容则在不同法系的国家具有明显的不同。大陆法系国家的著作权法同时提供完整的人身权和财产权。例如，《德国著作权法》规定了作者的人身权和财产权，前者包括发表权、作者身份权以及保护作品完整。英美法系国家的著作权则主要指财产权，特定类型作品的作者可享有一定的人身权。如《美国著作权法》只规定了视觉艺术作品的作者享有作者身份权和保护作品完整权。参见《美国著作权法》第106条、第106A条。我国《著作权法》的规定与大陆法系国家相似，该法第10条具体规定了著作权所包括的4项人身权（发表权、署名权、修改权和保护作品完整权）及12项财产权。由于权利穷竭只涉及财产权，所以，在本书中，我们只讨论著作权中的财产权问题。

② See Jay Dratler, Jr., *Licensing of Intellectual Property*, Law Journal Seminars-Press, §1.05.

③ 参见［美］约瑟夫·斯蒂格利茨：《知识经济的公共政策》，载《经济社会体制比较》，1999（5）。

品、发明或者商标。① 专利权并不是发明人利用自己的发明的前提条件（就像物权那样），商标权也不是企业在其商品或服务上使用商标的前提条件（未注册商标同样可以使用）。有关国际条约也是从禁止权的角度作出规定，例如，TRIPs 有关"所授予的权利"的第 16 条规定，注册商标所有人享有排他权，即有权禁止任何第三方未经其许可在相同或类似的商品或服务上使用与其注册商标相同或近似的商标；第 28 条规定了专利权人应享有如下排他权：禁止第三人未经许可制造、使用、许诺销售、销售、进口其专利产品；禁止第三人未经许可使用其专利方法以及使用、许诺销售、销售、进口依照该方法直接获得的产品。各国商标法所赋予的商标权均体现了上述鲜明的排他性特征。② 我国专利法也是从禁止权的角度规定专利权。我国《专利法》第 11 条规定："发明和实用新型专利权被授予后……任何单位或者个人未经专利权人许可，都不得实施其专利，即不得为生产经营目的制造、使用、许诺销售、销售、进口其专利产品，或者使用其专利方法以及使用、许诺销售、销售、进口依照该方法直接获得的产品。外观设计专利权被授予后，任何单位或者个人未经专利权人许可，都不得实施其专利，即不得为生产经营目的制造、许诺销售、销售、进口其外观设计专利产品。"③ 因此，在知识产权上，除了人们通常所熟悉的积极权利以外，还特别强调消极权利，即禁止权或排他权。也正是这个原因，

---

① See W. R. Cornish, *Intellectual Property: Patent, Copyright, Trademarks and Allied Rights*, Sweet & Maxwell, 1996, pp. 5 - 6.

② 例如，根据我国《商标法》第 52 条的规定，"未经商标注册人的许可，在同一种商品或者类似商品上使用与其注册商标相同或者近似的商标"的行为构成侵犯商标权。这一规定表明了《商标法》赋予商标注册人商标禁用权，而且，这项权利的效力范围大于商标专用权的效力范围。后者的效力范围"以核准注册的商标和核定使用的商品为限"（《商标法》第 51 条）。商标禁用权效力范围的扩张取决于商标法的立法宗旨——商标法要同时"保障消费者和生产、经营者的利益"，以及商标使用的特点。将禁用权效力范围从"核准注册的商标和核定使用的商品"扩大至类似商品及近似商标，一方面是为了防止使消费者产生混淆，保护消费者利益；另一方面是为了维护商标信誉，保障商标注册人的利益。

③ 从专利权人所享有的禁止权中，可以推出专利权人享有与禁止权相对应的"使用权"。

英文中以排他权（exclusive right）指代相应的知识产权。① 例如，TRIPs在有关著作权、商标权及专利权的规定中均使用"exclusive right"一语②；1976 年《美国著作权法》中规定著作权人所享有的权利的第 106 条即表述为"著作权作品中的排他权"（exclusive rights in copyrighted works）。

　　独占权利的效力完全依赖于所涉及的知识产权，尤其依赖于它们是源于"有期限限制"的专利权或著作权范式还是源于"没有期限限制"的商标或商业秘密范式。虽然不同国家的知识产权法律在具体规定上很不一样，但是，它们具有类似的特征，都由两类基本的知识产权法律构成。第一类为著作权法和专利法，它们赋予创新者在规定期限内对其创新成果进行商业性利用的专有权。专利权提供了保护期相对较短③的接近绝对的独占权④；著作权保护禁止对特定的独占权的侵犯⑤，这些独占权虽说有期限但较前者却长得多。⑥ 第二类为商标法、不正当竞争法和商业秘密法，

---

　　① 　与此相对应，在英美法系国家，禁止令（Injunction）是一种对知识产权的标准的救济方式。大多数大陆法系国家的制定法也规定了禁止令救济。例如，《德国著作权法》第 97 条规定了寻求禁止令救济的诉讼，该条第 1 款规定，"如果存在侵权行为再度发生的危险，则受侵害方可以提起要求行为人停止侵害行为的禁止令救济的诉讼"；《法国知识产权法典》第 716—6 条规定："受理侵权诉讼的法庭庭长得依紧急诉讼程序临时禁止被告继续被指控的侵权行为。"

　　② 　参见 TRIPs 第 13 条、第 16 条及第 28 条。

　　③ 　我国现行《专利法》第 42 条规定，"发明专利权的期限为二十年，实用新型专利权和外观设计专利权的期限为十年"。其他一些国家专利法在期限上的规定有所不同，如在美国，实用新型和植物专利的期限一般为自相应的申请日起 20 年，并可延期，外观设计专利的期限为 14 年，不可延长；专利期限可能因为某些原因而被延长，通常延长的额外年限可达 5 年，参见《美国专利法》第 154（b）条、第 155 条、第 155A 条。受管制药品、医疗器械、食品和色彩添加剂可能会延长达 5 年的额外年限以弥补由于联邦的市场前的审查所造成的延迟。参见《美国专利法》第 156 条。

　　④ 　有的国家如美国的专利法规定，专利权人有权在专利期限内拒绝许可专利发明。参见《美国专利法》第 271 条第（d）款（4），该条规定，拒绝许可或利用专利不构成滥用专利。

　　⑤ 　各国著作权法都规定，著作权并不禁止独立原创的相同的表达形式。

　　⑥ 　例如，根据我国《著作权法》的规定，复制权、发行权等使用权的保护期为作者终生及其死亡后 50 年。因此，假设一位有生之年为 95 岁的作者在其 15 岁时写了一部小说，则该作者就该小说的著作权期限为 130 年。

它们提供了可能没有期限，但较弱一些的权利。① 然而，在每一种情形下，禁止他人利用其知识财产——不管如何有限——是知识财产所有人的权利，任何人未经许可不得利用该知识财产。

另一方面，"使用权"的扩展。按使用权的原有意义，它是指依照财产的性能和用途加以利用。这种使用存在一定的对使用对象的消耗。在知识产权领域，"使用"被赋予了丰富的内涵，它既指通常意义上的使用方式，如使用专利方法；也包括其他利用方式，如制造、销售专利产品，复制、传播作品等方式，尤以后者居多。随着科学技术的发展，涌现出许多新型的对无形财产的使用方式。以复制这种使用作品的方式为例，随着复制技术由传统的印刷术发展到现代的静电复印术、电磁记录术、激光记录术，以及最新的数字复制技术，对作品的使用方式大大地扩展了。因此，对无形财产的使用方式表现为一种不断增多的态势。与使用方式相对应的使用权也呈现出逐步扩张的趋势。此外，由于无形财产的非物质属性，对其使用不会引起"消耗"，所以，人们可以通过众多的使用方式对无形财产进行无限制的利用。② 而使用者的增加基本上不会产生边际成本。

根据上述分析，我们可以大体描述出知识产权中的权利群。除了商标权以外的其他各项知识产权，存在两个层面的权利群：其一为禁止权、使用权和处分权这一权利群。③ 其二为构成"使用权"的权利群。这在不同类型的知识产权中有不同的表现，例如，专利权提供了制造、使用、销

---

① TRIPs 第 18 条规定："每一项商标注册及续展注册的期限应不少于 7 年。商标注册的续展应不受限制。"各国商标法对商标权的保护期限一般都规定为 10 年，并且可以不受限制地连续续展。因此，一件商标可能永久地受到保护。商业秘密的保护期间没有一般的限定，对商业包装的保护也是如此。

② 参见王春燕：《也论知识产权的属性》，载《中国法学》，1996（3）。

③ 与专利权和著作权不同，商标权只包含了这一层面的权利群。这取决于商标的性质，权利人对商标的"使用"形式是确定的——特指将商标使用于特定的商品或服务上，它不像作品和发明创造那样有各种利用方式。并且在每一种利用方式上都成立一种权利。值得注意的是，有关国际条约和许多国家的立法在对"使用"商标的形式所作的扩展——商标的使用既可以是将商标用于商品、商品包装、容器或者商品交易文书上，也可以是将商标用于广告宣传、展览或者其他业务活动；既可以是商标权人自己的使用，也可以是经商标权人许可的被许可人的使用。这种扩展不同于著作权法上的使用方式的扩展，它不产生新的相应的权利。

售、许诺销售或者进口专利发明等项权利；著作权则一般包含五种独占权，即制定法中明确规定的复制权、发行权、公开表演权、公开展览权以及演绎权。[①] 我国《著作权法》第 10 条对著作权中的各项使用权作了具体的规定，明确列举了以下使用权：复制权、发行权、出租权、展览权、表演权、放映权、广播权、信息网络传播权、摄制权、改编权、翻译权以及汇编权等 12 项使用权。此外，布图设计权一般包含了复制权和商业实施权，后者通常又包括以下各项子权利：进口权、销售权、出租权、展示权等。[②] 在美国，掩膜作品的所有人享有下列独占权：复制掩膜作品，制造使用掩膜作品的半导体芯片产品，以及进口半导体芯片产品并在美国市场销售。

由此可见，在第二个层面上，专利权和著作权各有其自身的独占权利群，它们可以独自或一齐被权利人所利用。

二、被"穷竭"的权利

根据以上对知识产权权利群所作的分析，我们可以明确以下两点：

第一，被穷竭的不是人身权，而是财产权；不是著作财产权、专利权或商标权本身，而是其子项，即权利群中的某项具体的与产品的销售或使用有关的权利。各国的相关立法也表明了这一点。同时，由于各项知识产权的权利群构成不同，其被穷竭的子项也相应不同。

对于著作权，被"穷竭"的权利为"发行权"，例如，《德国著作权

---

① 在美国，其著作权保护历史上出现了著作权的不可分性与可分性这两种对立的学说，1976 年《美国著作权法》接受了著作权可分性学说，该法第 106 条规定了复制权、发行权等项财产权。参见《美国著作权法》第 106 条、第 106A 条。《德国著作权法》保护的著作财产权包含复制权、发行权、展览权、传播权（这又具体包括表演权、广播权等）等项权利。参见《德国著作权法》（1965 年 9 月 9 日颁布，1998 年 5 月 8 日最新修订），第 12 条～第 22 条。

② 布图设计（又称为掩膜图形，在美国则为掩膜作品），是指一种体现了集成电路中各种电子元件的三维配置方式的图形。布图设计是无形的，它通过其载体，如掩膜板、磁带或磁盘为人们所感知；它也是一种人类智力劳动成果，将其纳入知识产权法的保护范畴是国际上通行的做法。参见郭禾：《集成电路知识产权的法律保护》，中国—欧盟知识产权高级研讨班（2001 年 10 月 29 日—11 月 13 日，北京，中国人民大学法学院）上的演讲稿。

法》第 17 条第 2 款规定："如果作品的原件或复制件经发行权所有者同意，投入欧洲联盟市场……则对它们的进一步销售应不受限制。"使用权中除发行权以外的其他子权利均未穷竭，对这些权利的行使仍然必须获得著作权人的授权。例如，欧盟委员会和欧盟法院通过 Le Boucher 一案明确表示，影片的播放和书籍、唱片等载体的流通不同，电影作品的首次播映并不导致播放权的穷竭，对电影作品的每一次重复传播都必须获得作者的授权。在该案中，原告为影片《Le Boucher》在比利时的影院播映权和电视播放权的独占被许可人，许可期限为 7 年。在此期间，德国电视台 ARD 基于另一个独立的许可播放该影片，被告比利时电视公司接收后通过电缆向比利时西部转播。原告根据比利时法律，指控被告侵犯了自己的独占播放权。对此，欧盟法院认为，被告未经本国权利人许可，在本国转播已在他国合法播映的作品，侵犯了原告的独占播放权。①

    对于专利权，被"穷竭"的权利为"使用权"、"销售权"或者"进口权"。例如，我国《专利法》第 69 条规定，"专利产品或者依照专利方法直接获得的产品，由专利权人或者经其许可的单位、个人售出后，使用、许诺销售、销售、进口该产品的"，不视为侵犯专利权。从历史上看，早在 1873 年，在首次运用权利穷竭学说的美国专利判例中，美国联邦最高法院就强调指出，本判决只确认了使用权的穷竭，而没有涉及专利产品的制造权和销售权的穷竭问题。② 而后，在 1895 年的 Keeler 诉标准折叠床公司案中，美国联邦最高法院将权利穷竭的范围从使用权扩大至销售权。法院认为，专利产品的购买者不仅可以不受限制地使用该产品，而且可以不受限制地转售该产品。③ 与此相关，此后的许多专利判例均禁止权利人对转售价格的限制。例如，美国联邦最高法院在以下三起案件中均作出了这样的裁定：在 Bauer & Cie O'Donnell 案中④，裁定专利权人对专利产品的转售价格的控制"超越了专利法所保护的垄断权的限度"；在 Motion

---

    ①   参见《欧洲共同体公报》，1980 - 04 - 16。转引自李琛：《市场统一中的人文失落——欧盟法与欧洲大陆著作权观念的冲突》，载《私法研究》（创刊号），411～413 页，北京，中国政法大学出版社，2002。

    ②   See Adams v. Burke.，84 U. S. 453（1873）。

    ③   See 157 U. S. 659（1895）。

    ④   229 U. S. 1，16 - 18（1913）。

Picture Patents Co. v. Universal Film Manufacturing Co. 案中①，裁定专利权人不能以在专利设备上附加通告或其他形式固定转售价格或者控制转售后的使用；在 United States v. Univis Lens Co. 案中②，该法院裁定，权利人对转售价格的限制无效，"只能用于实现专利的物品的授权销售意味着对与该物品有关的专利垄断权的放弃"。

对于被穷竭的权利，有一种观点认为，就专利权而言，伴随着专利产品的首次销售，专利权人所享有的包括制造权、销售权和进口权在内的整束权利均告"穷竭"③。这种看法将被穷竭的权利等同于专利权本身。对于这里所指的制造权穷竭，存在两种可能的理解：一是专利权人就其专利产品的制造权伴随着某批产品的首次销售而穷竭；二是专利权人就某批专利产品的制造权伴随着这批专利产品的首次销售而穷竭。第一种情形意味着专利权人失去了再生产专利产品的专有权利，这显然不会是作者的本意；第二种情形意味着专利权人就某批已经被制造出来的专利产品的制造权，仅在这些产品首次销售后才"穷竭"，这显然也不符合逻辑，因为具体的产品只能被制造一次，产品一旦被制造出来，即使它未被投放市场，也不可能被再次制造。对于进口权，如果依照提出上述观点的作者所说的那样，该项权利的目的在于阻止未经专利权人同意而制造的侵权商品进入本国市场④，那么，这项权利其实与权利穷竭无关。因为，权利穷竭的前提是有关商品是由权利人自己或经其同意而制造并投放市场的，即所涉产品系合法产品而非侵权产品。后文有关权利穷竭的空间范围及 TRIPs 的有关规定的讨论还将涉及进口权问题。

第二，被穷竭的是在特定产品——被首次销售后的产品——上的相应知识产权，即权利穷竭只发生于在同一产品上存在该产品的合法获得者的物权与该产品所包含的知识产权发生冲突之时。在这种情形下，知识产权人的禁止权穷竭，他不能再禁止相关的物权人的某些特定的行为。也就是

---

① See 243 U. S. 502，516 - 517（1917）.

② See 316 U. S. 241，249，250 - 251（1942）.

③ Christopher Heath，*Parallel Imports and International Trade*，28 IIC. 623，630（1997）.

④ See Christopher Heath，*Parallel Imports and International Trade*，28 IIC. 623，629（1997）.

说，权利穷竭原则只适用于特定的个体的产品，而不适用于同一类型的所有产品或同一系列的所有产品。

被首次销售后的特定产品与同一类型的所有产品（或产品系列）是两个不同的概念，若将两者混为一谈将背离权利穷竭原则的本义，并剥夺权利人应享有的权利。对于上述两个不同的概念，在 1999 年 7 月 1 日欧盟法院裁决的 Sebago Inc. & Ancienne Maison Dubois et Fils SA v. GB-Unic SA 一案中①，为案件判决提供咨询意见的总法务官（Advocate-General）及欧盟法院有过细致的辨析。在该案中，原告 Sebago 系用于鞋类商品上的两个受比利时、荷兰、卢森堡经济联盟商标法保护的商标 SEBAGO 及 DOCKSIDES 的所有人，另一原告 Ancienne Maison Dubois et Fils SA 是比利时的 Sebago 鞋子的独占经销商。被告 GB-Unic SA 从商标权人在萨尔瓦多的被许可人处购买了 2 500 双 DOCKSIDES 牌鞋子，并于 1996 年夏进口至欧共体销售。Sebago 认为，被告的进口行为侵犯了其比利时、荷兰、卢森堡商标权。对于原告的侵权指控，被告抗辩道：原告已经将同一类型的另外一批鞋子投放到欧洲经济区（EEA）市场上，据此可以推断出原告已经同意在 EEA 内销售同一产品系列的所有产品，因此，向 EEA 平行进口 DOCKSIDES 牌鞋子不构成侵权。也就是说，原告在 EEA 市场上的销售行为使其在同一类型的所有产品上的权利均告穷竭。

被告提出的上述抗辩成为本案所要解决的一个关键问题，即商标所有人同意在 EEA 内销售一批使用其商标的某种型号的商品，是否就意味着穷竭了其禁止在 EEA 内销售另一批使用同一商标的相同或类似商品的权利？换言之，《商标指令》② 第 7 条第（1）款所指的同意将商品投放欧共体市场，是否可以理解为同意将某种类型的产品投放市场，而不是指某类

---

① See Case C-173/98—Sebago Inc. and Ancienne Maison Dubois et Fils SA v. GB-Unic SA，1999 2 CMLR 1317.

② First Council Directive 89/104/EEC of 21 December 1988 to approximate the laws of the Member States relating to trade marks (1989) OJ L40/1. 该指令通过《欧洲经济区协议》（1994 O. J. L1/3，Art. 65（2）& Annex XVII）延伸适用至欧洲经济区（EEA）。

产品的每一批次。对于这一问题，总法务官给予了否定的回答。① 若一旦商标所有人同意在 EEA 内销售一批特定产品，就被视为同意其他相同类型的所有产品的销售，这将与欧盟法院将权利穷竭原则限于 EEA 范围的规则相悖，并导致实行实际上的国际穷竭规则。因为，在这种情形下，所有平行进口商的产品都必然被允许进入 EEA 市场。欧盟法院接受了总法务官的意见，其对此案的判决明确了权利穷竭原则所适用的产品范围：一是权利穷竭适用于特定的个体产品，而不适用于产品类型或产品系列；二是《商标指令》第 7 条第（2）款所提到的"商品的进一步销售"（further commercialization of the goods）表明，权利穷竭原则仅仅涉及经商标权人同意投放市场的特定商品；三是共同体立法明确规定，将特定的商品投放在 EEA 外市场上并没有穷竭所有人禁止进口这些商品的权利，所有人有权控制使用同一商标的商品在 EEA 内的首次销售。② 由于被告的抗辩混淆了被首次销售后的特定产品与同一类型的所有产品，欧盟法院驳回了被告的抗辩。

　　上述两个方面，即权利和产品相结合，限定了权利穷竭原则的适用范围。由此可知，权利穷竭原则不等于知识产权穷竭。③ 当提及"知识产权穷竭"时，实际是指相关知识产权权利群中的某一项子权利的穷竭。并且，被"穷竭"的权利是为法律所明确规定的与商品的流通和购买者的使用有关的特定权利，对此不宜作扩大化解释。例如，著作权中被"穷竭"

---

　　①　参见（1999）ETMR 467。英国学者更是一针见血地指出，被告的抗辩是基于其理解权利穷竭原则时发生的基本的概念性错误之上。参见 Irini A. Stamatoudi and Paul L. C. Torremans, *International Exhaustion in the European Union in the Light of "Zino Davidoff"*: *Contract Versus Trade Mark Law*, 31 IIC 124 (2000)。

　　②　《商标指令》第 7 条规定："（1）商标权人无权禁止在由他自己或经其同意投放共同体市场的商品上继续使用原有的商标。（2）当存在阻止商品的进一步销售的合理理由，尤其是当商品投放市场之后，其状况被改变或被损坏时，不适用第（1）款。"

　　③　历史上，由于人们没有认识到这一点，将"权利穷竭"等同于知识产权的穷竭，由此而对权利穷竭学说予以拒斥。参见郑成思：《知识产权论》，341 页，北京，法律出版社，2001。20 世纪上半叶，美国的卡多佐法官在其演讲中指出："当人们使用一个含义过于宽泛、内容没有精确界定的术语、却未对其中包含的不同意思加以区分时，混淆就产生了，大多数争论皆源于此。"参见［美］本杰明·N·卡多佐：《法律的成长 法律科学的悖论》，董炯等译，19 页，北京，中国法制出版社，2002。笔者以为，在权利穷竭原则上的一些不同意见实际上也源于同样的原因。

的权利为发行权，这就不能扩大至出租权。

第三节　权利穷竭原则的理论基础

严格地说，权利穷竭观念在普通法和大陆法上具有不同的意义。在普通法上，穷竭概念源于默示许可的概念。后者是指，除非卖主明确限制与物品的销售相联系的权利，买主可以自由处置所购买的物品。① 不过，与默示许可系基于合同法的对价原理不同，权利穷竭系基于公共政策。② 在大陆法上，穷竭概念并不是建立在与财产的转移有关的权利的基础之上，而是建立在与保护主题和权利性质（这被视为知识产权的核心）有关的权利的基础之上。不过，一些不同法系国家有关穷竭问题的实践已经超越了普通法和大陆法的区分。例如，日本在专利权的穷竭上采用了普通法的默示许可的方法，而新加坡则实行建立在 Josef Kohler 的学说基础之上的全面的国际穷竭原则。③

一般来说，除了知识产权法律明确规定的非自愿许可（包括法定许可、强制许可）以及合理使用的情形外④，任何对知识产权的利用均需经过知识产权人的许可，也就是说，权利人对受保护产品的控制不但包含产品的生产和首次销售，并且还可以延及所有后续的行为如转售、出租、出口及进口等。但是，随着贸易的发展，以及与此相关的商品市场的不断扩展，上述控制与商品的自由流通发生了冲突。这种冲突提出了一个要求，应该确定在产品的生产和销售链条中哪些环节需要取得权利人的许可，这

---

① See David Parkins et al. , *Exhaustion of Intellectual Property Rights*, in PLI's Fifth Annual Institute for Intellectual Property Law，1999.

② See Christopher Heath（ed. ），*Parallel Imports in Asia*，53（2004），Kluwer Law International.

③ See Christopher Heath, *Exhaustion and Parallel Imports in Asia*, IIC Vol. 33, 2002（5）pp. 622-623.

④ 这两类情形都是对相关权利的限制，它们构成对知识产权的权利限制制度。与其他两类基本的知识产权法律相比，著作权法完整地体现了以这两类限制为内容的权利限制制度。以我国《著作权法》的规定为例，其第 22 条规定了合理使用的各种情形，第 23 条规定了法定许可的情形。

些环节包括制造、首次销售、转售和其他交易、出口和进口、使用。因此，如何确定这些环节就具有了至关重要的意义。

在英国历史上，立法者常常将确定在产品的生产和销售链条中哪些环节需要取得权利人的许可这一问题留给法院。权利和商品销售之间的关系并没有依据任何普遍的穷竭观念予以处理。具体的解决之道因保护主题而异。例如，专利领域曾经不适用权利穷竭，当专利产品由专利权人或其被授权人销售以后，对该产品的进一步销售或使用的限制属于专利权的一部分。这种对进一步销售和使用的控制权不但对另一方当事人，而且对接受附着此类限制的产品的所有人都有约束力。当英国专利权人在自己投放于外国市场上的专利产品上附加了清楚而明确的限制，他就可以阻止这些产品进口到英国。除非获得英国专利权人的明示或默示许可，由被许可人根据外国专利在国外销售的产品不得进入英国。自 1964 年以来，这一做法已逐渐被修正。①

目前被普遍接受的有关权利穷竭的定义揭示了权利人的权利终止之处：产品被合法地首次投放市场之后。这反映了权利穷竭原则赖以成立的两项相辅相成的观念，在这些观念的基础之上，权利穷竭原则从欧洲（主要是德国）以及美国的司法实践中发展起来。

第一，商品自由流通的观念。

如前所述，Kohler 在 1900 年有关专利的著作中，认为产品的自由流通要求对专利权进行一种内在的限制。② 在 1902 年审理的一起案件中，德国最高法院就是以由专利权人投放市场的专利产品应自由流通为依据，领风气之先，作出了有关专利权穷竭原则的判决。③ 在美国，这一原则也是以对有关财产让渡的限制的排斥，以及通过使个人限制最小化提高贸易的自由与效率的政策为根据的。④ 而欧盟在这一领域的发展历史更是鲜明

① See W. R. Cornish, *Intellectual Property*, Sweet & Maxwell（2000），pp. 249-251. 但是，在 1999 年英国高等法院审理的 Zino Davidoff 一案的判决中，我们发现了这一方法的影响。参见本书对此案的相关论述。

② See Christopher Heath（ed.），*Parallel Imports in Asia*，14（2004），Kluwer Law International.

③ See 51 RGZ 139，140 - 141.

④ See Jay Dratler, Jr. , *Licensing of Intellectual Property*，Law Journal Seminars-Press，§6.05（1）.

地揭示了这一点，欧洲共同体穷竭原则的基础即为商品自由流通原则。例如，对于包含作品的载体的流通，欧盟委员会认为，包含作品的载体与其他商品没有什么区别，因此，它的流通也必须遵循商品自由流通原则。

第二，利益平衡的观念。

被誉为德国现代知识产权之父的 Josef Kohler 在发明"穷竭原则"之时，就是以产权理论作为该原则的理论基础，即知识产权人一旦将知识产权产品投放市场，则意味着其已经行使了与这些产品相联系的知识产权中的使用权和销售权，此后，这些权利让位于购买者的所有权。[①] 权利穷竭原则表现了在特定产品上的制造商的知识产权与购买者的所有权之间的分界线，它体现了相辅相成的两个方面。一方面是对知识产权人的权利的限制。由于知识产权保护对象的无形性和非消耗性特点，各种知识产权在客观上均存在被多次使用的可能性。穷竭系对权利的限制，其目的在于防止权利人对同一产品主张两次权利。一旦权利人独占实施了将受知识产权保护的产品投放市场，则独占权的合理目标已经实现，即权利人已经得到了应得的报偿。[②] 因此，任何进一步利用有关的知识产权限制真品在市场上流通的行为都将构成对权利的滥用或对权利的不正当使用。[③] "穷竭"就意味着权利人失去对该类产品的控制权，包括对产品再销售的控制；权利人也不能通过分割地理市场来约束被许可人及固定零售价格。"随着法律社会化对所有权的限制愈来愈多，所有权人处于法律负担一方的情形就愈来愈多"[④]。在权利穷竭的情形下，权利人正是"处于法律负担一方"。另一方面是对买受者的物权的承认。例如，在美国历史上第一个涉及平行进口问题的案件中，主审法官 William Wallace 认为，商标所有人控制其商标商品的权利止于该商品进入市场流通之时；购买者获得所购商品上的所

---

① See Cohen Jehoram, *Parallel Imports and Intellectual Property Right*，30 IIC 497（1999）.

② 国外学者也将"补偿与奖励的理论"（the theory of compensation and reward）作为权利穷竭原则的基础。参见 Christopher Heath（ed.），*Parallel Imports in Asia*，17，Kluwer Law International（2004）。

③ See Irini A. Stamatoudi and Paul L. C. Torremans，*International Exhaustion in the European Union in the Light of "Zino Davidoff"*：*Contract Versus Trade Mark Law*，31 IIC 123，127（2000）.

④ 王涌：《所有权概念分析》，载《中外法学》，2000（5）。

有人的所有权利，可以依照自己的意愿利用所购得的商品。① 同样，在
Keeler v. Standard Folding Bed Co. 一案中，美国联邦最高法院认为："从
销售专利制品的被授权人处购得专利制品之人拥有对该制品的不受时间或
地点限制的绝对财产权。"这表明了美国法院对物权和知识产权两者关系
的态度，在特定情况下，物权优先于知识产权。

　　在许多判例中，上述两种观念被同时强调。例如，1873 年，美国联
邦最高法院就在 Adams v. Burke 一案中阐述了如下专利权穷竭的基本原
理：在事物的基本性质上，当专利权人销售一种其唯一的价值体现在对它
的使用上的机器或器械时，他获得相应的报酬并放弃限制使用所售机器的
权利，该货物在不受专利权限制的情况下流通。也就是说，专利权人或其
受让人已经通过货物的销售获得了自己在使用其发明的机器或器械上所主
张的所有的报酬或补偿。购买者可以自由使用所购物品而不再受专利权人
的限制。② 在 1902 年的 Guajakol Karbonat 案的判决中，德国最高法院也
表达了类似的意见，并补充道："一项专利并未赋予其所有者规定贸易条
件的权利。"③ 而在 1980 年的 Fullplast Process 案中，德国最高法院更是
明确指出：穷竭原则的功能就是"要在考虑知识产权人应当受到的保护的
同时，保障商品的自由流动"④。

　　在 1997 年的 BBS 案中，日本最高法院在该案判决中阐述了如下意
见：根据《日本专利法》第 68 节，专利权人拥有对其专利发明作商业性
利用的排他权。任何从专利权人或从被许可人处购买专利产品之人，将这
些产品转售第三方的行为构成对专利的使用。但是，如果专利产品由专利
权人或经其同意在国内市场销售，那么，专利因已实现其目的而被视为权
利穷竭。专利并不赋予对专利产品销售后使用的权利。首先，专利法应被
理解为对专利权人的利益与社会公众利益进行平衡。其次，若一项无形标
的被转让，受让人即获得原先由转让人拥有的权利。同理，专利产品在市
场上销售后，购买人从专利权人处获得产品。专利权人这种行使权利的行
为表明，对产品转售的权利也一并转移。若专利产品的每一次转售都要经

---

① 　See Apollinaris Co. v. Scherer，27 F. 18（C. C. S. D. N. Y. 1886）.

② 　See 84 US 453，456（1873）.

③ 　51 RGZ 139.

④ 　11 IIC 503.

过专利权人的同意，那么商品的自由流通将受到严重的阻碍，专利产品的销售渠道也将受到牵制，最终使专利权人自己的利益受到损害。最后，通过使发明令公众能够获得，专利权人将有机会从销售产品或颁发专利使用许可证中得到报偿。没有必要给予专利权人超越首次销售的权利，否则专利权人将在产品的进一步销售过程中得到不必要的双倍的补偿。①

2001 年 4 月 5 日，欧盟法院总法务官 Stix-Hackl 就 Zino Davidoff SA v. A&G Imports Limited 一案②所发表的咨询意见，清楚地表达了上述两种观念，同时在共同体的框架内对这两种观念作出了新的诠释。在谈及权利穷竭原则的含义和目的时，Stix-Hackl 指出："在真品的平行进口案件中，问题不在于产品来源的虚假或真实，而在于擅自利用与商标相连的声誉。通过平衡各方利益，所有人的禁止权应受到限制，他不能够反对首次销售时自己已经行使过权利的产品的再销售。"因此，权利穷竭原则旨在防止商标权人不合理地束缚贸易。不过，在平衡商标保护的要求与自由贸易的利益时，应该区别共同体内的贸易与涉及非成员国的贸易。在共同体内平行进口的情形下，商标产品上的处分权的转移与这些产品在 EEA 市场上投放同时发生。而当产品是从非成员国平行进口至共同体时，这种一致性并不存在。这必然产生有关销售控制的不同可能性。因此，Stix-Hackl 认为，在进行利益平衡时，必须考虑这种不同的可能性。

从历史上看，权利穷竭原则是作为一种防止知识产权成为垄断性特权的限制方式而出现的。对国内贸易中垄断的敌视成为普通法世界里的两项主要制度——英国法律制度与美国法律制度——的共同特征。这一特征在 20 世纪初的一系列商标和专利案件中就已清楚地表现出来。例如，1904 年，审理 Independent Baking Powder Co. v. Boorman 案的法院指出：维持某人对某项商标的独占使用权并不意味着要培育一种垄断权，确立这种权利并未在任何程度上限制他人对贴附该商标的商品的制造或销售，这只是一种财产权的保护。③ 在 1913 年的 Bauer & Cie v. O'Donnell 案中，美国联邦最高法院认为，专利权人对专利产品的转售价格的控制"超越了专

---

① See 29 IIC 331 (1998).

② See (1999) 3 ALL ER 711 (Ch. D) 502.

③ See 130 F. 726，728 (D. N. J. 1904).

利法所保护的垄断权的限度"①。同样，在 1917 年的 Motion Picture Patents Co. v. Universal Film Manufacturing Co. 案中，美国联邦最高法院将首次销售原则从转售扩展至对所售专利设备的使用，并裁定，专利权人不能以在专利设备上附加通告或其他形式来固定转售价格或者控制转售后的使用。②

第四节　权利穷竭原则的空间效力范围

一、权利穷竭原则空间效力范围的表现

在分析权利穷竭原则时，探讨其空间效力范围是一个关键的环节，离开这一个环节讨论权利穷竭原则必将陷入认识上的误区。③ 权利穷竭原则的空间效力范围，也即地理市场范围，一直是有关权利穷竭的最具争议性的问题，争议的焦点又集中于权利的国际穷竭之上。对这一问题的不同回答直接影响到对平行进口问题的定性。④ 从历史与现实以及理论与实践这两个不同的维度考察，有关权利穷竭的空间效力范围有以下三种情形：

（一）国内穷竭（domestic exhaustion）

在国家的层面上，穷竭意味着一旦受知识产权保护的产品由权利人或经其同意被投放到国内市场，则任何第三方在国内市场对该产品的转售不构成侵犯知识产权。权利人的相关权利被视为已经穷竭。权利穷竭学说为各国和地区的立法所普遍承认。一般来说，各国法院均在国内的意义上，适用权利穷竭原则。⑤ 一项产品的首次销售将穷竭所有人对同一产品的进一步销售的支配权，这通常只限于在该项权利有效的地域范围之内。也就

---

① 229 U. S. 1，16－18 (1913).

② See 243 U. S. 502，516－517 (1917).

③ 也有文章涉及权利穷竭原则的效力范围问题。参见胡开忠：《知识产权限制理论的新发展》，载《私法研究》（创刊号），502～503 页，北京，中国政法大学出版社，2002。

④ 即若承认权利的国际穷竭，则平行进口系合法；反之，则非法。

⑤ See W. R. Cornish，*Intellectual Property*，Sweet & Maxwell，pp. 32－33 (1996).

是说，从穷竭学说产生之初看，这是一项国内穷竭学说而不是国际穷竭学说。依照国内穷竭原则，由特定国家授予的权利仍可以被用来阻止由权利人在国外销售的商品或来自某一关联企业的商品的进口。

国内穷竭原则实际上包含了两个方面的意义：一方面，发生于国内市场的首次销售将导致知识产权人的相关权利穷竭。从权利穷竭学说产生的历史以及许多国家有关的现行立法规定和司法实践看，对此已经达成共识。另一方面，发生于国外市场的首次销售不会导致国内知识产权人的相关权利的穷竭。从与区域穷竭和国际穷竭原则相比较的角度看，国内穷竭是就第二个方面的意义而言的。从这种意义上讲，各国以及一个国家在不同的历史时期，甚至于同一国家的不同部门以及不同法院，对于国内穷竭有不同的态度。例如，在美国，承认以及否认国内穷竭原则的判例并存。在 1978 年的 Griffin 诉 Keystone 蘑菇农场一案中，法院禁止由美国专利权人自己在国外销售的产品被平行进口至美国。① 时至 2001 年，美国联邦巡回上诉法院在一起涉及专利的平行进口案件中指出，美国专利权不因专利产品在国外销售而穷竭。② 有关制定法如 1976 年《美国著作权法》被许多法院解释为也采用国内穷竭原则。该法第 109 条（a）款规定了"首次销售原则"，即"依据本法合法制作的特定复制件的所有人，或者经该所有人授权的任何人，可以不经著作权人的授权，销售或以其他方式处置其所占有的复制件或录音制品"。第 602 条（a）款则规定，"未经著作权所有人授权，将在国外获得的作品的复制件进口至美国，侵犯了第 106 条所授予的销售复制件的独占权利，对此，可以依据第 501 条起诉"③。美国第九巡回上诉法院以上述规定为依据，认为首次销售原则具有地域性，该原则不能适用于在美国境外制造并首次销售的灰色市场的产品。在数起涉及著作权的平行进口案件中，该法院认定平行进口是一种侵犯著作权的行为。

---

① See Griffin v. Keystone Mushroom Farm，Inc.，453 F. Supp. 1283（1978）.

② 参见 Jazz Photo Corp. v. International Trade Commission，264 F. 3d 1094（Fed. Cir. 2001），驳回调卷令申请 122 S. Ct 2644（2002）。

③ 第 501 条规定的是"侵犯著作权"。该条第 1 款规定，任何侵犯了第 106 条至第 118 条所规定的著作权所有人的独占权……或违反第 602 条的规定向美国进口复制件之人为著作权侵权人。

英国的判例表明，国内穷竭原则也支配着其司法实践。例如，在1989年引起广泛影响的 Colgate-Palmolive 股份有限公司 诉 Markwell 信贷股份有限公司一案中，Lloyd 勋爵认为，被告的意见所表达的是未来的法律（国际穷竭），而案件发生当时的现实是：每一国家所授予的商标保护仅限于本国地域范围之内。因此，英国商标法中所规定的对商标的使用是指在英国的使用；所有人获得的与任何商品关联的对商标的排他使用权是指在英国的排他权。也就是说，英国商标法并未授予一种超地域的权利，也没有确立任何超地域的侵权。同样，巴西商标的使用不会影响所有人就其英国商标的排他权。①

在日本，1965年之前，在所有的知识产权上也都严格遵循国内穷竭原则。然而在专利领域，日本现行专利法虽然规定权利穷竭和平行进口问题，但是在司法判例过程中却逐渐形成和发展了有关实践准则。日本在1997年之前强调的是专利的地域性，禁止平行进口，但是1997年，日本最高法院在 BBS 案中对平行进口问题作出了一项重要判决，法官创造性地采用了"有条件的国际用尽论"，即买卖双方未作保留（即禁止向某国出口的声明）的话，专利权被视作国际用尽。② 而在商标领域，1970年前日本各级法院在处理商标平行进口案件时，一律予以禁止，在1972年日本海关公布了"进口条例"，则规定如国外的商标和国内的商标为同一公司拥有，或者拥有人之间是母子公司关系，商标平行进口不应禁止；还规定，如果是商标权人直接向进口商供货，商标平行进口也不禁止。③

（二）区域穷竭

在区域的层面上，穷竭意味着一旦受知识产权保护的产品由权利人或经其同意被投放到某一特定区域的市场——通常指像欧洲经济区（EEA）④ 或北美自由贸易区（NAFTA）这样的自由贸易区，则受该区域

---

① See（1989）R. P. C. 497.

② 参见孟祥娟：《论专利权保护与平行进口问题》，载《北方论丛》，2006（5）；刘筠筠：《国际贸易背景下专利权用尽原则探究——兼论平行进口问题》，载《北京工商大学学报（社会科学版）》，2008（5）。

③ 参见叶京生：《论知识产权平行进口及对我国的立法建议》，载《国际商务研究》，2004（1）。

④ EEA 由 27 个欧盟成员国加上冰岛、挪威和列支敦士登这三个非欧盟成员国构成。

内其他国家保护的平行的知识产权所有人不能再对这些产品行使其知识产权。这一空间范围内的权利穷竭是基于区域内的自由贸易政策而在知识产权领域进行区域性协调的结果。目前，知识产权中相关权利的区域内穷竭主要发生于欧洲经济区。

在 20 世纪 60 年代之前，欧共体知识产权法领域占主导地位的观点认为，知识产权作为一种专有权可以构成进入市场的障碍，因而可以合法地限制竞争。然而，自 20 世纪 70 年代以来，人们开始认识到，依据各成员国法律取得的知识产权威胁到共同体市场的一体化。[①] 在知识产权和欧盟的基本目标之间存在着内在的冲突。[②]《建立欧洲共同体条约》（以下简称《欧共体条约》)[③] 旨在通过消除成员国之间的贸易障碍建立单一的市场。[④] 而成员国知识产权的实施会构成自由贸易的障碍，尤其是利用在一个国家的知识产权禁止由知识产权人或经其同意投放在另一个成员国市场上的产品的进口，将使共同市场分割成成员国的国内市场，并最终损害在

---

① 参见王晓晔：《欧共体竞争法中的知识产权》，载《环球法律评论》，2001（2）。

② 知识产权与自由贸易的目标不一致的地方表现在以下两点：一是当缺乏共同体层面的协调之时，只存在国家层面而无共同体层面的知识产权；二是知识产权具有垄断权或受一定限制的垄断权的性质。

③ 1957 年 3 月 25 日签订于罗马，1997 年 10 月 2 日于阿姆斯特丹最新修订。为了引用的统一及行文的方便，本书引用《欧共体条约》的条款序号均以经 1997 年阿姆斯特丹文本修正的《欧共体条约》的条款序号为准。本书所涉及的修正前后相对应的条款如下（前者为旧条款，后者为与之对应的新条款）：第 30 条～第 34 条；第 28 条～第 29 条；第 30 条～第 36 条；第 81 条～第 85 条；第 82 条～第 86 条；第 177 条～第 234 条；第 222 条～第 295 条。伴随着《里斯本条约》于 2009 年 12 月 1 日生效，《欧共体条约》更名为《欧盟运行条约》（The Treaty on the Functioning of European Union)，条约的条文序号也重新编排，其中原来《欧共体条约》中有关商品自由流通的第 28 条～第 30 条在《欧盟运行条约》中的相应条款为第 34 条～第 36 条；而有关竞争法原则的条款则从《欧共体条约》中的第 81 条和第 82 条体现为《欧盟运行条约》中的第 101 条和第 102 条。

④ 在 1957 年，6 个欧洲共同体创始成员国的目标旨在消除彼此间的经济障碍，以建立单一的内部市场（"共同市场"）。在 20 世纪 80 年代中期，共同体启动了它的"1992 年计划"，通过在 1992 年 12 月 31 日之前创立一个没有内部边界的商品、人员、服务及资金的自由流动受到保障的单一市场而最终实现共同体的基本目标。

共同市场内商品自由流动原则。面对保护知识产权却对共同体市场内的自由贸易构成威胁这一两难问题，欧盟法院借助知识产权的"特定主题"（specific subject matter）和"基本功能"（essential function）这两个主要理论工具，发展起"权利的存在与权利的行使"以及"共同体权利穷竭"这两项联系密切的原则。这两项原则为上述两难问题提供了比较可行的解决方案。欧盟法院一系列以上述两项原则为基础的判例表明，在维护欧共体市场的一体化与维护成员国的知识产权两者之间，前者居于优先地位。欧盟法院创设的上述原则反映了欧盟法院的价值取向，这为解决成员国知识产权保护与共同体内自由贸易之间的紧张关系提供了一种全新的思路及可行的途径。

1. 知识产权的"基本功能"和"特定主题"。

知识产权的基本功能是，保护和鼓励智力成果的创造。知识产权的特定主题是行使知识产权的专有权。欧盟法院在 1974 年的 Centrafarm B. V. and Adriaan de Peijper v. Sterling Drug Inc. 案[①]的判决意见中阐述了这两个概念。欧盟法院指出，基于奖励发明人的创造性劳动这一知识产权的基本功能，知识产权人享有排他性的权利，不仅可以自己或通过许可协议允许他人实施发明，并将产品首次投入流通领域，而且还可以要求排除侵害。换言之，知识产权人所享有的排他权应与知识产权的基本功能相吻合。因此，若允许专利权人凭借其所拥有的某一成员国的专利权阻止已被合法投放其他成员国市场的专利产品的进口，则专利权人所享有的排他权被视为与专利权的基本功能不相符合，从而被视为与共同体市场不相协调，这种知识产权的行使将不被支持。欧盟法院在本案中的这一推理为其适用权利的存在和权利的行使相区别原则提供了理论依据。

几年以后，在一个有关商标的案件中，欧盟法院也是从商标权的基本功能及特定主题的角度展开推理。由于与专利权和著作权不同，商标权不是一种创造性成果的权利，而是一种识别性标记的权利，因而，在权利的基本功能和特定主题上，商标权有不同的表现。对于商标权而言，其基本功能表现为产品的来源保障，其特定主题则表现为将使用商标的产品首次投入市场的专有权。在 Hoffmann-La Roche v. Centrafarm 案[②]中，被告

① See 6 IIC 102（1975）.
② See Case c-102/77，（1978）ECR 1139.

Centrafarm 公司在英国购买了由 Hoffmann-La Roche 投放市场的成包的 VALIUM 牌药片，未经商标权人 Hoffmann-La Roche 的同意，将这些药片重新包装，并在新包装上重新贴附 VALIUM 和 ROCHE 这两个商标，而后将这些经重新包装及重新贴附商标的药片进口至荷兰销售。受理此案的荷兰法院向欧盟法院提出了以下问题：当由商标权人或经其同意投放在另一个成员国市场的商品，被第三人未经权利人同意而重新包装并重新贴附商标时，商标权人能否凭借其专有权禁止这类商品的进口。对此，欧盟法院重申了它在先前的判例中阐述过的有关权利的基本功能及特定主题的观点：商标的基本功能是向消费者保证商标产品来源的同一性，使消费者能够不受任何混淆地将特定的商品与来源不同的商品区别开来。因此，商标所有人禁止任何可能损害来源担保功能的使用商标的行为的权利，属于商标的特定主题的一部分。在这种情形下，对商标产品进行首次销售的权利由商标权人享有。但是，在同时具备下列条件的情形下，商标权人不能行使其禁止权：第一，商标权人采用了一种旨在人为地分割共同市场的销售体系——在不同的国家使用不同的商标，在这种情况下，以不同的商标重新标签商品不应被禁止。第二，重新包装对产品的原始状况没有不利影响。第三，商标权人事前获得了重新包装的通知。第四，新的产品包装上对再包装责任人作出了说明。欧盟法院认为，在上述情形下，若商标权人提起侵权诉讼将限制成员国之间的贸易，并有悖于《欧共体条约》第 30 条的规定。

欧盟法院在上述案件中确立的原则通过此后的一系列案件得到了完善。在 1979 年的 Centrafarm v. American Home Products 案①中，欧盟法院应用相同的理由进一步确定其推理方法。这种方法为：依据商标的来源保障这一基本功能限定商标的特定主题。在该案中，商标权人 American Home Products 在英国和荷兰分别以 SERENID 和 SERESTA 这两个不同的商标销售止痛药片。不同商标的这两种商品的成分一样但味道有细微的差别。Centrafarm 公司在英国购买了 SERENID 牌药片，经重新包装后作为 SERESTA 牌药片在荷兰销售。欧盟法院首先注意到，SERENID 及 SERESTA 这两个不同的商标系与一种相同的产品有关，尽管两种产品的味道稍有不同。在这里，欧盟法院再次指出，商标的基本功能是向最终使

---

①   See (1982) 1 CMLR 406.

用者担保商标产品的来源，商标权人可以通过贴附商标的方式表彰其产品的同一性。欧盟法院重复了它在相关先例中的观点，权利人对相同的产品在不同成员国使用不同商标或许是合法的，但与此同时，这一做法也可能是权利人意图人为划分统一市场销售体系的组成部分。欧盟法院在该案中进一步发展了权利的基本功能和特定主题的理论，指出："来源保障意味着只有商标所有人可以贴附商标的方式表彰产品的同一性。若允许第三人在产品上（即便在原始产品上）贴附所有人的商标，则来源保障功能将实际上受到损害。因此，即使在制造商系同一产品上使用的两个不同商标的所有人的情况下，成员国立法禁止未经许可的第三方贴附或改变由所有人贴附的商标，这与商标的基本功能是相一致的。所有人所享有的禁止任何未经许可在其产品上贴附其商标的权利相应地与商标的特定主题相吻合。"尽管如此，欧盟法院还是依据其在前述 Hoffmann 案中确立的规则，强调商标权人不得人为分割共同体市场，商标权人限制所涉产品的进口将构成对贸易的限制，因而违反了《欧共体条约》第 30 条的规定。

　　至 20 世纪 90 年代，欧盟法院有关权利的基本功能和特定主题的推理发生了某些变化。例如，在 1997 年的 Ballantine v. Loendersloot 案[①]中，欧盟法院的侧重点从对消费者的关注转移至对权利人利益的关注上。欧盟法院在该案的判决意见中指出："商标的特定主题就是保障所有人享有首次将其商标产品投入市场的排他权，并因此保护商标权人免受来自通过销售非法贴附商标权人的商标而不正当地利用该商标声誉的竞争者的威胁"；保护商标所有人的合法利益尤其意味着"被重新包装的产品的原有条件必须不受影响，重新贴附商标也不应损害商标及其所有人的声誉"；除非权利人的行为有违《欧共体条约》第 30 条的规定，否则重新包装及重新标签的行为应被禁止。

　　1999 年 10 月，欧盟法院就一起涉及重新贴附商标的案件作出了具有里程碑意义的判决。在 Upjohn v. Paranova 案[②]中，欧盟法院第一次将在重新包装的案件中发展起来的推理应用于对平行进口产品重新贴附商标的案件之中。这样，欧盟法院从根本上扩展了共同体穷竭原则的适用范围。该案涉及一种名叫 clindamycin 的抗生素，该抗生素由 Upjohn 集团以三

---

① See Case C-349/95，（1998）1 CMLR 1015.

② See Case C-379/97.

种不同的商标在共同体内销售。其中在法国使用的是 DALACINE 商标，在丹麦、德国和西班牙使用的是 DALACIN 商标，在其他成员国则使用的是 DALACIN C。Paranova 在希腊和法国分别购买了 DALACIN C 牌及 DALACINE 牌的 clindamycin 抗生素，经过重新包装以后，使用 DALA-CIN 商标在丹麦市场销售。Upjohn 以 Paranova 未经许可在丹麦销售的商品上使用其 DALACIN 商标为由，向丹麦海事及商事法院起诉 Paranova 侵犯其商标权。丹麦海事及商事法院就此案提请欧盟法院作出初步裁决。

　　该案所涉及的问题是对被告替换商标行为性质的认定。即究竟是被告的行为构成侵权，还是原告因销售了 DALACIN C 及 DALACINE 这两种商标的产品，从而使其在丹麦的 DALACIN 商标上的权利穷竭。

　　1999 年 12 月 12 日，欧盟法院对此案作出了判决。该法院承认，《商标指令》第 7 条（1）所确立的穷竭原则只有当被告再包装后重新贴附原始商标方可适用于本案。因此，案件所涉及的问题应依据《欧共体条约》第 30 条的基本规定予以评估。该条的规定旨在协调保护商标权上的基本利益和在共同体市场内商品的自由流动方面的根本利益。第 30 条允许商标权人反对重新贴附原始商标，除非这种反对构成人为分割成员国间的市场。欧盟法院认为，再包装之后重新贴附原始商标与以另一商标替换原始商标这两者之间并无实际的区别。其理由包括："首先，在同样的商品上使用不同的包装与使用不同的商标对共同体内贸易均造成不利影响，均分割了单一的市场；其次，在再包装产品上贴附原始商标及以另一商标替换原始商标均由对所涉商标不享有权利的平行进口商所为。"① 据此，欧盟法院将原来适用于重新贴附原始商标情形的来源保障观念扩大适用至以另一商标替换原始商标的案件之中。

　　与欧盟法院以往的判例一样，在该案中，欧盟法院也对商标的基本功能及特定主题问题予以了关注：允许商标权的执行是否与商标的基本功能

---

　　① 第二项理由颇令人费解。欧盟法院以此为由将以另一商标替换原始商标和重新贴附原始商标这两种情形等量齐观存在可以讨论之处。显然，与后一种情形相比，前一种情形实际上与商标的来源保障这一基本功能并不一致。事实上，欧盟法院在本案中的推理和结论已经偏离了它在先例中确立的规则。例如，在 1996 年的 Paranova 案中，欧盟法院认为，与商标的重新贴附有关的"来源保障"是指："消费者或最终使用者能够确定，自己所获得的商标产品在以往的销售环节中，并没有未经商标权人授权的第三者以影响产品的原始状况的方式的介入。"

相协调；若行使商标权与商标的基本功能不一致，则商标的特定主题可能要受到限制。欧盟法院提出，在下列两种情形下平行进口商更换商标的行为具有正当性：一是进口国的规定或实践禁止进口产品使用出口国的商标在其市场上销售；二是保护消费者的有关规定禁止在进口国使用出口国的商标，以免误导消费者。这种解释被认为与商标的来源担保这一基本功能相一致。但是，"若平行进口商置换商标仅仅是出于获取商业利益的目的"，则其替换商标就不具有客观必要性。

2. 权利的存在与权利的行使学说（existence v. exercise doctrine）。

共同体的意图并不是消灭知识产权。随着共同体法律制度的发展，人们认识到，虽然受成员国保护的知识产权的存在（existence）不受自由贸易原则的影响，但是，这类知识产权的行使（exercise）不能阻止在其他方面是合法的共同体内的贸易，并将单一市场分割成成员国的若干市场。也就是说，权利的存在取决于成员国的国内法，而这种权利的行使必须与《欧共体条约》相一致。这即所谓的"存在与行使学说"。该学说是一种对权利的存在和权利的行使的二分法，体现了欧共体在成员国的知识产权与共同体的利益之间寻求平衡的努力。《欧共体条约》对知识产权的存在和行使作出了不同的规定。《欧共体条约》第 295 条明确规定，成员国的知识产权的存在不应受到影响。同时，条约中有不少旨在控制知识产权应用的条款。这一原则由欧盟法院在 1968 年的 Parke Davis 一案的判决中首次适用。在该案中，原告 Parke Davis 公司在欧共体几个成员国取得了生产及销售氯霉素的专利权。由于当时的意大利专利法不授予药品专利权，因而该药品在意大利不受专利保护，其在意大利的价格大大低于在存在药品专利的成员国的价格。一些药品批发商在意大利获得这种药品后进口至荷兰。原告以被告侵犯了自己在荷兰的专利权为由，起诉至荷兰法院，要求法院禁止这种药品的进口。荷兰法院根据《欧共体条约》第 234 条的规定提请欧盟法院作出初步裁决。欧盟法院对该案的裁决意见包括以下两个方面的内容：第一，专利权系依据成员国的法律取得，该权利的存在不受《欧共体条约》第 81 条和第 82 条的禁止性规定的影响。第二，若知识产权的行使会对共同体市场的竞争构成损害，尤其是构成《欧共体条约》第 81 条或第 82 条意义上的限制竞争或者滥用市场支配地位，则这种知识产权的行使因违反共同体的竞争规则而构成违法行为。据此，欧盟法院未支持原告要求禁止药品进口的诉讼请求。

此后，在 1974 年的 Centrafarm B. V. and Adriaan de Peijper v. Sterling Drug Inc. 案①中，欧盟法院进一步阐述了知识产权的存在和行使这两个概念的不同意义。在该案中，Sterling 药品公司在英国、德国及荷兰等欧共体国家拥有治疗泌尿感染药品专利。该药品在英国的价格比在荷兰便宜一半。药品经销商 Centrafarm 公司在英国购得这种药品后销往荷兰。Sterling 公司向荷兰法院起诉，要求禁止这种药品进口。该案最终提交至欧盟法院，欧盟法院认为，"当专利产品由专利权人自己或经其同意投放到另一成员国的市场之后，若专利权人根据一成员国的法律规定行使权利，禁止专利产品在该国的销售，这将与《欧共体条约》所规定的商品自由流动原则相冲突"；Sterling 公司依据其荷兰的专利权，要求禁止在荷兰销售由自己或经其同意的第三人在另一成员国投放市场的专利产品，这种权利的行使与共同体商品自由流动原则不相协调。因为，若专利权人可以阻止由他自己或经其同意在一个成员国销售的产品向另一成员国出口，则专利权人就有能力分割共同体市场，进而限制成员国之间的自由贸易。据此，欧盟法院支持了上诉人（被告）的请求，即被告的行为未侵犯原告的专利权。② 由此可见，在该案中，欧盟法院借助于权利的存在与权利的行使相区别的原则，否认了权利人行使禁止进口权的正当性。

3. 共同体权利穷竭原则。

作为一种实现建立单一市场这一目标的必要的保障手段，相关权利在共同体区域内穷竭受到人们的普遍关注。除此以外的其他办法都将不可避免地导致市场的分割。如前所述，《欧共体条约》旨在通过消除成员国之间的贸易障碍建立单一的市场，《欧共体条约》第 28 条和第 30 条成为欧盟法院（ECJ）认定相关知识产权在欧洲区域内穷竭的依据。③ 其中，第 34 条规定：在成员国之间有关进口的定量限制以及具有相同效果的所有其他措施均应受到制止。因此，虽然成员国知识产权的存在没有遭到否定，但是任何允许利用一国的知识产权禁止共同体内贸易的法律都在根本上与第 34 条相违背。第 36 条规定："当对进口、出口和转口的禁止或限

---

① See 6 IIC 102 (1975).

② See 6 IIC 102 (1975).

③ See Jochen Pagenberg，*The Exhaustion Principle and "Silhouette" Case*，30 IIC 19 (1999).

制是基于维护公共道德、公共秩序和公共安全，或者为了保护人类、动物或植物的生命和健康，或者为保护国家的具有艺术、历史或考古价值的文物，或者为了保护工商业产权等正当理由时，第 34 条与第 35 条的规定不妨碍上述禁止或限制。但是，这种禁止或限制不应构成一种专断的歧视手段或对成员国之间贸易的变相限制。"欧盟法院将上述两项条款视为欧共体内商品和服务自由流动的保障。

　　为了实现建立统一的共同体市场这一目标，共同体权利穷竭原则应运而生。根据该原则，受知识产权保护的产品一旦由权利人自己或经其同意在任何一个成员国首次投放市场，则与该产品有关的知识产权被视为在所有的成员国均告穷竭；并且，相关权利人再也不能凭借在其他成员国拥有的平行的知识产权禁止该产品在共同体市场内流通。这使得那些希望在一个或更多的欧盟成员国国内发放许可证或销售产品的知识产权人的意愿落空。在绝大多数情形下，权利人将不可能限制来自受许可地域的产品向其他往往是高价的地域进口。也就是说，权利人不能通过合同限制排除适用共同体权利穷竭原则。[①] 欧盟法院在权利穷竭的问题上扮演着重要的角色，它在一系列的判例中确认了权利的区域内穷竭。其中，多数与商标权有关。依照平行进口所涉及的国家，欧盟法院的判例既涉及在 EEA 市场内（欧洲经济区国家之间）的平行进口，也涉及从非 EEA 国家向 EEA 国家的平行进口。在前一种情形下，欧盟法院根据权利的区域内穷竭原则，判定平行进口行为不构成侵权；在后一种情形下，欧盟法院以同样的原则认定平行进口行为构成侵权。第一类判例出现得比较早。例如，早在 1972 年，欧盟法院即通过 Deutsche Grammophon v. Metro 一案的判决确立了发行权的"共同体穷竭"——作品的复制件在欧盟任何成员国被合法地投入流通，则在整个欧盟市场的发行权即告穷竭。这是一起依据共同体权利穷竭原则解决的典型的平行进口案件。在该案中，德国公司 Deutsche Grammophon 将自己生产的一批唱片提供给在法国的子公司，该子公司却将这批唱片返销德国。这批唱片最终由 Metro 公司以低于 Deutsche Grammophon 公司销售价的价格在德国销售。Deutsche Grammo-

---

　　① 参见欧盟委员会 1988 年《版权和技术的挑战》绿皮书对合同限制的意见。参见 Christopher Stothers，*Parallel Trade in Europe*：*Intellectual Property*，*Competition and Regulatory Law*，70，Hart Publishing（2007）。

phon 以自己享有邻接权为由，援引《欧共体条约》第 36 条的有关规定，要求禁止 Metro 公司的进口。欧盟法院认为，即使《欧共体条约》第 36 条可以适用于邻接权，权利的行使也要受到条约的限制。邻接权人自己或同意由他人将作品的复制件投入另一成员国市场，事后又反对该作品的复制件在本国市场流通，这违反了欧洲统一市场的商品自由流通原则。① 欧盟法院在 Deutsche Grammophon v. Metro 案中确立的 "共同体穷竭原则" 对于此后类似案件的审判具有重要的先例意义。②

1974 年，欧盟法院在分别涉及专利和商标的两起案件中适用共同体范围内的权利穷竭原则。在 Centrafarm B. V. and Adriaan de Peijper v. Sterling Drug Inc. 案的判决中，欧盟法院认为："从保护知识产权出发，阻止商品自由流动也许是正当的，因为这样可以阻止在不授予专利的国家以及在第三方未经专利权人同意而生产的专利产品的出口。但是，当专利权人在法律上和经济上独立的情况下，若专利产品已经通过合法途径被投入市场，即由专利权人自己或经其同意投入一个成员国市场，则要求阻止专利产品从该成员国出口就是不适当的。若专利权人同时在几个成员国取得专利权，则情形更是如此。"③ 同样，在 Centrafarm v. Winthrop 案④中，欧盟法院指出：根据《欧共体条约》第 30 条，商标的特定主题由对附着商标的商品的首次销售排他权构成。首次销售必然穷竭整个共同体内的商标权，商标权人因此丧失了禁止在共同体的任何其他地方在这些商品上使用商标的权利。欧盟法院裁定：一旦产品由权利人自己或经其同意由被授权人投放到市场，则权利人就无权禁止这些产品在共同体范围内的进一步流通。欧盟法院的判例法将权利穷竭原则确立为共同体（如今是欧洲经济区）层面的商标法的关键要素之一。而在 1981 年的 Merck v. Stephar 案⑤中，欧盟法院将共同体穷竭原则适用于来自不提供药品专

---

① 参见李琛：《市场统一中的人文失落——欧盟法与欧洲大陆著作权观念的冲突》，载《私法研究》（创刊号），410 页，北京，中国政法大学出版社，2002。

② See Deutsche Grammophon v. Metro，SB（1971）ECR 487，http：//eur-lex. europa. eu/LexUriServ/LexUriServ. do? uri＝CELEX：61970CJ0078：EN：PDF，2012－01－13.

③ 6 IIC 102（1975）.

④ See（1974）E. C. R. 1183.

⑤ See 1981 ECR 2063.

利保护的成员国的产品上。

时至 1996 年，欧盟法院又通过一起引起广泛影响的案件——Silhou-ette v. Hartlauer 案①，重申了共同体穷竭原则。由于该案涉及的是从非 EEA 国家向 EEA 国家的平行进口，因而共同体穷竭原则成为认定被告构成侵权的根据。在该案中，Silhouette 公司制造在全世界范围内销售的高价眼镜。本案被告 Hartlauer 是一从事低价位销售的连锁店，因其低价政策，Silhouette 并不向其提供眼镜。1995 年，Silhouette 公司向一保加利亚公司折价出售 21 000 副式样过时的太阳镜，并在合同中规定了某些形式的出口及重新进口限制，Silhouette 公司特别要求这批产品只在保加利亚或原苏联各加盟共和国内销售，而不会被返销共同体市场。然而，它们却被返销奥地利，折价连锁店 Hartlauer 试图在奥地利市场销售这批产品。Silhouette 公司认为，这批产品在欧盟的销售未经自己的同意，根据其受《奥地利商标法》保护的商标权请求制止 Hartlauer 在奥地利市场销售这批产品。Silhouette 在一审和二审中均败诉，最后就法律问题向奥地利最高法院申诉。

奥地利最高法院向欧盟法院提出了本案所涉及的有关欧盟《商标指令》第 7 条所规定的权利穷竭原则的解释，以及该原则与奥地利商标法的协调等问题。针对奥地利最高法院就此案所提出的有关《商标指令》对商标法，尤其是穷竭问题予以协调之后，奥地利是否仍被允许适用国际穷竭原则的问题，欧盟法院于 1998 年 7 月 16 日就 Silhouette 案发表了以下初步裁决："《商标指令》第 5 条和第 7 条应被解释为：对各成员国与商标权有关的规则的全面协调。"因此，"指令不能被解释为：关于投放在非成员国市场的商品的商标权的穷竭，成员国可自由在其国内法中作出规定。只有上述解释能够充分保障《商标指令》目标的实现，即保证内部市场功能的正常发挥。若某些成员国可以在其国内法中规定国际穷竭，则必将导致成员国之间的自由贸易受到阻碍"②。因为，若有成员国采用国际穷竭原则，则在共同体外销售的产品将会以采用国际穷竭的国家为跳板，遍布整个共同体市场；而未采用国际穷竭原则的成员国将会以《商标指令》所着

① See Casfe C-355/96—Silhouette International Schmied GmbH & Co. KG v. Hartlauer Handelsgesellschaft GmbH，30 IIC 920（1999）.

② Case C-355/96；30 IIC 920（1999）.

力消除的贸易壁垒来防止这种现象的发生。因此，被告Hartlauer在奥地利市场销售通过平行进口进入奥地利的产品应被禁止。①

　　Silhouette 案对共同体穷竭原则的适用对此后相关案件的判决产生了重要的影响。例如，在 2000 年的 Dior v. Etos 案中，欧洲初审法院在权利穷竭的问题上，引用了 Silhouette 案判决。对于反对 Etos 的销售是否与《欧共体条约》第 28 条及第 81 条相冲突的问题，欧洲初审法院得出了"不存在这种冲突"的结论。该法院推定：Dior 在不同的 EEA 国家适用有选择的销售体系，这不会导致在不同的国家维持不同的价格；Dior 并未在 EEA 之内利用其商标分割各国市场。因此，该法院裁定，Dior 的行为不与《欧共体条约》第 28 条相冲突，不构成对竞争的限制。有关权利穷竭的问题，欧洲初审法院引用了 Silhouette 案判决，该案明确应用共同体内权利穷竭。Fahrenheit 牌商品经 Dior 同意在 EEA 市场之外的阿根廷首次销售，这说明 Dior 所享有的附着在 Fahrenheit 标记上的权利并未穷竭，它有权制止将 Fahrenheit 牌商品进口至 EEA 国家，以及在 EEA 市场内销售这些商品。根据共同体权利穷竭原则，认为 Fahrenheit 牌商品经 Dior 同意在 EEA 市场之外的阿根廷首次销售，这说明 Dior 所享有的附着在 Fahrenheit 标记上的权利并未穷竭，它有权制止将 Fahrenheit 牌商品进口至 EEA 国家，以及在 EEA 市场内销售这些商品。

　　由此可见，当涉及受成员国或欧盟立法保护的知识产权时，欧盟法院的态度非常明确，即成员国在其国内法律中规定知识产权的国际穷竭将不被允许。

　　值得注意的是，在前述两类判例中，欧盟法院均是以保障成员国间的自由贸易为宗旨，而从不同的角度触及区域穷竭原则。对于发生在 EEA 市场内的平行进口，区域穷竭原则是作为国内穷竭原则的替代原则被强调；对于发生在非 EEA 国家与 EEA 国家之间的平行进口，区域穷竭原则是作为国际穷竭的替代原则被强调。人们对前一种情形鲜有歧见，而对后一种情形，则一直存在不同观点的交锋。

　　与欧盟法院在判例法上的发展相呼应，有关权利的共同体穷竭原则同样体现在欧盟的相关立法之中。有关的法律文件包括商标领域的 1988 年

_____

①　但是，不同利益群体对该案判决一直有着不同的意见，这种分歧促使欧盟委员会重新考虑是否将国际穷竭原则引入欧盟法之中。

12 月通过的《商标指令》（该指令第 7 条规定："商标所有人自己或者经其同意，将带有其商标的商品投入共同体之后，不得禁止其商标在该商品上的使用。"）以及《共同体商标条例》。① 著作权领域的法律文件包括 2001 年 5 月通过的《关于协调信息社会著作权和邻接权的指令》，该指令第 4 条规定："就作品的原件或者复制件而言，发行权不得在共同体的范围内用尽，除非该物品的首次销售或者所有权的其他转移，系由权利人自己或者经其同意而作出"；《关于计算机软件的第 91/250 号指令》②，该指令第 4（c）条规定了计算机程序的发行权（而不是出租权）的穷竭；《关于出租权的第 92/100 号指令》（1992 年 11 月 19 日发布），该指令第 9 条规定了影片、录音制品和录像制品的发行权穷竭；此外《关于数据库的第 96/9 号指令》③，该指令第 5 条也规定了与数据库有关的发行权的穷竭。上述著作权领域的指令有关权利穷竭的规定与《商标指令》第 7 条的用语如出一辙。同样，欧共体理事会于 1994 年 6 月发布的《植物新品种条例》、欧共体议会和欧共体理事会于 1998 年通过的《关于外观设计保护的指令》以及拟议中的《共同体专利条例》均对相关权利的共同体穷竭进行了规定。④

　　由于商标与商品和服务之间不可分的关系，商标及商标权对贸易有决定性的影响，因此，商标领域的权利穷竭问题成为欧盟相关法律文件中的焦点问题。在欧洲共同体建立初期，人们注意到各成员国的商标权将成为成员国之间自由贸易的障碍。因此，在 20 世纪 60 年代至 70 年代，欧洲委员会就开始致力于对各成员国的商标制度予以协调，同时创立一种超越于各成员国而在所有成员国内都受到保护的商标——共同体商标（C. T. M.）。为了实现创设"共同体商标"这一目标，1976 年，欧洲委员会发表了著名的《创设欧共体商标备忘录》，该备忘录号召各成员国之间的商标法协调统一，它也为此后的《共同体商标条例》的缔结奠定了基

---

① See（1994）OJ L11/1，25 IIC 743（1994）.

② See Directive 91/250 EEC of May 14，1991.

③ See Directive 96/91 EEC of March 11，1996.

④ 参见李明德等：《欧盟知识产权法》，98～99 页，北京，法律出版社，2010。

础。① 在《创设欧共体商标备忘录》的基础上，欧洲委员会提出了进一步的协调方案，选择了通过"指令"（Directive）的途径协调各成员国的商标法，并于 1988 年 12 月 21 日通过了《商标指令》，该指令第 7 条规定："（1）商标权人无权禁止在由他自己或经其同意投放共同体市场的商品上继续使用原有的商标。（2）当存在阻止商品的进一步销售的合理理由，尤其是当商品投放市场之后，其状况被改变或被损坏时，不适用第（1）款。"这是一条有关权利穷竭的重要规则，它确立了成员国的商标权在欧共体区域内穷竭。如今，《商标指令》第 7 条所确立的区域穷竭原则在所有欧盟成员国的商标法中得到了体现。在这里，成员国的商标权的效力范围与商标权的穷竭范围是不一致的，前者为国内范围，后者则扩大为共同体范围。② 该项规则被认为是权利穷竭学说和欧盟法院多年来所创制的判例法的法典化。③

1993 年 12 月 20 日签署的《共同体商标条例》第 13 条也规定了"共同体商标权的共同体内穷竭"，该条规定，除了共同体商标所有人有合法理由（如商品在投放市场之后，商品损坏或质量发生变化）可以反对商品的继续销售以外，"共同体商标所有人无权禁止在由自己或经其同意投放共同体市场的商品上继续使用共同体商标"。也就是说，一旦使用欧共体商标的商品在任何一个共同体成员国被合法售出以后，权利人与这些商品相关的权利在整个共同体市场内均告穷竭。该条例确立了一种可覆盖整个共同体，并与各成员国内的商标注册制度并行不悖的单一的商标注册申请制度。根据该条例注册的商标称为"共同体商标"（C. T. M.），共同体商标在所有成员国均有效。由此可知，共同体商标的效力范围与其穷竭范围是一致的，这与传统的内国商标权的效力范围与其国内穷竭的范围相一致有着异曲同工之妙。

---

① See Guy Tritton, *Intellectual Property in Europe*, London Sweet & Maxwell (1996), pp. 144 - 145.

② 这两方面范围的不一致与国际穷竭下的情形有相似之处。从某种意义上说，在欧盟各成员国之间，区域内穷竭有国际穷竭的效果。而瑞士联邦法院在 Nintendo Co. Ltd. & Waldmeier AG v. Imprafot 案中，实际上将区域内穷竭解释为国际穷竭。

③ See Irini A. Stamatoudi and Paul L. C. Torremans, *International Exhaustion in the European Union in the Light of "Zino Davidoff": Contract Versus Trade Mark Law*, 31 IIC 124 (2000).

　　在各欧盟成员国中，除了西班牙的商标法规定的是国内穷竭，丹麦和奥地利的商标法未作规定，绝大多数成员国的商标立法都采用了《商标指令》的用语，即规定了商标权的共同体穷竭。具体而言，存在着两种相向变化的情形。一种情形为从国内穷竭到区域内穷竭，如英国。《英国商标法》第 12 条明确规定："在由注册商标所有人或经其同意投放欧洲经济区市场的有关商品上使用原有商标的，不构成侵权。"另一种情形为从国际穷竭到区域内穷竭，许多成员国属于这种情形，例如，德国、比利时、荷兰、卢森堡、爱尔兰、奥地利以及斯堪的纳维亚国家。其中，德国为该种情形的代表。为了与《商标指令》中具有约束力的第 7 条规定相一致，德国新商标法即《1994 年德国商标法》（1995 年 1 月 1 日生效）抛弃了原先的国际穷竭原则，而接受了商标权的欧洲经济区内穷竭原则。这体现在该法第 24 条中，其内容为："权利人或经其同意的其他人，将使用权利人的商标或商业标志的商品投入德国、欧洲联盟其他成员或其他欧洲经济区协定缔约国的市场之后，该商标或商业标志的权利人应无权禁止该标志在上述商品上的使用。"

　　德国的司法实践适时对其立法的这一转向作出了回应。例如，在1996 年的"山地车"一案[1]中，原告是由一家美国公司生产的一种山地车在德国的独家授权进口商，该种山地车所使用的商标已在美国和德国注册。被告从美国购得同样的山地车，向德国进口并以低于授权经销商的价格在德国市场销售。慕尼黑高等地方法院裁定：根据《商标指令》，以前允许平行进口由商标所有人投放于欧盟之外的市场上的产品的法律已被废止；"仅仅欧洲"穷竭是可以适用的唯一原则。德国联邦最高法院在 1997年的"Dyed Jeans"一案的判决中[2]，也确认了商标权的共同体穷竭原则。该案涉及两件用于服装上的德国注册商标 LEVI 及 LEVI STRAUSS。被告从美国进口合法贴附上述商标的商品，并未经权利人同意对所进口的服装作了进一步的染色和漂白。德国联邦最高法院裁决，以前存在的国际穷竭原则已经根据 1988 年的《商标指令》发生了改变。该案判决表现了该法院从以往的承认权利的"国际穷竭原则"至承认权利的欧洲经济区内穷

---

　　① See 4HK06738/95 LG Munich 1. See also (1996) EIPR D-138.

　　② See Decision of the Federal Supreme Court，December 14，1995—Case No. 1 ZR 210/93,（1997）ETMR 530.

竭原则的大转变（U-turn）。在该案判决中，德国联邦最高法院指出：没有证据表明将商标权穷竭限于欧洲经济区会违反欧洲的或国家的法制原则；法院无须考虑将穷竭原则限于欧洲经济区是否与促进国际自由贸易相冲突。①

1996 年 12 月 11 日，意大利米兰上诉法院对"Lacoste"一案的判决也指出，《商标指令》改变了以往存在于意大利法律中的国际穷竭原则。②该案涉及从美国平行进口贴附 IZOD LACOSTE 商标和鳄鱼图形的服装，该服装由知识产权人在美国的被许可人制造并标示了"美国制造"字样。原告是 LACOSTE 商标和鳄鱼图形的独占被许可人。法院裁决，由于该产品来自欧盟之外，因而被告构成商标侵权。

同样的，比利时、荷兰、卢森堡法律以往也采用商标权国际穷竭原则。在比利时发生的两起与 Honda 牌摩托车有关的典型的平行进口案件中，法院认定，以往的法律已根据《商标指令》发生了变化，商标权穷竭只发生于共同体层面。③

因此，虽然国际穷竭原则曾经一直为许多欧洲大陆国家所采用，但绝大多数成员国都根据《商标指令》第 7 条放弃了原来的国际穷竭原则，改采欧洲共同体穷竭原则。

（三）国际穷竭

1. 国际穷竭的含义。

国际穷竭问题伴随着国际贸易的出现而出现。许多知识产权人就相同的客体在不同国家享有平行的知识产权。知识产权人在这些国家销售或准备销售其产品。在国际的层面上，穷竭就意味着一旦产品被权利人或经其同意在世界上任何一个国家被首次销售，则存在于其他国家的平行的知识产权不能用于禁止这些产品的进口商或购买者，也就是说，权利人在其他国家所享有的在该产品上的类似的权利也随之穷竭。

当 Josef Kohler 在 20 世纪初提出权利穷竭的思想时，即指出一旦专利权人售出了专利产品，则表明其已经从该专利产品的销售中获得了应得

---

① See 28 IIC 131（1997）.

② See（1997）ETMR 520.

③ See Decision of the Dendermonde Commercial Court, September 11, 1997, and decision of the Leuven Commercial Court of October 7,（1997）.

之补偿，专利权人不可限制获得该专利产品的第三方对该产品进行任何形式的商业性利用，包括转售、出租或者出口。Kohler 明确再次进口则采用权利穷竭原则。①

国际穷竭原则在一些欧洲国家（包括欧盟成员国，如德国、奥地利、意大利、比利时、荷兰、卢森堡，也包括非欧盟成员国，如瑞士）有着长久的历史。但是，该原则在上述两类国家中遭遇了不同的命运。随着欧盟成员国在其国内立法和司法实践中纷纷接受区域内穷竭原则，包括德国和奥地利在内的欧盟国家抛弃了曾长期使用的国际穷竭原则，转而接受区域穷竭原则；而在非欧盟成员国瑞士，国际穷竭原则至今仍支配着版权和商标权的相关司法实践。

在德国，1995 年 1 月 1 日其新商标法生效之前，适用的是国际穷竭原则，该原则由德国法院通过大量的判例逐步发展起来。德意志帝国法院在其第一项判决中认定，一旦商标所有人将其商品投放市场，则其无权禁止该商标产品的进一步销售。商标法的宗旨是防止来源的混淆，而不是对销售渠道施加控制。"一旦商品被投入市场，商标权不赋予商标所有人对其商标产品的销售的垄断，也不就商标所有人和经销商之间进一步销售商标产品的合同提供特殊保护。"② 德意志帝国法院认为，商标权"不是一种能被地域限制或分割的权利；它不受地域边界的约束"③。可见，德意志帝国法院支持国际穷竭的推理系建立在将商标权作为一种普遍有效的个人权利这一基础之上。不过，后来该法院承认，"德国商标法建立在商标的国家性原则的基础之上……受商标保护的地域限制原则的引导"④。

---

① See Christopher Heath（ed.），*Parallel Imports in Asia*，16（2004），Kluwer Law International.

② 50 RGZ 229，231，232，转引自 Florian Albert and Christopher Heath，*Dyed But Not Exhausted—Parallel Imports and Trade Marks in Germany*，28 IIC 24（1997）。

③ 51 RGZ 263，267，转引自 Florian Albert and Christopher Heath，*Dyed But Not Exhausted—Parallel Imports and Trade Marks in Germany*，28 IIC 24（1997）。

④ 1927 GRUR 890，892，转引自 Florian Albert and Christopher Heath，*Dyed But Not Exhausted—Parallel Imports and Trade Marks in Germany*，28 IIC 24，25（1997）。

　　与欧盟成员国不同，非欧盟成员国瑞士近年来的判例仍然体现的是国际穷竭原则。1998 年，瑞士联邦法院曾经判决，将经著作权人同意在其他地方投入市场的复制件进口至瑞士，无须获得瑞士独占被许可人的授权。① 这一判决对瑞士专利法也产生了影响，在 1998 年 12 月 23 日的一项判决中，苏黎世商事法院认为，国际穷竭同样支配着专利法。② 此外，瑞士商标法也适用国际穷竭原则。因此，有人疑惑，瑞士是否为国际穷竭的摇篮。③

　　除了欧洲国家以外，美国也有判例体现了国际穷竭原则。在一起涉及平行进口问题的早期案件中，主审法官 William Wallace 认为，商标所有人控制其商标商品的权利止于该商品进入市场流通之时；无论从何处购买到案件所涉瓶装水，购买者均获得有效的财产权；购买者获得所购商品上的所有人的所有权利，可以依照自己的意愿利用所购得的商品。④ 美国学者认为，对于专利权，美国法院采用了一种所谓的"修正的国际穷竭原则"（rule of modified international exhaustion）。根据该规则，在缺乏可以有效禁止平行进口的明确合同限制的情况下，允许专利产品的平行进口。⑤ 1995 年阿根廷专利法也规定了专利权的国际穷竭原则，即专利产品或者以专利方法获得的产品一旦在任何国家被合法地投放市场，则专利权人不得阻止任何人进口或者以任何方式交易该产品。

　　日本也被纳入采用国际穷竭的国家之列。日本东京地方法院在 1965

---

　　① Case No. 4C. 45/1998/zus BGE 124 III 321。瑞士联邦法院对权利穷竭的观点可以从瑞士相关的立法历史中找到某些线索。瑞士新著作权法的第一份提案曾经规定了发行权的国际穷竭，即一旦作者或其被许可人"在瑞士或其他地方"销售了复制件，则发行权穷竭。

　　② See Z. R. 97（1998）112.

　　③ 参见 Brigitte Lindner，Switzerland：*The Cradle of International Exhaustion*？E. I. P. R. 373（1999）。然而在专利法领域，瑞士在 2009 年以前一直适用的是国内穷竭原则，但是也存在一些采取国际穷竭原则的个案，直到 2009 年 1 月，区域穷竭原则被引入瑞士，瑞士逐渐由国内穷竭原则转向区域穷竭原则，以与欧盟各国接轨。

　　④ See Apollinaris Co. v. Scherer，27 F. 18（C. C. S. D. N. Y. 1886）.

　　⑤ See Margreth Barrett，*A Fond Farewell to Parallel Imports of Patented Goods：The United States and the Rule of International Exhaustion*，12 EIPR 571（2002）.

年的 Parker 案判决被视为日本第一个适用国际穷竭原则的判例。该判决改写了日本严格遵守国内穷竭的传统。在该案判决中，法院允许来自香港的真正的 Parker 牌笔平行进口至日本。法院的理由是：商标法旨在保障商品的原始来源和质量，并保护商标所有人的信誉；在本案中，上述方面未受到真品进口的影响。① 此外，1998 年日本最高法院对 BBS 案的判决意见在某种意义上也可以被视为引入了国际穷竭原则。该案判决与上述商标案件的判决一道被认为为日本法律有关穷竭问题的规定确立了方向。② 我国《专利法》经 2008 年修正后，通过对进口权的限制，也体现了国际穷竭的精神，《专利法》第 69 条规定，"专利产品或者依照专利方法直接获得的产品，由专利权人或者经其许可的单位、个人售出后，使用、许诺销售、销售、进口该产品的"，不视为侵犯专利权。我国台湾地区现行"专利法"也规定了国际穷竭原则其第 57 条第 1 项第 6 款规定，专利权人所制造或经其同意制造之专利物品贩卖后，使用或再贩卖该物品者，属于专利权之效力排除事项之一；上述制造、贩卖不以台湾地区为限。

　　2. 国际穷竭与不同类别的知识产权。

　　虽然不同国家的知识产权法律在具体规定上很不一样，但是，它们具有类似的特征，即均由两类基本的知识产权法律构成。第一类为专利法和著作权法，它们赋予创造者在规定期限内对其创造性成果进行商业性利用的专有权，包括专利权和著作权，这是一种强保护模式。其目的是激励创新，保护创造者的合法权利。第二类为商标法和反不正当竞争法，它们提供了可以永久存在，但较弱一些的权利如商标权，这是一种弱保护模式。这一保护模式具有双重目的：一方面，保护公众免受因竞争者对类似商标的不受约束的使用引致的混淆和欺骗；另一方面，保护商标所有人在与其商标联系在一起的商业信誉和商品声誉上的投资，防止不正当竞争行为。③

---

　　①　See Christopher Heath, *From "Parker" to "BBS" —The Treatment of Parallel Imports in Japan*, 24 IIC 179, 180.

　　②　See S. K. Verma, *Exhaustion of Intellectual Property Rights and Free Trade—Article 6 of the TRIPs Agreement*, 29 IIC 534, 543.

　　③　See Jay Dratler, JR, *Licensing of Intellectual Property*, Law Journal Seminars-Press, (1998), § 1. 02.

　　基于激励创新之目的，专利权和著作权保护权利人免受来自相同或实质相同的产品的竞争，给予权利人利益最大化的机会。这种机会包括在不同的市场上维持价格差异。因此，一般认为，专利权人或者著作权人可以排除平行进口，也就是说，对于专利权和著作权不适用国际穷竭原则。①然而，对于识别性标记权如商标权而言，情形则有所不同。传统的商标理论认为，商标权保护与其他两项知识产权保护——专利权保护和著作权保护——有不同的正当理由。前者是为了保障产品的来源和质量，而后者是为了奖赏创造者。商标或者其他标记用于识别市场上产品的来源及与来源相连的质量。从识别功能的角度看，从其他国家进口合法贴附商标的商品并未损害商标权保护的基础，即识别商品的来源；从商标权保护作为一种弱保护模式看，商标不被允许作为一种推行国际价格差异的工具。因此，允许商标权而不是其他知识产权的国际穷竭被认为有更充分的理由。从其他国家或地区已有的适用国际穷竭原则的判决看，绝大多数涉及商标权。

　　自 20 世纪末期以来，传统的将商标权保护的正当理由仅仅归结为保障产品的来源和质量开始受到一些西方学者的质疑，这种传统的商标理论被认为已经过时。②虽然保障产品的来源构成商标理论的重要组成部分，但是，这一理论应有所发展，应该同时关注蕴涵在商标价值中的权利人所做的实质性投资。由此观之，商标权与著作权和专利权并无实质性差别，对商标权采用国际穷竭的正当理由也就不复存在。③

---

　　①　然而，对于专利权，美国法院自有另外一番推理：穷竭原则并非由一般的本质上合法的首次销售，而只能由美国专利权人或其被许可人的首次销售而启动；在专利权人的权利被视为用尽之前，专利权人必须已经通过其专利产品的首次销售而获利。因此，只要专利权人已经通过首次销售专利产品而获利，不管该首次销售发生于国内还是国外，其相关的使用权和销售权均穷竭。参见 Margreth Barrett, *A Fond Farewell to Parallel Imports of Patented Goods*：*The United States and the Rule of International Exhaustion*, 12 EIPR 571 (2002).

　　②　See Marleen Van Kerckhove & David Perkins, *European Community and International Exhaustion*：*Shades of Grey*, PLI's Seventh Annual Institute for Intellectual Property Law (2001).

　　③　See Marleen Van Kerckhove & David Perkins, *European Community and International Exhaustion*：*Shades of Grey*, PLI's Seventh Annual Institute for Intellectual Property Law (2001).

对于上述两类权利与国际穷竭以及与之直接相关的平行进口的关系问题，本书第三章和第四章将作专门的探讨。

二、有关权利穷竭空间范围的不同解释及其理由

在欧共体成员国之间，有关通过立法建议将权利穷竭范围从区域扩大至国际的激烈争论持续发生。与此同时，在欧洲范围内，对立法中有关权利穷竭的规定也存在不同的解释。这既表现在对欧盟法中有关规定的解释上，也表现在对内国立法中的有关规定的解释上。这使得权利穷竭原则问题变得更加扑朔迷离。例如，对 1988 年的《商标指令》第 7 条就有两种不同的解释。一种解释为"最大限度标准"——仅仅限于共同体内穷竭，另一种解释为"最低限度标准"——至少在共同体范围内穷竭。欧盟法院及多数成员国法院持第一种解释。欧盟法院的理由是，《商标指令》的目的是保障共同体内部市场的功能，将第 7 条规定解释为"最低限度标准"会导致各国适用不同的穷竭原则，而不同的穷竭原则将阻碍商品的自由流通。欧盟法院的解释被应用于一些引起广泛影响的判例之中。例如，在前述 Silhouette 及 Sebago 这两个判例中，欧盟法院均坚持共同体穷竭原则，判定从 EEA 外平行进口构成侵权。总法务官 Jacobs 也在 Sebago 案的咨询意见书中明确表示，被告抗辩中所提出的国际穷竭原则并不能从《商标指令》第 7 条第（1）款中推断出来，实行国际穷竭并不是共同体立法的意图。一些学者则持第二种解释，这一解释旨在为各国立法机关或法院提供适用国际穷竭原则的空间。①

对《瑞士著作权法》第 12 条第（1）款的解释也存在同样的问题。该款涉及发行权穷竭问题，其具体内容为："当作者已经销售了作品的复制件或已经同意销售，则可对此类复制件作进一步的销售或以其他方式予以发行。"从这一规定产生之时的社会背景分析，其立法意图为区域穷竭。然而，该项规定没有指明引起发行权穷竭的首次销售发生的地点，立法上含糊的用语导致了瑞士法律学说中有关穷竭原则的性质的争论。对该款所规定的发行权区域穷竭，瑞士司法机关中有的将其解释为国内穷竭，有的则将其解释为国际穷竭，另外还有一种观点认为存在需要填补的法律漏

---

① 　See 28 IIC 24（1997）.

洞。例如，在 Nintendo Co. Ltd. & Waldmeier AG v. Imprafot 案中，因一审的 Canton Aargau 商事法院和二审的联邦法院对上述条款的不同解释而作出了不同的判决。在该案中，原告的子公司将其享有著作权的录像节目"Donkey Kong Land"投放美国市场，在该复制件上附有著作权声明及以下文字"仅限于美国、加拿大、墨西哥和拉丁美洲销售、出租和使用"，著作权人在瑞士的独占被许可人 Waldmeier AG 自 1995 年起销售带有德语和法语说明的同一录像节目。在 1995 年年底，被告在瑞士开始销售带有英语说明的美国版本的"Donkey Kong Land"节目的复制件。1996年，原告向瑞士的 Canton Aargau 商事法院起诉。该商事法院持国内穷竭（territorial exhaustion）之解释。1997 年 12 月 16 日，该法院判决：进口美国版本的"Donkey Kong Land"节目的复制件构成对 Nintendo 的著作权的侵犯，以及对 Waldmeier AG 的不正当竞争；禁止被告向瑞士进口该复制件。但是，该案上诉至瑞士联邦法院以后，瑞士联邦法院通过文本、历史、系统以及目的等法律解释方法，得出如下结论：《瑞士著作权法》第 12 条第（1）款所包含的原则应被解释为国际穷竭原则。在此基础上，瑞士联邦法院作出如下判决：将经著作权人同意在其他地方投入市场的复制件进口至瑞士，无须获得瑞士独占被许可人的授权。

在该案中，瑞士联邦法院对以下三个概念的关系作了这样的表述：与区域穷竭（regional exhaustion）等同的是国际穷竭，而非国内穷竭（territorial exhaustion）。① 其理由包括：在 EEA 内，区域穷竭具有与国际穷竭一样的效果，瑞士立法机关的目标是向 EEA 成员国开放瑞士市场，而国内穷竭将会把欧洲贸易伙伴排除出瑞士市场；瑞士著作权法中有牢固的国际穷竭传统，瑞士立法机关不会愿意放弃这一悠久的传统；权利人通过其产品的首次销售已获得了足够的补偿，即便这一首次销售发生于其他国家；对于像瑞士这样一个依赖于与其他国家的文化交流的小市场来说，本国消费者能够不受限制地获得外国产品具有极为重要的意义。由此可见，瑞士的"国际穷竭的摇篮"之名有其深层次的历史、文化和经济背景，在这一大背景之下，知识产权人的利益退居其次。

① See Case No. 4C. 45/1998/zus BGE 124 III 321.

第五节　TRIPs 与权利穷竭原则

　　TRIPs 序言中所表达的该协定的主要目标包括：减少对国际贸易的扭曲和阻碍、促进对知识产权的有效和充分的保护。由此可见，与规范货物贸易的《关税与贸易总协定》（GATT）以自由贸易原则为中心不同，TRIPs 兼顾自由贸易原则和知识产权保护原则。然而，由于知识产权与自由贸易秉持不同的价值取向，前者是一种垄断的地域性权利，在本性上具有限制性；而后者却以不受限制作为存在和发达的前提。因此，两者之间天然地存在着紧张关系，两者的关系事实上处于一种此消彼长的冲突状态。在区域的层面上，欧共体在维护共同体市场内的自由贸易与保护成员国的知识产权上的实践也表明了这一点，欧共体有关知识产权的立法采取了知识产权的区域（共同体）穷竭原则，这意味着在自由贸易与知识产权保护这两者之间，前者居于优先地位。那么，在国际层面上，作为 WTO 的三大基本实体协定之一，TRIPs 对知识产权的权利穷竭问题是否合乎逻辑地规定为国际穷竭呢？换言之，TRIPs 对成员有关权利穷竭的空间效力范围的规定有何要求？

　　在 TRIPs 中，与权利穷竭有关的主要条文系题为"权利穷竭"的第 6 条，其内容为："就本协定项下的争端解决而言，在遵守第 3 条和第 4 条规定的前提下，本协定的任何规定均不得被用于处理知识产权的穷竭问题。"西方学者认为，这一条款完全中立，除了在实行权利穷竭时，应同时适用第 3 条（国民待遇）和第 4 条（最惠国待遇）以外，它没有为成员规定任何义务或给予任何指导。对第 6 条只能有一种解释，即成员可以自由地采用自己认为合适的穷竭原则。① TRIPs 协定的起草者之一，Frederick M. Abbott 在其于 1997 年 4 月提交的一份关于平行进口的报告中指出，该条款表达了三层意思：一是知识产权穷竭问题并未因疏忽而被忽视；二是未能就该问题达成一致意见；三是 WTO 各成员可以自行决定权

---

　　① See S. K. Verma, *Exhaustion of Intellectual Property Rights and Free Trade—Article 6 of the TRIPs Agreement*，29 IIC 534，535.

利穷竭政策，并保留以合适的方式控制平行进口的权利。① 这一解释完整地交代了条文背后的意义。在一般情况下，如果在一成员的法律秩序中存在不符合 WTO 协定基本原则的情形，则其他任何成员均可以通过 WTO 的争端解决机制指控该成员。然而，根据 TRIPs 第 6 条的规定，对于一成员有关权利穷竭的国内法律和程序，其他成员不能通过 WTO 的争端解决机制予以指控，唯一的例外是，成员有关权利穷竭的立法违反了 TRIPs 第 3 条有关国民待遇的规定和第 4 条有关最惠国待遇的规定。因此，无论成员是否采取权利的国际穷竭原则，都不会有面临制裁之虞。

除了第 6 条以外，相关的规定还有第 28 条，该条规定了专利权人所享有的专有权利。对于产品专利，专利权人有权"禁止第三人未经权利人同意制造、使用、许诺销售、销售或为了这些目的而进口专利产品"②。该条文特别对其中的"进口权"加注解释如下："该项权利与所有其他根据本协定授予的关于使用、销售、进口或分销货物的权利一样，均应遵守第 6 条的规定。"对于上述条文所规定的进口权及对进口权的注释，存在不同的理解。一种意见认为，这"意味着 TRIPs 有关专利实体规定相当于国际穷竭的一种障碍"③，或者说"在专利领域，承认了'权利穷竭'原则的地域性"④。另一种意见则认为，进口权与制造权和销售权一样，均关注商业利用方面。因此，进口权应与制造权和销售权遵循同样的规则。进口权的目的在于阻止未经专利权人许可而制造的专利产品进入国内市场。若专利权人不享有进口权，则他只好等待假冒产品进入国内市场之后才能寻求法律救济。也就是说，进口权不是用于阻止由权利人自己制造

---

① See Frederick M. Abbott，*First Report（Final）to the Committee on International Trade Law of the International Law Association on the Subject of Parallel Importation*，Journal of International Economic Law 1（4）December（1998）.

② 从前文对权利群的分析可知，专利权人就产品专利所享有的权利包括制造权、使用权、许诺销售权、销售权及进口权。

③ Christopher Heath，*Parallel Imports and International Trade*，28 IIC 623，629（1997）.

④ 郑成思：《〈合同法〉与知识产权法的相互作用（下）》，载《电子知识产权》，1999（10）.

或经其许可制造的真品的进口。① 根据第一种解释，对专利权不适用国际穷竭原则；根据第二种意见，第 28 条规定的进口权与权利穷竭问题不存在相关性。

与第 28 条类似的条款还有第 51 条。该条规定了"海关中止放行"的情形："各成员应在符合以下规定的情况下采取程序，使有正当理由怀疑冒牌货物或盗版货物的进口有可能发生的权利持有人，能够向行政或司法主管机关提出书面申请，要求海关中止放行此类货物进入自由流通……"该条也特别对条文中的"程序"和"冒牌货物"、"盗版货物"等加注予以解释。其中，对所采取的"程序"的注释为："对于由权利持有人或经其同意投放到另一成员市场上的商品的进口或过境，无义务适用此类程序。""'冒牌货物'指包括包装在内的任何如下货物：未经许可而使用的商标与此类货物已有效注册的商标相同，或者在基本特征上不能与此种商标相区分，并因此依照进口国法律侵犯了所涉商标的所有人的权利。""'盗版货物'指任何如下货物：未经权利持有人或其在生产国的已获充分授权的被许可人的同意而制造的复制品，以及直接或间接由一物品制成的货物，并因此而按照进口国的法律构成侵犯著作权或相关权。"上述规定明确地限定了第 51 条的适用范围，即冒牌货物和盗版货物。由权利持有人或经其同意投放到另一成员市场上的货物即所谓的"真品"则被排除在第 51 条的适用范围之外。也就是说，这些货物的进口或过境不受该条规定的海关中止放行的限制。由此看来，平行进口的商品似乎不应当被阻止进入进口国的流通领域。有学者因此认为，"权利用尽可以适用于这种情形"②，也就是说，对商标权适用国际穷竭原则。

由于对 TRIPs 的上述条款存在着不同的解释，目前有关 TRIPs 对权利穷竭的规定就存在国际穷竭说③及非国际穷竭（包括国内穷竭和区域穷竭）说。也有西方学者认为，由于这一例外只与程序事项有关，TRIPs 也许或

---

① See Christopher Heath, *Parallel Imports and International Trade*, 28 IIC 623, 629~630 (1997).

② 孔祥俊：《WTO 知识产权协定及其国内适用》，93 页，北京，法律出版社，2002。

③ 例如，有学者认为，"TRIPs 协定第 6 条、第 28 条和第 51 条，反映了权利用尽原则的国际化趋势"，"TRIPs 协定承认权利国际用尽原则"。参见孔祥俊：《WTO 知识产权协定及其国内适用》，93 页，北京，法律出版社，2002。

明示或默示地赞同国际穷竭的解决方案。① 上述状况使权利穷竭学说变得扑朔迷离,并相应增添了与之密切相连的平行进口问题的复杂程度。

在 TRIPs 的现行框架内,对第 28 条和第 51 条的解释需要同时结合第 6 条的规定。正如前述 Abbott 教授对第 6 条所作的解释那样,WTO 成员可以自行决定权利穷竭政策。TRIPs 没有就成员有关权利穷竭的立场提出要求,无论是采取国内穷竭、区域穷竭还是国际穷竭,只要不违反国民待遇原则和最惠国待遇原则就都被允许。这应该是 TRIPs 就权利穷竭问题所表达的意见。

与作为区域性条约的欧盟法规定了权利的区域穷竭不同,作为国际条约的 TRIPs 并未合乎逻辑地规定权利的国际穷竭。这主要归因于两者所处的不同的政治、经济背景。例如,在欧盟范围内,绝大多数商品的市场条件和贸易条件如注册登记的行政费用及劳动力价格,均通过欧共体立法或欧共体政策获得了某种一致,而在国际层面上的一致则远未达到;共同体穷竭政策的宗旨是维护共同体内的统一市场,而统一市场的进程则尚未在世界范围内开始。因此,尽管权利的国际穷竭与 WTO 的法律框架及国际贸易自由化更加协调一致,但是由于相关条件的欠缺,TRIPs 尚不能明确规定国际穷竭从而毕其功于一役,而是赋予成员选择权。与此相呼应,1996 年,应世界知识产权组织的请求,联合国贸易与发展会议秘书处提出的报告中指出:"成员可以基于工业化国家经济一体化的经验,(根据 TRIPs 第 6 条)选择国际穷竭原则。"② 从目前一些成员的情况看,前述三种空间效力范围的权利穷竭均有成员采用或倾向于采用。例如,欧盟采取区域(共同体)穷竭,美国在特定条件下采用国内穷竭,而日本倾向于国际穷竭,发展中国家也采用或倾向于采用国际穷竭原则。对于上述状况,目前也有两种不同的观点:一种观点认为,国际穷竭将摧毁整个 TRIPs 体系;③ 另一种观点则认为,国内穷竭具有反竞争性,因而与

---

① See Christopher Heath, *Parallel Imports and International Trade*, 28 IIC 623, 629 (1997).

② UNCTAD, p. 34 (1996).

③ See Joseph Straus, Implications of the TRIPs Agreement in the Field of Patent Law, in Beier & Schricker (eds.), *From GATT to TRIPs—The Agreement on Trade-Related Aspects of Intellectual Property Rights*, at 329, 337.

GATT 和 TRIPs 相冲突。①

　　TRIPs 第 6 条的用语对于此后有关的国际条约产生了重要的影响。例如，世界知识产权组织 1996 年缔结的《著作权条约》及《表演和录音制品条约》均规定了类似的条款。其中，《著作权条约》第 6 条第 2 款规定，"对于在作品的原件或复制件经作者授权被首次销售或以其他方式转移所有权之后，适用……权利穷竭所依据的条件（如有此种条件），本条约的任何内容均不得影响缔约各方确定该条件的自由"。《表演和录音制品条约》第 12 条第 2 款作了同样的规定，这表明，在现有条件下，对于权利穷竭问题尚未能在国际层面上达成一致意见。

第六节　从不同角度看国际穷竭原则

　　如前所述，权利穷竭原则在空间范围上有三种表现形态，即国内穷竭、区域穷竭及国际穷竭。前两种空间范围的权利穷竭已经获得内国或区域立法和司法的承认，具有了确定性。而对于国际穷竭，却是众说纷纭。有关权利穷竭原则的争论均围绕国际穷竭原则而展开，这被认为是与新技术相伴随的知识产权领域中的最热门的话题。② 美国最近三十多年来的许多判例也反映了对在国际贸易中适用穷竭原则的激烈争论。③ 国际穷竭原则成为一个敏感而难解的问题，这多半是因为其折射出的复杂的政治经济背景。本节将从不同的角度探讨国际穷竭原则，以期为人们认识国际穷竭原则提供不同的视角，展示不同的侧面，而非简单地作出肯定或否定的结论。

---

　　① See Hanns Ullrich，（"Technology Protection According to TRIPs：Principles and Problems"），in Beier & Schricker（eds.），*From GATT to TRIPs*，at 357，384.

　　② See Irini A. Stamatoudi and Paul L. C. Torremans，*International Exhaustion in the European Union in the Light of "Zino Davidoff"*：*Contract Versus Trade Mark Law*，31 IIC 123，127（2000）.

　　③ 参见 Weil Ceramics & Glass，Inc. v. Dash，878，F. 2d 659，677 n. 5（3rd Cir，Becker 法官，并存意见），驳回调卷令申请，493 U. S. 853（1989）；Original Appalachian Artworks，Inc. v. Granada Electronics，Inc. ，816 F. 2d 68，76（2d Cir. 1987，Cardamone 法官，并存意见）.

一、从与地域性、独立保护这两项原则的关系看国际穷竭原则

(一) 地域性原则与独立保护原则

如上文所述,在世界范围内,对于国际穷竭原则一直存在支持和反对两种对立观点的交锋。对国际穷竭原则持反对意见者的理论工具主要是知识产权的地域性原则(也称为"属地主义")和独立保护原则。这两项原则也是直接受到平行进口损害的知识产权人要求禁止平行进口的主要依据。在一些判例中,法院常常会考虑到知识产权的地域性问题。例如,在Colgate-Palmolive Ltd. v. Markwell Finance Ltd. 案中,Lloyd 勋爵认为,每一国家所授予的商标保护仅限于本国地域范围之内;英国商标法中所规定的对商标的使用是指在英国的使用;所有人获得的与任何商品关联的对商标的排他使用权是指在英国的排他权。也就是说,英国商标法并未授予一种超地域的权利,也没有确立任何超地域的侵权。[①] 反对者认为,国际穷竭原则违背了《巴黎公约》第4条之二以及第6条有关工业产权独立保护以及地域性的规定。而根据 TRIPs 第2条第1款规定:就本协定的第二、第三和第四部分而言,各成员应遵守《巴黎公约》(1967年)第1条至第12条和第19条。这表明,《巴黎公约》第4条之二的规定不但约束《巴黎公约》的成员国,也约束 TRIPs 的成员。

本书认为,无论是地域性原则还是独立保护原则,均不是对抗国际穷竭原则的有效的理论工具,因为,它们与权利穷竭不存在相关性。也就是说,对于国际穷竭而言,应该不存在理论上和国际条约规定上的障碍。

如前所述,地域性系指根据一国或者地区法律取得的知识产权不能在其他国家或者地区自动地获得保护(指专利权和商标权),或者获得一致的保护(指著作权)。对国际穷竭持反对意见者认为,因为知识产权具有地域性,权利人在不同国家获得的平行知识产权各自以各国的领土为界,在出口国销售知识产权产品并不导致在进口国的知识产权的穷竭,也就是说,权利穷竭原则也具有地域性。例如,在一起案件中,原告就同一项发明分别在德国和日本拥有专利权,根据上述观点,日本专利权不会因专利产品在德国投放市场而穷竭。

---

① See (1989) R. P. C. 497.

独立保护原则是一项与地域性原则密切相关的重要原则。①《巴黎公约》第 4 条之二及第 6 条分别规定了专利权与商标权的独立性；《保护文学艺术作品伯尔尼公约》（以下简称《伯尔尼公约》）第 5 条第 2 款则规定了著作权的独立保护问题。《巴黎公约》第 4 条之二规定，同一发明在不同国家所获得的专利权互不相关，即本同盟成员国的国民向本同盟各成员国申请的专利权与其在其他本同盟成员国或非本同盟成员国就同一发明所获得的专利权无关；针对就同一发明在各国所获得的专利权的失效和撤销理由以及保护期间也相互无关；第 6 条规定，同一商标在不同国家所受的保护相互无关。由此可见，上述两项原则是就知识产权的存在和效力而言的。

独立保护是对历史上的依存保护的修正。从专利保护的历史看，与提供专利保护的国家相比，不提供专利保护的国家由于其产业对他人发明技术的无偿利用而获得技术和产业发展的优势。因此，基于经济上的考虑，早期专利保护的一个特点是，内国专利与其对应的外国专利具有依存关系。许多国家立法规定，一旦对应的外国专利期限届满，则内国专利也随之终止。这种保护主义的规定极大地损害了专利所有人的利益。② 类似地，这种牵连关系也存在于商标权上，即在他国的商标权的存续、消灭直接影响到内国的平行的商标权的存续和消灭。作为保护工业产权的一项基础性国际公约，《巴黎公约》经过修订之后，提出了独立保护原则，即要求对权利人依照各成员国法律取得的工业产权进行独立保护，权利人在其他成员国所受到的保护不依赖于其在原属国所受到的保护。由此可见，独立保护原则是就知识产权的存在、有效性和正常保护期等事项而言的。

（二）地域性、工业产权独立保护原则与权利穷竭原则的关系

在理解这两者的相关性问题上，应当结合地域性与独立保护原则的历史渊源。如前所述，从历史上看，独立保护原则是基于某些国家所采用的工业产权的依存保护原则所带来的弊端而产生的。因此，地域性原则和独立保护原则系与内国专利权的独立存在有关，而穷竭原则则是与穷竭了对

---

① 由于两者关系密切，故常被混用。其实，独立保护原则系以地域性原则为基础。参见邱志平：《真品平行输入之解析》，16 页，台北，三民书局，1996。

② See Doris Long, et al, *International Intellectual Property*, West Group, 2000，pp. 319 - 327.

某种特定的知识产权产品的进一步商业利用的权利的行为（即首次销售行为）相关。两者涉及不同的问题。

在认识地域性、独立保护与权利穷竭的关系问题上，欧盟法院有关"权利的存在与权利的行使"学说具有一定的借鉴意义。① 地域性原则只能决定权利的存在，它与由内国法律所提供的知识产权保护有关，这种保护包括赋予权利人具有地域性的制造、使用等权利，并可以提起有效的侵权诉讼。与地域性原则一样，独立保护原则也是与知识产权的存在相关，它注重法律和权利的独立。根据这两项原则，某一项知识产权在一国的存在不依赖于该权利在其他国家的存在，一国所赋予的知识产权的效力范围以本国的领土范围为限。比如，尽管欧盟成员国之间存在着高度的协调，但是，知识产权的授予和保护仍然由各成员国所控制。

权利穷竭只是与权利的行使有关，即对知识产权产品的首次销售这一法律事实的发生，将会导致相关权利的消灭。因此，在国际穷竭原则的框架内，相应的问题就是：在外国发生的首次销售行为，能否作为内国民事法律关系变动基础的法律事实？② 这是国际穷竭原则是否成立的关键。对此，许多国家的实践已经作出了肯定的回答。③ 这些国家一般通过判例

---

① 随着欧共体法律制度的发展，人们认识到，虽然受成员国保护的知识产权的存在不受自由贸易原则的影响，但是，这类知识产权的行使不能阻止在其他方面是合法的共同体内的贸易，并将单一市场分割成成员国的若干市场。也就是说，权利的存在取决于成员国的国内法，而这种权利的行使必须与欧共体条约相一致。这即所谓的"存在与行使学说"（existence v. exercise doctrine）。该学说是一种对权利的存在和权利的行使的二分法，体现了欧共体在成员国的知识产权与共同体的利益之间寻求平衡的努力。

② 笔者对这一问题的思考得益于中国人民大学法学院王轶教授的意见。在2002年12月23日提请第九届全国人民代表大会常务委员会第三十一次会议审议的《中华人民共和国民法（草案）》（初稿）第九编——涉外民事关系法律适用法中，曾经将"产生、变更或者消灭民事关系的法律事实发生在中华人民共和国领域外"的情形下相关的法律关系规定为涉外民事关系之一。

③ 西方学者提出，在国外发生的事实情况对内国权利会产生意义和影响。参见Ulmer, Urheberrecht, 3 Aufl. 81 (1980). 转引自余翔：《专利权、商标权耗尽及平行进口的法律经济比较研究》，17页，华中科技大学博士学位论文。我国台湾地区学者也认为，"纵然采取属地主义，亦非不可斟酌在外国所发生之事实"。参见邱志平：《真品平行输入之解析》，110页，台北，三民书局，1996。

法，将发生于国外的首次销售行为视为引起内国相关法律关系变更的民事法律事实，即认为在国外发生的首次销售行为引起了国内相关知识产权的穷竭。① 例如，一些欧洲国家或者曾经长期采用（如德国②、奥地利、意大利、比利时、荷兰、卢森堡等欧盟成员国），或者一直采用（如非欧盟成员国瑞士）国际穷竭原则。③ 日本司法实践中也采用国际穷竭原则，日本东京地方法院在 1965 年的 Parker 案判决被视为日本第一个适用国际穷竭的判例。即使在"灰色市场"观念大行其道的美国④，其大量的专利判例却适用一种"修正的国际穷竭规则"（rule of modified international exhaustion）。根据该规则，在缺乏可以有效地禁止平行进口的明确的合同

---

　　① 在这里，应当注意物权变动与知识产权变动的不同表现。标的物灭失直接引起所有权法律关系消灭，因此，若某种来自他国的行为导致了内国某一所有权标的物的灭失，则该行为构成引起内国所有权法律关系消灭的法律事实。由于知识产权的对象为无形的非物质财产，对它不可能做事实上的处分，因此，判断知识产权是否发生变动不可能以标的的变化为标准，而只能以法律的规定或合同的约定为准。在有关专利权的穷竭问题上，美国法院从另外一个角度提出：国际穷竭原则的可适用性并不依赖于专利产品被销售的地点，而是依赖于专利产品是由谁制造或销售的。只要所涉产品系由专利权人自己或由其被许可人制造或销售，则国际穷竭原则即可适用。参见 Margreth Barrett, *A Fond Farewell to Parallel Imports of Patented Goods*：*The United States and the Rule of International Exhaustion*，12 EIPR 571（2002）。笔者以为，美国法院的这一推理隐含着对由权利人自己或由其被许可人进行的在其他国家的首次销售行为的承认，即承认该种行为导致了国内相关法律关系，参见 28 IIC 24（1997）。

　　② 作为权利穷竭原则的发祥地，德国在其 1995 年新商标法生效之前，适用的是国际穷竭原则，该原则由德国法院通过大量的判例逐步发展起来。德意志帝国法院在其第一项采用权利穷竭原则的判决中认定，一旦商标所有人将其商品投放市场，则其无权禁止该商标产品的进一步销售。参见 Florian Albert and Christopher Heath, *Dyed But Not Exhausted—Parallel Imports and Trade Marks in Germany*，28 IIC 24（1997）。

　　③ 有著述甚至提出，所有 EEA 国家对商标权和版权均采用国际穷竭原则。参见 Blanchet et al.，*The Agreement in the European Economic Area*，p. 124（1994），转引自 Guy Tritton，*Intellectual Property in Europe*，London，Sweet & Maxwell，1996，p. 310。

　　④ "灰色市场"表明了其介乎合法的"白色市场"与非法的"黑色市场"，这一用语表达了人们对平行进口合法性的怀疑态度以及对国际穷竭原则的排斥。在美国，许多涉及版权和商标权的判例以及一些涉及专利权的判例均采用国内穷竭原则。

限制的情况下，允许专利产品的平行进口。①

美国学者甚至通过对《巴黎公约》和由美国联邦最高法院大法官霍姆斯所阐述的"盎格鲁—美国"的财产权观念的比较，得出如下结论：一方面，两者均承认由一个国家授予的知识产权不能超越其管辖权范围；另一方面，两者又都承认，在自己的管辖权范围内，在决定给予内国注册商标的保护范围时，一个国家完全可以合法地对任何自己认为合适的事实予以考虑。②

承认在国外发生的事实在本国产生一定的法律后果与承认其他国家的法律或权利是两个不同的问题。国际穷竭实际上是一个承认在国外发生的事实在本国产生一定的法律后果的问题，而并非是一个承认其他国家的法律并依据这种法律所授予的权利的问题。有西方学者指出，"考虑在外国所发生之事实，并不违背商标权之地域性"③。从这个角度看，国际穷竭原则与地域性原则及独立保护原则之间并不冲突，而是可以共存的。并且，这里的地域性原则与第三章所讨论的"适度的"地域性原则是一致的。

二、从 WTO 多边贸易体制看国际穷竭原则

如果说国内穷竭与国内自由贸易相联系，那么国际穷竭则与国际自由贸易相关联；如果说国内穷竭是为了防止人为分割统一的国内市场，区域穷竭是为了避免人为分割统一的区域市场，那么，国际穷竭就是为了防止人为分割统一的国际市场。如果国际穷竭成立，则平行进口也就成立。

(一) WTO 的多边贸易体制及其基本原则——自由贸易与知识产权保护

WTO 的多边贸易体制通过 WTO 协议实现。WTO 协议包括《建立WTO 协议》及其四个附件。在这四个附件中，前三个均为多边贸易协

① See Margreth Barrett, *A Fond Farewell to Parallel Imports of Patented Goods: The United States and the Rule of International Exhaustion*, 12 EIPR 571 (2002).

② See Timothy H. Hiebert, *Parallel Importation in U. S. Trademark Law*, Greenwood Press, 1994, p. 137.

③ Kaoru Takamatsu, *Parallel Importation of Trademarked Goods: A Comparative Analysi*s, 57 Wash. L. Rev. 433, 456 (1982).

定，它们构成了 WTO 规则的核心。其中，附件 1 为多边实体法，它又包括了《货物贸易多边协定》（GATT1994）、《服务贸易总协定》（GATS）以及《与贸易有关的知识产权协定》（TRIPs）三部分内容；附件 2 和附件 3 属于多边程序法，前者为《关于争端解决规则与程序的谅解》（DSU），后者为《贸易政策审议机制》（TPRM）；附件 4 为诸边协议，即成员可以自由选择参加的协议，包括《民用航空器协议》、《政府采购协议》、《国际奶制品协议》及《国际牛肉协议》。① 在上述法律体系中，《建立 WTO 协议》居于核心地位，其法律效力高于其他附属协定。这表现在该协议第 16 条第（3）款的规定中，该款明确规定："如本协议中的某一规定与任何多边贸易协定的某一规定发生冲突，则本协议的规定应在发生冲突的范围内优先适用。"因此，TRIPs 之下的成员义务与任何其他协定的成员义务之间的冲突将由《建立 WTO 协议》的基本规则规范。就穷竭原则而言，若其背离了 WTO 之下的成员的义务则不应被适用。而且，WTO 的法律体系以 GATT 为基础，由 GATT 所确立的作为 WTO 的核心原则如最惠国待遇原则和国民待遇原则②，同时成为其他多边贸易协定的基本原则。例如，TRIPs 的序言中特别指出，为了实现该协定的目标，需要就若干问题制定新的规则。其中，第一个问题就是"GATT1994 的基本原则和有关国际知识产权协定或公约的适用性"。TRIPs 第 3 条（国民待遇）和第 4 条（最惠国待遇）的规定解决了 GATT1994 的基本原则的适用性问题。这表明，构成 WTO 法律体系的各个多边贸易协定之间存在着有机的联系。

　　WTO 协议的主要目标是为各成员之间的贸易提供充分的竞争机会，它被视为是一套致力于开放、公平及无扭曲竞争的规则，促进公平竞争原则是其基本原则之一。③ WTO 规则源于一种非常基本的理念：消除国家之间商品和服务流动的障碍将提高生产和销售的专业化及效率，并将引起

---

　　① 《国际奶制品协议》及《国际牛肉协议》已于 1997 年年底终止。

　　② GATT 第 3 条第（4）款规定："被进口至其他任何缔约方境内的来自任何缔约方境内的产品，在影响其销售、许诺销售、购买、运输、发行或使用的所有法律、规则和要求方面，都应获得与当地的相同产品一样的待遇。"

　　③ 参见钟兴国等：《世界贸易组织——国际贸易新体制》，2～7 页，北京，北京大学出版社，1997。

商品和服务总量的增长，这有利于全球经济福利。① 在《建立 WTO 协议》的序言中，WTO 的目标被表述为："扩展商品和服务贸易"，"消除国际贸易关系中的歧视待遇"，并"发展一种综合的、更有活力和持久的多边贸易体制"。与此相联系，它所确立的国际贸易的基本规则是："出口货物一般应被允许完全自由地输入进口国。"在此前提下，进口国可以在边境征收关税。根据 WTO 协议，除某些例外的情况，贸易自由化的承诺普遍适用于所有成员。② 因此，作为一项贸易自由化的制度，GATT 系以促进自由贸易为宗旨自不待言，TRIPs 也是以支持自由贸易为己任。这从 TRIPs 序言中所表达的该协定的基本目标中可以看出。其基本目标为：减少对国际贸易的扭曲和阻碍、促进对知识产权的有效和充分的保护，并保证实施知识产权的措施和程序本身不成为合法贸易的障碍。这一目标与 WTO 的目标完全一致。在该协议中以"目标"为题的第 7 条中，进一步规定："知识产权的保护和实施应有助于促进技术革新及技术转让和传播，有助于技术知识的创造者和使用者的相互利益，并有助于社会和经济福利及权利与义务的平衡。"由此可见，TRIPs 并不是倾向于知识产权人，它的目标是关注创造者和使用者的相互利益，是权利与义务的平衡。而在题为"原则"的第 8 条，其第 2 款的规定为："只要与本协定的规定相一致，可能需要采取适当措施以防止知识产权权利持有人滥用知识产权或采取不合理的限制贸易或对国际技术转让造成不利影响的做法。"因此，就像《货物贸易多边协定》将改善货物贸易的竞争条件，《服务贸易总协定》将改善服务贸易的竞争条件那样，《与贸易有关的知识产权协定》则将改善涉及知识产权的贸易的竞争条件。

　　货物（服务）贸易和知识产权之间的关系成为 WTO 协议所关注的一个重要问题。这一关系解决得如何将直接影响国际贸易的顺利进行。因此，不但 TRIPs 规定，"保证实施知识产权的措施和程序本身不成为合法贸易的障碍"，GATT 也涉及了对两者关系的规范，例如，根据 GATT

---

① See Frederick M. Abbott, *First Report（Final）to the Committee on International Trade Law of the International Law Association on the Subject of Parallel Importation*, 1 J. Internat. Econ. L. 607, 634（1998）.

② 参见［印］巴吉拉斯·拉尔·达斯：《世界贸易组织协议概要》，刘刚译，1~10 页，北京，法律出版社，2000。

第20条（d）款的规定，对于保证遵守包括那些与专利、商标和著作权的保护有关的与本协定相一致的法律或条例是必要的措施，成员可以采用。从本质上看，自由贸易与知识产权保护是一对矛盾，即自由贸易的扩展客观上要求降低知识产权的保护水平，反之，知识产权保护水平的提高将导致自由贸易的萎缩。在乌拉圭回合谈判过程中，知识产权被纳入谈判的议题，并与关贸总协定联系起来，其原因不在于倡议者认为加强知识产权保护可以促进国际贸易自由化，而在于倡议者将其作为发展中国家的商品进入发达国家市场的筹码。①

《关于争端解决规则与程序的谅解》第22条第（3）款也涉及货物贸易与知识产权两者的关系，它允许成员在所包含的协议框架内采取报复性措施。受到侵害的成员可以禁止来自实行国内穷竭原则的国家的商品的进口，或者通过撤销对进口国家产品的知识产权保护进行报复。

（二）国内穷竭与国际自由贸易的冲突

如前所述，TRIPs没有就成员有关权利穷竭的立场提出要求，无论是采取国内穷竭、区域穷竭还是国际穷竭，只要不违反国民待遇原则和最惠国待遇原则就都被允许。GATT中也有类似的条款被用来支持国内穷竭原则。就某些可以被允许的限制措施而言，GATT第20条（d）款规定，（这些措施）对于保证遵守包括那些与专利、商标和著作权的保护有关的与本协定相一致的法律或条例是必要的。这一规定被有的学者解释为，GATT允许成员保留其原有的国内穷竭原则。② 然而，反对意见却认为，即便国内穷竭不违反GATT的任何特定的规则，它也必定违背成员所负有的、不为国际贸易和诚实合理的预期创设任何障碍的义务；即便GATT第20条（d）款承认知识产权的地域性特征，而且这被作为GATT义务的一种例外，国内穷竭也不能被用于阻挠GATT所追求的更加自由的贸易这一目标。③ 从这种意义上讲，TRIPs及GATT实际上间

---

① 参见孔祥俊：《WTO知识产权协定及其国内适用》，26页，北京，法律出版社，2002。

② See Thomas Cottier, *The Prospects for Intellectual Property in GATT*, 28 CML Rev. 383，400 (1991).

③ See S. K. Verma, *Exhaustion of Intellectual Property Rights and Free Trade-Article 6 of the TRIPs Agreement*, 29 IIC 534，555.

接地禁止国内穷竭政策。①

　　在 WTO 的法律框架内，在国际贸易的大背景下，传统的权利的国内穷竭原则由于其为商品在不同国家之间的自由流动创设了人为的障碍，而必将背离上述协议所申明的目标。从这种意义上来说，国内穷竭原则与WTO 协议所倡导的原则之间存在着矛盾与不和谐。对此，有西方学者从以下两点阐述了这种矛盾和不和谐：第一，国内穷竭本质上偏向于本国的权利持有人，即一方面不允许在进口国自由销售平行进口的商品，另一方面由权利持有人自己或经其同意提供的商品却不受此类限制。这构成了差别对待，违背了国民待遇原则。根据国民待遇原则，各成员应对进口商品给予和国产商品同样的待遇。第二，国内穷竭也违反了 GATT 第 11 条所规定的成员义务，该条禁止缔约方对进口和出口施加任何数量限制，或采取任何其他措施。国内穷竭可以被视为这里所指的限制进口的"其他措施"。根据 GATT，若进口会对国内已有产业造成严重损害，或者为了解决支付平衡问题，才可以采取这种措施。而基于保护知识产权人的垄断权而采取这种措施则不在被允许之列。② GATT 第 20 条进一步就成员所采取的这类措施规定了四项条件：第一，应该是必要的。第二，与 GATT的规定相一致。第三，不是一种任意的或不合理的歧视措施。第四，不是一种对国际贸易的变相限制。从这种意义上讲，国内穷竭具有反竞争性，因而与 GATT 和 TRIPs 相冲突。③

　　在历史上曾经以限制知识产权，促进国内自由贸易这一面目出现的国内穷竭，如今被斥为是对知识产权人的独占权的一种强化，是对国际贸易的一种变相限制。④ 因为，国际贸易遵循"出口货物一般应被允许完全自

---

　　①　See Frederick M. Abbott，*First Report（Final）to the Committee on International Trade Law of the International Law Association on the Subject of Parallel Importation*，1 J. Internat. Econ. L. 607，611~612（1998）.

　　②　See Frederick M. Abbott，*First Report（Final）to the Comlittee on International Trade Law of the International Law Association on the Subject of Parallel Importation*，1J. Internat. Fcon. L. 607，553~554（1998）.

　　③　See Hanns Ullrich，*Technology Protection According to TRIPs：Principles and Problems*，in Beier & Schricker（eds.），*From GATT to TRIPs*，p. 357，p. 384.

　　④　See Hanns Ullrich，"*Technology Protection According to TRIPs：Principles and Problems*"，in Beier & Schricker（eds.），*From GATT to TRIPs*，p. 555.

由地输入进口国"这一基本规则。仅仅依据强化知识产权人的独占权之需，并不能证明国内穷竭是正当的。相反，由于日益增长的世界经济的全球化趋势、国际社会在国际贸易自由化方面所做的种种努力、建立知识产权保护的国际统一标准的倾向，以及知识产权被纳入以 GATT 为基础的国际贸易体制之中，国内穷竭原则不再具有正当性。[1] 贸易自由与知识产权保护的矛盾再次突显。

（三）国际穷竭与国际自由贸易的一致性

实际上，在区域范围内，区域穷竭具有与国际穷竭一样的效果。这正是瑞士联邦法院在 Nintendo Co. Ltd. & Waldmeier AG v. Imprafot 案中的基本推理。该法院认为，与区域穷竭（regional exhaustion）等同的是国际穷竭，而非领土（国内）穷竭（territorial exhaustion）[2]。在欧盟，作为共同市场基础的共同体层面的经济自由化要求成为欧盟委员会及欧盟法院采用共同体穷竭原则的动因。因此，尽管在欧盟各国之间存在价格政策及其他经济上的差异，但欧盟委员会及欧盟法院仍然采纳了共同体穷竭原则。[3]

与国内穷竭相比，共同体穷竭作为一种区域穷竭原则已经向前走了一大步，它为建立统一的区域市场提供了保证。尽管如此，从《欧共体条约》所申明的贸易政策——"促进世界贸易的协调发展，以及不断消除对国际贸易的限制、降低关税壁垒"——来看，共同体穷竭原则与该政策似乎也存在着不协调的地方。因此，一方面，共同体穷竭原则表明国内穷竭是可以突破的；另一方面，共同体穷竭仍不彻底。为了克服这种不彻底，有人建议可以在贸易伙伴之间签订适用国际穷竭的双边或专门协议，例如，由于日本成为欧盟的重要的国际贸易伙伴，建议在欧盟和日本之间签订这种双边协议[4]；或者在存在有效的互惠措施的贸易伙伴之间适用国际穷竭原则。这种做法其实就是《巴黎公约》第 19 条所允许的在该公约的

---

[1] See Abdulquwia A. Yusuf，et al，*Intellectual Property Protection and International Trade*，16 World Competition：L. & Econ. 115，116（1992）.

[2] See Case No. 4C. 45/1998/zus BGE 124 III 321.

[3] See S. K. Verma，*Exhaustion of Intellectual Property Rights and Free Trade-Article 6 of the TRIPs Agreement*，29 IIC 534，552.

[4] See Florian Albert and Christopher Heath，*Dyed But Not Exhausted—Parallel Imports and Trade Marks in Germany*，28 IIC 24，28（1997）.

成员国相互间分别签订更加优惠的特别的双边协定。然而，根据 GATT 和 TRIPs 所规定的最惠国待遇原则，这种专门协议所给予的利益将自动地适用于 GATT 和 TRIPs 的其他所有成员。否则，这种做法将损害多边贸易体制，从而与 WTO 协议相违背。由此看来，通过在贸易伙伴之间签订双边协议适用国际穷竭的方式，或者导致实际上的、全面的国际穷竭的实行，或者导致对多边贸易体制的损害及对 WTO 协议所规定的最惠国待遇原则的违反。此外，欧洲学者还提出，区域穷竭带来了使制造业转移至劳动力价格低廉的国家，并因而使欧洲减少就业机会等问题。[①]

从道理上讲，上述国内穷竭和区域穷竭所存在的问题在国际穷竭那里将不复存在。如前所述，商品自由流通和利益平衡的观念构成了权利穷竭原则的理论基础。对于商品自由流通而言，国际穷竭消除了妨碍商品在国际间自由流通的障碍，因而与 WTO 协议所倡导的国际自由贸易原则最为吻合；对于利益平衡而言，国际穷竭在另一个层面上构筑了一种新的平衡，即消费者、中小企业和跨国企业之间的利益平衡。从各国法院的众多判决可以看出，禁止平行进口基本上保护的是跨国企业。跨国企业变得比只在本土生产的企业更具优势。前者可以在低价国生产其产品，而无须担心来自由自己或经自己许可在国外制造的产品的价格竞争。因此，从这种意义上来讲，国际穷竭不会导致竞争的扭曲，反而会使竞争的因素处于同等。权利的国际穷竭不但有利于消费者，而且有利于只在本土进行生产的中、小企业。正是从这种意义上，有人认为，在权利穷竭的问题上不存在发达国家与发展中国家之间的区分，只有消费者、中小企业与跨国企业之间的区分。[②]

因此，从 WTO 多边贸易体制的角度看，国际穷竭原则符合 GATT 和 TRIPs 的基本目标，与国际自由贸易的要求相一致，具备经济上和法律上的正当性理由。

三、从利益分析角度看国际穷竭原则

在实践中，发达国家和发展中国家呈现出一种矛盾的态度，即："一

---

① See Florian Albert and Christopher Heath，*Oyed But Not Exhausted—Parallel Imports and Trade Marks in Germny*，31（1997）.

② See Florian Albert and Christopher Heath，*Dyed But Not Exhausted—Parallel Imports and Trade Marks in Germny*，28 IIC 24，32（1997）.

方面，在其国内采取自由市场原则的工业化国家，希望在其他国家对知识商品强加高度管制的市场，作者和发明者可以'在其播种的地方收获'；另一方面，在其国内限制自由竞争的发展中国家，希望对知识商品有一个完全没有管制的世界市场，在其中'竞争是商业的生命所必需的血液'。"[1] 因此，从逻辑上看，发达国家倾向于国内穷竭，而发展中国家则倾向于国际穷竭。有的发达国家在认为自己受到了其他成员所采取的国际穷竭的损害时，还可能采取单方面的贸易措施，例如，美国所实行的"特殊301"行动。针对日本最高法院对专利产品的平行进口案件适用国际穷竭的判决，克林顿政府曾提出要考虑采取贸易报复措施。[2] 自然，这种措施与 WTO 多边主义的法律框架所提供的争端解决机制相冲突。这种冲突同样会导致贸易的扭曲。[3] 也有西方学者指出，在对待国际穷竭的问题上，除非能够与其贸易伙伴国达成互惠协议，否则没有国家愿意采纳国际穷竭。[4]

　　欧盟在权利穷竭问题上的实践反映了权利穷竭原则的政治经济背景及其动态发展。自 1999 年以来，欧盟开始重新审视权利穷竭原则，就有关商标权的国际穷竭问题展开讨论。其中所反映的问题充分展现了权利穷竭原则所蕴涵的复杂的利益关系。欧盟的实践为我们从利益分析的角度认识国际穷竭原则提供了范例。

（一）NERA 的研究报告

　　为了解采用不同的权利穷竭原则可能会带来的不同的经济后果，欧盟委员会委托英国的国家经济研究协会（National Economic Research Associates，简称 NERA）做了题为"商标领域中的穷竭制度的选择的

---

① 转引自孔祥俊：《WTO 知识产权协定及其国内适用》，25～26 页，北京，法律出版社，2002。

② See Frederick M. Abbott, *First Report（Final）to the Committee on International Trade Law of the International Law Association on the Subject of Parallel Importation*, 1 J. Internat. Econ. L. 607, 63（1998）4.

③ See S. K. Verma, *Exhaustion of Intellectual Property Rights and Free Trade—Article 6 of the TRIPs Agreement*, 29 IIC 534, 556.

④ See W. R. Cornish, *Intellectual Property：Patent, Copyright, Trademarks and Allied Rights*, Sweet & Maxwell, 1996, p. 39.

经济后果"的研究。① 1999年2月，NERA的研究报告提交欧盟委员会。该研究报告尝试对在某些产业部门（制药产业除外）② 实行国际穷竭制度的效果进行评估，并考察了单方或在互惠的基础上实行国际穷竭制度所可能带来的效果。该报告考察的因素具体包括：平行进口扩散的范围；零售价格降低的可能性；欧盟产品增加的可能性；欧盟内就业率提高的可能性；对欧盟内利润的潜在影响。通过对几乎所有的产业部门的考察，该报告认为，实行国际穷竭制度至少在短期内将会产生以下效果：零售价格可以降低2%，但对于大部分产业部门来说，降低的幅度将小于1%；欧盟产品的增幅极小（不会大于1%）；欧盟内就业增长也极低（不会高于1%）；欧盟大多数产业部门的利润将降低15%～25%。

　　该报告承认，它所作的分析均基于大量的变项，尤其是在评估国际穷竭制度可能带来的长期影响时更是如此。上述数据表明，与对零售价格和就业的有利影响相比，国际穷竭制度所带来的利润的损失尤其引人注目。该研究报告本身没有就是否应实行国际穷竭制度提供任何意见，但是，根据它所提供的数据，实行国际穷竭制度将对欧盟的产业，尤其是对欧盟产业在研究和开发上的投资获得利润的能力产生重大的不利影响。若NERA所提供的数据准确无误，则从欧盟的角度看，显然实行国际穷竭原则弊大于利。

　　在1998年举行的一次制药业会议上，前欧盟委员会委员Bange-mann指出："如果整个欧洲市场的价格均降至任何一个价格最低的成员国市场的价格水平，那么，将很快就不会再有制药业、出口以及挽救生命的研究工作。"因此，有西方学者认为，从长远看，实行国际穷竭原则将不仅仅在欧洲，而且在全世界范围内将导致如Bangemann所担心的

---

　　①　该研究报告的英文名为："The Economic Consequences of the Choice of Regime of Exhaustion in the area of Trade Marks"，参见www. nera. com. uk. papers，2012 - 01 - 13。

　　②　这说明，欧盟委员会已经非正式地否定了在制药业中适用国际穷竭原则。由于制药产业极大程度地依赖于研究和开发，因而若对这一产业实行国际穷竭制度，将会使欧洲以研究为基础的制药业遭受灭顶之灾。毫无疑问，实行国际穷竭原则，将导致药品价格急剧下降。

那种后果。①

（二）各成员国对 NERA 研究报告的反映及立场

紧随 NERA 的研究报告，丹麦、爱尔兰、瑞典和英国四个成员国也进行了有关改变现行的共同体穷竭，实行国际穷竭原则的研究论证。这些成员国的研究基于以下论据反对维持现行的仅仅共同体穷竭的制度：（1）在成员国和欧盟的知识产权立法和司法实践的许多方面所存在的不确定性状态将继续产生冲突；（2）在一个实行国际穷竭的世界里，实行区域穷竭的地区将要承受价格的提高和消费的下降，并以消费者的支出保护知识产权人的利益；（3）当欧盟消费者只能获得来自 EEA 内的平行进口商品时，存在着对消费者选择的相应的限制；（4）在如服装业这样的低服务和低技术的部门，用以维持高价的经过挑选的销售网络承担着维护品牌形象的功能；（5）平行进口商将失去其销售收入，这将对本部门的就业带来消极影响；（6）成员国将面临税收的损失；（7）平行进口贸易发生的机会实际会低于通常的估计。上述研究都强调了国际穷竭制度将给消费者带来的好处。与此同时，上述研究普遍承认，某些易受损害的部门，尤其是制药业和著作权产业②，应该受到保护以使其免受国际穷竭的影响。

自 2000 年以来，在欧盟各成员国中，有些国家认为实行国际穷竭利大于弊，而有些国家的看法则相反。在 2000 年 5 月的一次欧盟理事会上提交的一份报告反映了各成员国代表团对权利穷竭问题的不同立场。③ 其中，瑞典、英国、爱尔兰、卢森堡、荷兰及丹麦等成员国相信国际穷竭将带来商品价格的显著下降，至少在某些部门会如此，因此，这些国家赞成国际穷竭；而奥地利、西班牙、法国和意大利则倾向于现行的区域穷竭制度，在这些国家看来，前面提到的研究并没有提供足够的证据证明国际穷

---

① See Marleen Van Kerckhove & David Perkins, *European Community and International Exhaustion：Shades of Grey*, PLI's Seventh Annual Institute for Intellectual Property Law（2001）.

② 近来的资料表明，世界贸易组织以及美国政府已经在有关药物和治疗方面的平行进口作出了让步。

③ See Marleen Van Kerckhove & David Perkins, *European Community and International Exhaustion：Shades of Grey*, PLI's Seventh Annual Institute for Intellectual Property Law（2001）.

竭的益处。上述报告还发现，若实行国际穷竭制度，则所有代表团都认为同样的穷竭制度应同时适用于共同体和成员国的商标权；绝大多数代表团都希望当前应只限于讨论商标权的国际穷竭问题，而不应扩大至其他类型的知识产权；所有代表团都倾向于一种适用于所有产业部门的单一的商标权穷竭制度，不过其中仍有一些代表团愿意考虑将有限的产业部门排除出国际穷竭制度的必要性。

（三）欧盟委员会对穷竭原则的取向

2000 年，欧盟委员会在成员国部长会议上表明其无意提出一份改变现行穷竭制度的计划。Bolkestein 委员解释了欧盟委员会作出这一决定的依据：第一，将商标权的区域穷竭改变为国际穷竭并不会带来商品价格的显著下降。第二，假设绝大多数产品都受各种知识产权的保护，则改变商标权的穷竭制度只能给市场带来些微影响；而对所有类型的知识产权都实行国际穷竭并不合适。第三，对成员国商标权和共同体商标权实行同样的穷竭制度具有决定性的意义。然而，对于两项支配着穷竭制度的法律——规范成员国商标的指令和规范共同体商标的条例——均予以修改却面临着困难。对指令的修改可以通过理事会的符合条件的多数决议实现；而对条例的修改却需要一致的决议。至少有一些成员国反对对条例作任何改变。这样，若两种不同的方案并存，将导致消费者的混淆，尤其是涉及某种受商标权保护的商品是否被合法地投入市场这一问题时更是如此。第四，改变穷竭制度将抑制对新品牌的培育，甚至会使商标所有人从该市场上撤回其产品。而继续提供品牌产品的商标权人也许会选择降低产品质量或者相关的服务措施。第五，共同体穷竭政策的宗旨是促进统一市场的形成。如果统一市场的进程尚未在世界范围内开始，那么，在国际穷竭的政策之下，欧盟的企业将要面对一种不利的竞争环境。来自第三国的商品的市场条件不似欧盟内的商品那样均等；平行贸易可能会受到不同国家的贸易条件差异的影响，例如，注册登记的行政费用及劳动力价格等。在欧盟范围内，上述问题中的大多数均通过欧共体立法或欧共体政策获得了某种一致，而在国际层面上的一致则远未达到。

迄今为止，欧盟委员会坚持现行穷竭制度的立场仍未改变。然而，在反对或赞成国际穷竭制度的成员国之间，有关国际穷竭制度的利弊之争还将持续下去。在欧盟部长理事会中，穷竭问题继续成为引起激烈争论的论题。在 2001 年 5 月的内部市场理事会会议上，瑞典和英国就价格问题提出进一步的报告①，再次表明其对国际穷竭制度的支持。英国和瑞典政府认为商标法过度保护了商标产品，它们所提交的研究报告对法国、德国、瑞典、英国和美国等国市场上一系列涉及国际贸易的商标产品进行了比较。研究报告的结果显示，在欧洲及欧盟范围内，德国市场上的价格明显较低，对于大多数被调查品牌的商品而言，英国和瑞典市场上的价格则更高。该研究报告的目的不是解释为什么存在价格差异，而只是强调价格差异会很明显。英国和瑞典政府通过这一研究报告，试图表明消费者将从商标法的改革中，实质是从商标权的区域穷竭向国际穷竭的改变中受益。而法国、德国、意大利和西班牙则与欧盟委员会一道力主维持现行的共同体穷竭制度。由此可见，在欧共体成员国之间，基于不同的利益考虑，有的成员国倾向于实行国际穷竭原则，而有的则反对实行国际穷竭原则。实际上，这种利益的较量早在欧盟委员会起草《商标指令》的时候就已经显露，在该指令的起草过程中，第 7 条属于争议较大的条款之一，其用语前后发生了实质性的变化，1979 年草案采用的是国际穷竭原则，后因来自一些成员国及产业代表的压力而放弃。②

　　因此，从利益分析的角度看，由于不同的国家对不同的利益的强调或侧重，国际穷竭原则在国际层面上统一实现尚需时日。前述 TRIPs 的有关规定也清楚地说明了这一点。国际商会（ICC）在 1999 年 7 月进行的有关国际穷竭的调查中，只有少数成员支持国际穷竭。在 ICC 调查报告中，支持国际穷竭的成员认为，国际范围内国际穷竭将允许更大范围的竞争，而这将使消费者受益并消除进入各个市场的人为障碍。日益增长的全球化以及网络技术和电子商务的普及正对国际贸易产生深远的影响。而反对国际穷竭的成员则认为在不同区域对用户收取不同的费用在现在的商业模式下是合理且必需的，适用国际穷竭原则将可能限制公司在全球范围内的收益从而影响公司对产品进行研发投入的积极性。且不同国家对产品质

---

① 参见 Research Report International Price Comparisons：asurvey of branded consumer goods in France, Germany, Sweden, the UK and the US, Economist Intelligence Unit (EIU), (2001). 该研究报告系 EIU 受瑞典和英国政府的共同委托而研究并撰写。

② See Irini A. Stamatoudi and Paul L. C. Torremans, *International Exhaustion in the European Union in the Light of "Zino Davidoff"：Contract Versus Trade Mark Law*, 31 IIC 124 (2000).

量的标准要求不同，允许平行进口即可能导致市场上出现不符合质量标准的产品。① 尽管如此，由于国际穷竭原则具备经济上和法律上的正当性理由，因而有西方学者预言："从长远来看，国际穷竭原则将普遍适用于所有类型的知识产权"②。

---

① 该调查结果显示：在 87 份答卷中，67.8％反对专利权和商标权的国际穷竭，54％反对版权的国际穷竭；20.7％支持专利权国际穷竭，23％支持商标权的国际穷竭，17.3％支持版权的国际穷竭。参见（1）甘古力：《知识产权：释放知识经济的能量》，宋建华等译，215～216 页，北京，知识产权出版社，2004；（2）"*Exhaustion of intellectual property rights-Appendix*"，http://www. iccwbo. org/id448/index. htmlndex. html；2012 - 01 - 13；（3）"*International Exhasution of Intellectual Property Rights*"，http://www. biac. org/statements/comp/BIAC _ Submission _ on _ Intl _ Exhuastion _ of _ IPRs. pdf，2012 - 01 - 13。

② Herman C. Jehoram, *Prohibition of Parallel Imports Through Intellectual Property Rights*, 30 IIC 495, pp. 508 - 511 (1999).

第三章　识别性标记权与
平行进口

　　与发明创造和作品这两类分别由专利权和
著作权保护的对象不同，商标不是一种创造性
的智力成果，它是一种商业上的识别性标记。
具体而言，商标是指能够将一经营者的商品或
服务与其他经营者的商品或服务区别开来并可
为视觉所感知的标记。平行进口与识别性标记
权的关系也即平行进口与商标权的关系。由于
商标与发明创造和作品具有不同的价值来源和
迥然不同的性质，在平行进口问题上的相应的
解决方法和依据也就不同，如与有的国家或地
区的立法禁止专利产品和著作权产品的平行进
口不同，在亚洲，没有一个国家或地区的立法
明确地禁止商标产品的平行进口。而且，由于
商标与产品的高度相关性，即几乎所有的产品
均使用商标，与商标权有关的平行进口频频出
现。① 因此，本书对商标产品的平行进口问题

---

① 下文所讨论的判例表明了这一点。

设专章讨论。在商标产品的平行进口问题上，在相关的制定法的基础之上，各国主要是通过判例，有的国家同时通过其海关颁发行政命令的方式实现其法律规制。因此，该领域有丰富的理论学说和判例法规则，这些学说和规则包括商标功能、商标保护的双重目的、假冒之诉以及普遍性原则和地域性原则等。它们成为权利穷竭原则之外被普遍适用于商标产品平行进口案件的行之有效的工具。上述学说和规则通过各国学者的著述和法官的司法实践发展起来，并对商标产品平行进口案件的审理产生重要的影响。本章将着力通过对商标产品平行进口问题的实证分析和比较分析，揭示商标产品平行进口法律规制上的特点。

第一节　商标的概念、功能以及商标权的内容

一、商标的概念

商标的英文对应词为"trade mark"或"brand"，是指一种商品或服务的标记或标记的组合。多数国家或地区的商标立法及有关的国际公约均对商标作出了界定。例如，TRIPs 第 15 条对商标作出了如下定义：任何一种能够将一个企业的商品或服务区别于其他企业的商品或服务的标记或标记的组合均为商标。由于标记（或符号）的范围极其广泛，并不是所有类型的标记都能成为商标。只有具备一定条件的标记才能成为商标。因此，该条还规定了可以作为商标的标记范围，即字词（包括个人姓名）、字母、数字、图画、徽记、颜色的组合。上述标记可以单独也可以自由组合成一个商标。该条还同时规定，作为一种注册条件，各成员国可以要求标记可为视觉所辨认。这一规定扩大了可作为商标的标记范围，将立体标记也涵盖其中。

《欧共体商标条例》第 4 条及《商标指令》第 2 条对商标的定义作出了与 TRIPS 类似的、宽泛的规定：商标是由任何一种能将一个企业的商品或服务区别于其他企业的商品或服务并可以用书面形式表示的符号，特别是文字（包括人名）、图形、字母、数字、商品或其包装的外形，所组成的标记。该定义表明，具备区别性及可由书面形式表示是一般的标记成为商标的两项要求。其中的"可用书面形式表示"这一表述将音响标记也囊括进来。共同体成员国如德国、法国、英国、瑞士、西班牙的商标法在

根据该指令进行修改后也对"商标"作出了同样的定义，并对可作为商标的标记作出了进一步的列举。例如，《法国知识产权法典》有关商标的部分在"商标的构成要素"一章中，对可构成商标的各种标记分别列举为：名称——词、词的组合、姓氏、地名、假名、数字、缩写词；音响标记——声音、乐句；图形标记——图案、标签、戳记、浮雕图、全息图像、徽标、合成图像以及外形（尤其是商品及其包装的外形或表示服务特征的外形）和颜色的排列、组合或色调。

我国香港特别行政区的《商标条例》则分别对"服务商标"、"商品商标"及"标记"这三个相关概念作出了界定。按照该条例，"服务商标"是指目的是显示或者以期显示在业务运作中某特定的人与某些服务的提供有关联而就该服务所使用或预使用的标记；"商品商标"是指旨在显示或以期显示在商业活动某些商品上所使用的与某人有权利关系的标记；而"标记"是指任何可以视觉感知并能够以图绘形式表示的记号，尤其是可以由文字、个人姓名、字母、数字、图形要素或颜色组合，并包括上述记号的任何组合。很显然，该《商标条例》所规定的"标记"与前述 TRIPs 及《欧共体商标条例》的规定相似，通过"可被视觉感知"及"可以图绘形式"这类概括方式与列举方式相结合明确可作为商标的标记的外延。

在美国，有关商标的定义出现在由美国法学会编撰的《不正当竞争重述》（第三版）中。该重述认为，商标是指用于识别某人的产品或服务并将之与他人的商品或服务相区别的文字、姓名、记号、图案或其他标示，或者上述标示的组合。

我国现行《商标法》也有反映商标概念的有关规定。《商标法》第8条规定："任何能够将自然人、法人或者其他组织的商品与他人的商品区别开的可视性标志，包括文字、图形、字母、数字、三维标志和颜色组合，以及上述要素的组合，均可以作为商标申请注册。"我国现行《商标法》的这一规定体现了国际上对商标概念的基本认识。

上述有关"商标"的规定大体一致。具体表现为："商标"为属概念，其下包含了"商品商标"与"服务商标"这两个种概念；有关商标的内涵，均为"能够区别不同企业所提供的商品或服务"；有关商标的外延，包括了文字、字母、数字、图画等平面形式及商品或其包装的外型这样的立体形式。这体现了对"商标"界定上的一种趋势，即可作为商标使用的标记不断扩大，由原先的只包括文字、图形这两类传统的平面标记延及颜色的组合这种新的平面标记；由以往的仅局限于平面标记扩展至商品或其包装的形状这类立体标记。但是，以商品或其包装的形状这类立体标记作为商标必须以其不是一种功能性的造型为前提。另外，随着服务商标的出现，"商标"一词也从传统意义上的"商品商标"的简称演变为商品商标与服务商标的通称。

在此，根据以上分析所提供的素材，我们对商标的定义作出如下表述：商标是指能够将一经营者的商品或服务与其他经营者的商品或服务区别开来并可为视觉所感知的标记。

在把握商标这一概念时，应注意区分商标与标记这两个互相联系又各不相同的概念。如前所述，商标是一种标记，但并不是任何标记都可以成为商标，只有符合一定条件的标记才能作为商标。这里的条件由商标立法予以规定。标记须具备识别性或显著性是首要条件。这是使商标能够将一企业的商品或服务与他企业的商品或服务相区别的保证。并且，它不是一般意义上的标记，而是一种商品或服务的标记。也就是说，符合商标立法所规定的条件的标记只有与特定的商品或服务相联系，才能成为"商标"，否则，无所谓"商标"可言。纯粹的标记本身不是商标。普通法国家的商标保护制度正是建立在商标与商业活动、商标与商品的关系基础之上的。

商标产生的历史也表明了商标与商品的这种内在的不可分割的关系。商标作为一种商品或服务的识别性标志，它是商品生产和交换的产物，是商品经济社会的普遍现象。中外历史文献及考古资料表明，人类在各种器物上使用标记的历史几乎与人类自身的历史一样悠久。但是，只有在商品出现以后，人们将一定的标记符号附着于商品之上，才产生了商标。商标是工匠们用于自己的产品之上以示对其产品负责而出现的。

商标与商品或服务的这种不可分割的关系，反过来也说明，商标同时也不能简单地被还原成用作商标之前的标记。两者具有全然不同的价值。前者已经成为所标志的商品或服务的信誉的表征，具有了全新的内涵。①

---

① 参见刘春田：《"在先权利"与工业产权——〈武松打虎〉案引起的法律思考?》，载《法学前沿》，第1辑，北京，法律出版社，1997；李琛：《商标权利瑕疵的矫正与经济分析》，载《法学前沿》，第2辑，北京，法律出版社，1998。

二、商标的功能

被公认为至今发现的中国最早的较为完整的商标铜版——北宋时期（公元960—公元1127）山东济南刘家功夫针铺的"白兔儿"商标铜版——就已为我们生动地说明了商标的功能。该商标铜版的中心图是一只手持钢针的白兔，四周刻有"济南刘家功夫针铺。认门前白兔儿为记。收买上等钢条，造功夫细针，不误宅院使用，客转与贩，别有加饶，请记白"。这一商标铜版明示了商标名称以与他人的产品相区别，并宣传了自家的商品质量。

商标是商品或服务的标记，它是商品或服务向消费者说话的"唯一语言"，是帮助消除交易中的"信息不对称"现象、减少交易成本的有效手段，是产品或服务不可或缺的东西。商标的主要价值通过其功能体现出来。在商品经济中，商标扮演着非常重要的角色，它的功能也臻于完备并为人们所充分认识。一般认为它具有下列三个方面的功能：

1. 认知（来源表彰）功能。

认知功能，又称区别或识别功能。从商标的定义中可以看出，商标的基本功能是区别一企业与他企业的商品或服务，即区别性。如前所述，一般的标记必须具备可识别性才能作为商标使用。这是因为"可识别性"或"显著性"的标志是商标的区别功能的保证。商标的认知功能可以使消费者在众多的同类竞争的商品或服务中作出消费抉择。消费者认牌购物，凭借其先前的购买经验而在竞争的产品与服务之间作出满意的选择。19世纪工业革命以后，商标就成为竞争者之间区别各种商品的一种重要的方法。

商标的"表彰商品来源功能"（又称起源功能）在历史上被认为是商标的原始和唯一功能。事实上，这一功能如今仍被视为商标的基本功能。例如，欧盟法院在许多判例中明确指出，商标的基本功能是向消费者保证商标产品来源的同一性，使消费者能够不受任何混淆地将特定的商品与来源不同的商品区别开来。"来源"一词通常是指"商品或服务来源"，即商品的制造者或服务的提供者，又称为商品或服务的出处。我国历史上以及西欧中世纪出现的在被出售的商品上粘贴特定的标记，用以表明所出售的商品出自谁之手。这被认为是商标的最初始的功能。1916年，美国联邦最高法院在 Hanover Star Milling Co. v. Metcalf 案的判决中，将识别商品的来源或所有者视为商标的"主要并适当的功能"①。与这一功能相联系，保护消费者不受有关商标产品的来源上的欺骗被视为商标的首要目的。

在 20 世纪二三十年代，商标的"表彰商品来源"功能的理论开始受到一些学者的批评。他们认为，在商品经济社会，仅仅以消费者选择商品来源的行为不足以解释有关商标功能的理论。② 早在 1927 年，美国学者 Schechter 就指出，商品上的商标，可能是由与消费者远隔千里的进口商所附加，这类厂商实际上并未参与此项商品之制造，它们很可能只是在商品上打上商标，随即将其投放于市场之中。据此，Schechter 提出了"相同来源"说，即同一商标所表彰的商品或服务系由同一商品生产者生产的或是由同一服务提供者提供的。也就是说，以相同的标记销售的商品或服务具有一定的联系。商标"通过使消费者或最终使用者不受任何混淆地区分不同来源的商品，而担保使用同一商标的商品的来源的一致性"③。因此，若一个商标向消费者表示了作为其所贴附的商品来源的原始制造商或独占经销商，则相关权利人利益将会受到法律的保护。

随着商标授权制度以及商标权共有制度的产生和发展，出现了由一个以上的主体共同使用同一商标的现象。商标由原来的仅仅表彰某一商品出自某一特定的企业，发展到表彰某一商品出自某一企业群。在这种情形下，"相同来源"被赋予了新的重要的意义。从许多国家的相关判例看，如今，"来源"一语已被赋予了广泛的意义，它实际上涵盖了"相同来源"的情形。也就是说，商标所表彰的"来源"包含了更为广泛的"相同来源"的情形。对此，德国的 Beier 教授认为，商标表彰某商品出自某一企业群，即商标发挥其表彰商品来源之功能；商标无论是表彰某一商品出自某单一企业，还是表彰该商品出自某企业群，都符合商标之目的。④

有西方学者认为，商标的这一基本功能具有双重意义：首先，保护商标所有人的声誉；其次，向消费者披露其所购买和使用的商品系由特定的

---

① 240 U. S. 403，412（1916）.

② 参见李镁：《商标授权论》，2 页，台北，三民书局，1994。

③ Case 102/77-Hoffmann La-ROCHE & Co AG v. Centrafarm（1978）ECR 1139，1164，9 IIC 580（1978）.

④ 参见邱志平：《真品平行输入之解析》，27 页，台北，三民书局，1996。

商标权人（或其被许可人）制造，并代表了一定（高的或低的）的质量。①

2. 品质担保功能。

品质担保功能，又称质量或保证功能。它是指以相同的商标表彰的商品或服务的质量具有同一性。"商标的主要功能，是使公众识别那些他们有所经验而对其品质特性有所了解的产品，它保证下次购买带有同样商标的商品时，也会具有同样的特性。这叫做商标的保证作用。这意味着商标的拥有人不一定实际参加商品的生产，而只需对商品的质量加以控制。"②商标一直被解释为"营业信誉"（goodwill）的表征，人们一直抱有"营业信誉是实体，商标是其影子"的观念。③ 这正是商标具有品质保证功能的说明。早在 1883 年，美国联邦最高法院就指出，商标"既是物品质量的标志，又是产品来自制造商的保证"④。一些国家的商标法直接或间接地规定了商标的品质保证功能。如德国新商标法承认，商标可以保证消费者对产品的特定质量的期待。这种期待如今通过提高具备一定声誉的商标的保护水平实现。

从前面的分析可以看出，所谓的商标的品质保证功能并不是（也不可能是）在保证一定的高质量的意义上说的⑤，而是指品质的同一性，即一定的或一致的质量水平或质量标准。品质的同一性正是商标信誉建立的基础。这既体现了商标所有者的利益，又符合消费者的利益。对于商标所有者来讲，商标象征的质量信誉构成其商标价值的基本内容；对于消费者而言，某一商标与某种商品或服务的特定质量具有固定的联系，它担保商品或服务符合消费者的期望。早在 1920 年的"可口可乐公司诉得克萨斯州"一案的判决中，我们就可以发现这样的字眼："商标因此成为（商品）'内在优点的直观符号'。"⑥

---

① See Irini A. Stamatoudi and Paul L. C. Torremans, *International Exhaustion in the European Union in the Light of "Zino Davidoff": Contract Versus Trade Mark Law*, 31 IIC 123, 136 (2000).

② 《简明不列颠百科全书》（中文版），卷 7，91 页，北京，中国大百科全书出版社，1985。

③ 参见李镁：《商标授权论》，2 页，台北，三民书局，1994。

④ Manhattan Medicine Co. v. Wood, 108 U. S. 218, 222～223 (1883).

⑤ 只有证明商标才具有这样的功能，这是证明商标与非证明商标的基本区别。

⑥ 225 S. W. 791, 794 (Tex. Civ. App. 1920).

此外，品质的同一性为商标许可和转让制度的确立提供了客观基础。"品质保证说"的理论对商标授权制度的兴起具有重大的影响。[①]

3. 广告功能。

与前面两个功能尤其是品质保证功能相联系，商标是一种典型而又有效的广告工具——所谓"无言的推销员"。消费者通过特定的商标了解特定的产品和服务；企业凭借商标刺激并维持消费需求。商标被认为除了表彰营业信誉以外，还具有建立营业信誉之功能。因此，商标具有潜在的促销功能，它诱发消费者再次消费同一品牌的商品或服务。20世纪初，前清文人仉吉五在其所编著的《燕市商标》一书中认为："凡商贾工艺之各种牌匾贴报而用之以广招徕者，统谓之'商标'。"[②] 这表明，商标的"广招徕"这一功用一向有之。

因此，指明商品的来源已经不再是商标的唯一功能，品质担保及广告已成为商标新的重要的功能。与此相联系，来源混淆不再是执行商标权的唯一前提条件。许多国家承认商标具有上述三项功能。

三、商标权的内容

如前所述，解决平行进口问题所涉及的因素之一是在特定类型的知识产权的权利群中是否存在一种可以禁止平行进口的权利。因此，要解决与商标权有关的平行进口问题，同样应该了解商标权的基本内容。在第二章有关权利群论述的基础之上，这里将针对立法上对商标权的效力范围的规定进一步探讨商标权的内容。

商标权，是法律赋予商标所有人对其注册商标进行支配、利用及控制的权利。在实行使用制度的国家，商标权则是指由其普通法赋予商标所有人对其所实际使用的商标所享有的支配权利。

商标权是一种法定的权利，它具有通常意义上的权利的性质，即它是一种法律对权利人做某种行为的许可和保障以及权利人要求他人做一定行为或不做一定行为的许可和保障。商标权作为一种权利人依

[①] 参见世界知识产权组织编著：《知识产权纵横谈》，张寅居等译，152～153页，北京，世界知识出版社，1992；李镁：《商标授权论》，3页，台北，三民书局，1994。

[②] 张双林：《燕市"商标"话旧》，载《中华商标》，1997（3）。

法享有的支配权利，包含了控制、利用以及处分等方面的权利内容，具体表现为禁止权、使用权和处分权。平行进口所涉及的权利为商标的使用权。

使用权即专有或排他使用权，是指商标权人在核定使用的商品上专有使用核准注册的商标的权利，用以在贸易活动中指明核定使用的商品与商标所有人之间的联系。我国《商标法》第37条的规定体现了商标权的这一方面的内容，它从专用权的权利范围这一角度作出规定。这一权利范围被称为商标权的"效力范围"或"积极的效力范围"。因此，商标权人对其注册商标的使用权包含了两个层次的意义：一是使用权只在特定的范围——核定使用的商品与核准注册的商标——内有效；二是在该特定范围内，商标权人对其注册商标的使用是一种专有使用。商标权人有权使用该注册商标，并自行决定使用注册商标的方式。上述使用权既可以由商标权人自己行使，也可以授权他人行使。因此，在平行进口的情况下，所要解决的问题就表现为，他人在平行进口的商品上使用商标是否仍需获得商标权人的许可。

需要注意的是，这里的"效力范围"与使用制度之下的商标权的效力范围是完全不同的两个概念。后者是在地域范围的意义上讲的，具体地说，是一种市场范围。根据使用制度，两个或两个以上的商标使用人可以在不同区域，在相同或类似的商品或服务上使用相同或近似的商标。这种使用的前提是——不同的区域。也就是说，只要彼此经营的商品或服务不在同一市场上"遭遇"，没有造成市场混淆，那么，各自都享有为普通法所保护的商标使用权。此外，在后的商标注册人的商标权不能对抗在先使用商标的商标使用人在其原有贸易活动范围内继续使用同一商标的权利。从这种意义上说，使用制度之下的商标权不具有注册制度之下的商标权"专有使用"性质。使用权是商标权的核心内容。获得对商标的专有使用权是申请人申请商标注册的根本原因。

这种由法律明确规定的商标权人对其注册商标使用权的专用权特点，是由商标使用行为的特殊属性决定的。使用商标的行为不是一种一般意义上的个体行为，这种行为将会带来极大的社会效应。这也是商标法设置完备的商标注册制度，对申请注册的商标予以审查的原因之一。因此，权利人的使用行为必须受到一定的约束。

第二节　商标功能与平行进口

平行进口带来了一个有关商标法和消费者认知的不寻常的问题。商标功能成为判断涉及商标商品的平行进口性质的重要工具。从其他国家或地区的相关判例看，商标的来源表彰功能或/和品质担保功能成为法官衡量平行进口是否合法的标准。如果平行进口损害了商标的这些功能，则被制止；反之，则被允许。

一、来源表彰功能与商标商品的平行进口

有关商标的"基本功能"成为欧盟法院审理平行进口案件的重要理论工具，欧盟法院将产品的来源保障视为商标的基本功能。商标所有人可以通过贴附商标的方式表彰其产品的同一性，享有禁止任何可能损害来源表彰功能的使用商标的行为的权利。在许多判例中，欧盟法院应用的推理方法为：依据商标的来源保障这一基本功能限定商标的特定主题。

如前所述，商标的来源表彰功能曾被视为商标的唯一功能。在德国，曾经流行商标"单一功能说"。该学说与"双重功能说"相对，后者认为商标同时具备来源表彰和品质担保两种功能。根据单一功能说，商标权人所享有的排他权仅限于阻止他人不正当地使用商标，即在其他商品上使用与商标权人的商标相同或者近似的商标，引起商品来源之混同，或者不正当地利用商标权人的营业信誉；"来源表彰功能"是商标的本质功能，商标所具有的品质保证功能只是从法律所保护的来源表彰功能衍生出来之经济现象；对于品质误认之保护属于竞争法或刑法范畴，而不属于商标法范畴。因此，单一功能说从商标的来源表彰功能出发，认为真正商品的平行输入因未引起商品来源之混淆，故不构成商标权侵害。这具体包括以下两种情形：一是内、外国商标权人是同一人时，被平行输入之真正商品上的商标表彰了商品出自同一企业，故不会引起商品来源之混淆；二是内、外国商标权人并非同一人，但有契约上或经济上之结合关系，如商标权人与被授权使用人或者母公司与子公司之关系，被平行输入之真正商品上的商标表彰了商品出自特定的企业群，即商标的来源表彰已不仅仅是表彰某一企业，而是表彰法律上虽然互相独立，但彼此间有特殊关系之一群企业。

换言之，商标之表彰来源，不再是"出处之同一性"，而是"来源之同等性"。因此，在这种情形下，也不会导致商品来源之混淆。①

在单一功能说那里，商标的来源表彰功能被限于作为以下两类商品的判断标准：未经允许使用商标的侵权商品与由权利人自己或经其同意投放市场的合法商品，前者损害了商标的来源表彰功能因而构成侵权，后者则未引起商品来源混淆因而不存在侵权问题。

那么，被平行进口的"真品"在进口国市场内的销售究竟是否会在产品的来源上欺骗消费者？在美国，这一问题转化为是否给美国消费者带来了混淆的可能性问题。判断的依据是：究竟是外国制造商还是美国进口商被消费者识别为被平行进口的商标产品的来源。如果是前者，则不存在侵权；如果是后者，则存在侵权。因为，该商品事实上并非来自于美国进口商。美国的实践表明，即便是真正商品，也可能存在来源混淆的问题，这是来源表彰功能在平行进口问题上的新发展。根据来源表彰功能，对于真正商品也要进行"二分法"，而不是一味地予以肯定。由于商标具有公认的指明产品来源的功能，因而若仅仅是销售渠道的不同，商标权并未受到侵犯。

二、品质担保功能与商标商品的平行进口

前面提到的"双重功能说"，除了承认商标具有来源表彰功能以外，还承认商标具有品质保证功能。根据这一学说，当平行输入之真正商品与国内市场上同一品牌产品之品质一致时，除了不会产生来源混淆以外，也不影响商标之品质担保功能，不会导致消费者对商品的品质发生误认，因而不构成侵犯商标权；但是，如果上述两类商品的品质存在差异时，则平行进口将会损害商标之品质保证功能，导致进口国消费者对商品品质的误认，损害商标权人的信誉，故构成侵犯商标权。② 而"单一功能说"则不考虑商品品质的差异性问题，只要是"真正商品"就不影响商标的来源保证功能；只要商标的来源保证功能不受影响就不构成侵犯商标权。由于各国市场需求不同，使用同一商标的不同市场上的商品有不同的品质，这已

---

① 参见邱志平：《真品平行输入之解析》，26～27页、122～125页，台北，三民书局，1996。

② 参见邱志平：《真品平行输入之解析》，28～29页，台北，三民书局，1996。

经成为一种普遍现象，"双重功能说"反映了商品生产和营销的客观实际，符合商标保护的根本目的。许多国家的保护实践与"双重功能说"的认识相一致。从一些国家和地区的实践看，商标的双重功能学说在平行进口案件中得到了广泛的运用。

英国一系列有影响的判例表现了商标的品质担保功能成为商标商品平行进口案件中的关键性因素。早在 1915 年的 Spalding v. A. W. Gamage Ltd. 案中，Parker 勋爵即确立了一项经典的原则：A 在将某种并非 B 的商品或并非 B 的某一等级或质量的商品，表示为 B 的商品或 B 的某一等级或质量的商品时，不可能不侵犯 B 的权利。[1] 英国上诉法院在 20 世纪后半叶审理的相关案件，明确以产品质量是否存在实质性差别作为认定被告是否构成侵权或假冒的依据。例如，20 世纪 80 年代初期，在英国，曾发生了两起平行进口商品的质量低于进口国的相关权利人所生产的同一商标商品的案件，分别被初审法院判决为假冒和侵权。一为 Wilkinson Sword 股份有限公司诉 Cripps and Lee 案，该案被告从美国进口了原告的质量较低的剃刀，主审法官认为被告的行为构成假冒。[2] 另一案件为 Castrol 股份有限公司诉汽油供应股份有限公司案，该案被告从加拿大进口由原告的关联公司生产的不同质量的汽油，主审法官支持了原告的侵权指控。[3] 几年以后，在一起产生了广泛影响的案件——1989 年的 Colgate-Palmolive 股份有限公司诉 Markwell 信贷股份有限公司案中，涉及的主要问题就是：一个将同一商标使用于不同国家的存在质量差异的同类商品上的跨国公司，能否制止进口商从国外进口低质产品并与英国的高质商品一道销售。对此，英国上诉法院给予了肯定的回答。[4] 该案原告系 Colgate 公司这一国际性公司集团在英国的子公司，即英国 Colgate 公司。美国 Colgate 公司是该公司集团的母公司，它在五十多个国家通过当地的子公司开展业务。其中，在巴西有一名为 Colgate—Palmolive Limitada 的子公司。子公司就其所销售的产品以及营销计划有很大的自主权，但是有关出口产品以及向谁出口等事项则由母公司控制。许多年以来，英国 Col-

---

①   See (1915) 32 R. P. C. 273.

②   See (1982) F. S. R. 16.

③   See (1983) R. P. C. 315.

④   See Colgate-Palmolive Ltd. v. Markwell Finance Ltd. , (1989) R. P. C. 497.

gate 公司一直是在英国的 Colgate 牌牙膏及其他相关产品的制造商和供应商。由于该公司的长期使用，Colgate 商标广为英国消费者知晓。尤其是自 1955 年以来，该公司以在红色包装上用白色书写体的形式广泛使用该商标。这种表现形式向英国的这类产品的消费者提供了以下信息：这类牙膏和洁牙制品系由英国的 Colgate 公司制造和销售。根据英国的有关假冒的法律，知道原告产品的消费者并不需要清楚原告的身份，即无须知道原告是制造商还是供应商。由巴西子公司制造、销售的两种类型的牙膏被 Markwell 信贷股份有限公司平行进口至英国并在英国市场销售。这些巴西制造的牙膏以与英国 Colgate 公司制造的牙膏类似的外观与后者竞争。法官发现，巴西子公司制造的牙膏的质量低于英国子公司制造的同一品牌牙膏的质量。主审该案的 Lloyd 勋爵认为，在英国市场只存在一种质量标准的牙膏，消费者已经形成了对高质量的英国牙膏的期待。被告的行为损害了原告商标的品质担保功能。①

　　而早于上述三个判例，在 1980 年的 Revlon Inc. v. Cripps & Lee Ltd. 案②同样也涉及跨国公司就同一商标在不同国家拥有商标权的情形下，产生与该商标有关的平行进口纠纷。但该案所涉进口商品与进口国市场上原有商品没有质量上的差异。因而，该案适用权利穷竭原则，判决被告的行为不构成侵权。

　　德国联邦最高法院在 1995 年 12 月 14 日的一项判决中表明了类似的意见。③ 在该案中，原告（一家美国公司）在德国拥有几项商标，其中包括 "Levi's" 及 "Levi strauss"。这两项商标被注册使用于服装等类商品上。1992 年春天，被告在自己的零售店里销售一批 "Levi's 501" 牌牛仔裤，它们系由原告在美国制造并已漂白和染色而由第三人未经原告同意进口至德国。这批牛仔裤的裤兜及纽扣上仍带有原告的商标。在被告的商店

---

　　① 有人对该案判决提出了批评，认为它磨利了所有市场分割者之刀，通过产品差异的方式人为分割市场的做法不应受到假冒之诉及商标侵权之诉的支持。参见 (1989) EIPR 456。一位德国律师在对该案的评论中提出了一种比较温和的保护所有人权利的方法：要求平行进口商通过使用恰当的附加标签更清楚地区分进口商品与本地商品。在对案件所牵涉的所有利益进行平衡时，应更加关注保护消费者免受与质量有关的虚假表示的损害。参见 22 IIC 420，422 (1991)。

　　② (1980) F. S. R. 85.

　　③ See "Dyed Jeans", Case No. I ZR 210/93.

内，张贴了以下告示："半旧的 Levi's 501 型牛仔裤，原产美国……这些二手牛仔裤非由 Levi strauss 染色。"原告起诉被告侵犯其商标权，牛仔裤的原有品质因使用腐蚀性的漂白物质而降低，这种低品质无法满足由"Levi's"商标所担保的品质标准。基于其他制造商未经原告同意而漂染了这些牛仔裤，原告请求禁止被告销售这些带有"Levi's"商标的牛仔裤。初审法院支持了原告的请求。上诉法院则部分支持了原告的请求。原告最后上诉至德国联邦最高法院，请求禁止被告的销售行为并赔偿损失。

德国联邦最高法院对此案的判决意见包括以下三个方面：第一，被告在 1992 年从事转售未经原告允许而予以漂白及染色的牛仔裤，对被告的行为是否构成侵权的认定应以被告行为发生时有效的《1936 年商标法》为依据。该法采用的是商标权的国际穷竭原则，依照这一原则，平行进口不构成侵犯原告的商标权。第二，根据所有人的商标权，他有权禁止那些损害商标的来源及品质担保功能的行为，即使这种行为发生在贴附商标的商品被合法投放市场之后。若对商品的改变使商标商品的性能发生了变化，则可推定存在对商标权的侵犯。转售这种贴附了原告商标的牛仔裤损害了商标表明商标商品的稳定质量的功能，因此属于对商标的非法使用。第三，被告在其店内张贴的告示未能改变其行为的违法性。被告的告示与消除商标所固有的来源和担保功能并不相当。若商标商品被改变并随之被转售，则应在商品上贴附毫不含糊的告示，指明商品由第三人作过改变，以消除公众有关商品归属于商标权人的印象。这种告示必须做到使公众不再将贴附在商品上的商标作为商标权意义上的来源标志，明确只有处于原有状态的商品才是源于商标权人。因此，德国联邦最高法院支持了原告的诉讼请求。①

根据商标的双重功能说，当平行输入之真正商品与国内市场上同一品牌产品之品质一致时，除了不会产生来源混淆以外，也不影响商标之品质担保功能，不会导致消费者对商品的品质发生误认，因而不构成侵犯商标权。例如，1971 年，日本大阪地方法院的 Parker 案判决允许平行进口。

---

① 参见 28 IIC 131 (1997)。不过，有德国学者对该判决提出批评，认为品质担保功能也不必然地排斥国际穷竭。见 Florian Albert and Christopher Heath, *Dyed But Not Exhausted—Parallel Imports and Trade Marks in Germany*, 28 IIC 24, 29 (1997)。

该判决认为，商标具有区别商品的来源、担保商品的质量和商标所有人的信誉等项功能；商标保护的本质在于防止上述功能受到侵害，进口的 Parker 钢笔没有侵害该注册商标的来源表彰及品质担保功能，缺乏实质上的违法性；独占被许可人所获得的在日本使用注册商标的权利不因同一来源的商品的进口而受损。① 若产品的来源与质量相同，且国内的商标所有人或被许可人的声誉并不高于出口国的商标所有人所享有的声誉，则商标产品的平行进口就被允许。我国台湾地区板桥地方法院于 1991 年审理的"可口可乐"案，也是依据商标的双重功能说，允许商标产品的平行进口。在该案中，原告系可口可乐商标权人在台湾地区的被授权人，被允许在台湾地区制造、销售使用可口可乐商标的饮料产品。被告未经原告同意，输入由商标权人在新加坡的代理商所销售的使用同一商标的产品。原告指控，被告侵害原告的商标专用权，并以违背善良风俗之方法加损害于原告。板桥地方法院认为："惟商标系商品之识别标识，而商标法之所以保护商标权，其目的乃系在于防止商品来源、品质之混同误认，也即在避免商标之表彰来源功能、品质保证功能失其作用，又所谓品质保证功能，应系保证同一水准以上之品质，故只需在外国贴附系争商标者与商标权人有契约或经济上之结合关系，则第三人自该国输入同一商品，应不妨害商标表彰商品来源及品质保证之功能，即不违反商标法保护商标之目的，自无侵害商标权可言，应准予输入。"该法院于 1991 年 7 月 9 日判决驳回原告之诉。②

而在德国联邦最高法院的另一项判决中，该法院认为："在商标产品由商标权人投入市场之后，为商标法所承认的商标的来源和质量保障功能决不会因穷竭原则而受到影响。""商标充其量只是商品的来源和质量的标志，若允许商标权人禁止进口首次销售后的商品，则将导致依国家边界所进行的地域分割，以及由此带来的对价格和销售渠道的控制。"这种控制势必与一般的财产权制度及具有时间限制的权利的性质不相一致，商标权并未赋予商标所有人一种延伸至消费者的销售垄断。③ 因此，该判决否认

---

① See 2 IIC 325 (1971).

② 参见邱志平：《真品平行输入之解析》，82～84 页，台北，三民书局，1996。

③ See Florian Albert and Christopher Heath, *Dyed But Not Exhausted—Parallel Imports and Trade Marks in Germany*，28 IIC 24, 25 (1997).

了平行进口对商标的来源和质量保障功能存在损害。

三、有关商品之间的区别

（一）美国法上的"物质上的和要素上的区别"

在美国，与商标商品的进口有关的制定法包括《兰哈姆法》、《关税法》以及《美国海关（灰色市场）条例》。其中，《兰哈姆法》第 32 条规定，未经商标注册人的同意，任何人不得在贸易中以复制、模仿等方式对注册商标作会引起混淆、误解或欺骗的使用；《兰哈姆法》第 42 条规定，任何复制或模仿美国国内注册商标的进口商品都不得进入任何美国商店销售。《美国关税法》第 526 条规定，除非有权利人的书面同意，否则任何在国外制造并贴附由美国商标权人所有的商标的商品的进口应被禁止。《美国关税法》的这一规定对于灰色市场商品进口案件具有重要的意义。美国学者认为，根据法律解释原则，只有美国商标权人向美国海关提供其同意商品进口的书面通知，灰色市场商品向美国的进口才被允许。[①]

然而，自 1936 年以来，美国海关一直以其对《美国关税法》第 526 条的解释为依据，设置了一些例外，其中最有影响的例外之一为"附属关系例外"（又称为"共同控制例外"），即由商标权人或其附属公司在国外制造的灰色市场商品的进口将被允许。[②] 在其新条例颁布之前，美国海关一直全面采用附属关系例外。

在 20 世纪 80 年代，这种附属关系例外引起了广泛的争论。美国联邦巡回上诉法院及第二巡回上诉法院分别在 Vivitar 公司诉合众国案，以及 Olympus 公司诉合众国案这两起案件中承认了附属关系例外。[③] 然而，在美国商标保护联盟诉合众国案中，哥伦比亚特区巡回上诉法院却否认了美

---

① Theodore H. Davis, Jr., *Territoriality and Exhaustion of Trademark Rights under the Law of the North Atlantic Nations*, 89 Trademark Rep. 657, 691 (1999).

② 这一例外规定在《美国海关条例》第 133.21（c）条之中。参见 19 C. F. R. 133.21（C，1998）。

③ See Vivitar Corp. v. United States, 761 F. 2d 1552 (Fed. Cir. 1985); Olympus Corp. v. United States, 792 F. 2d 315 (2d Cir. 1986).

国海关有关附属关系例外的做法的有效性及与先例的一致性。① 在巡回上诉法院之间存在的这种分歧，促使美国联邦最高法院考虑附属关系例外是否代表了对制定法的可允许的解释这一问题。在 K-Mart 公司诉 Cartier 公司一案中，美国联邦最高法院在其措辞谨慎的判决中对"附属关系例外"予以支持。② 在该判决中，最高法院的多数意见没有认定美国海关对《美国关税法》第 526 条的解释错误，而是指出"如果制定法的规定不正确，则美国海关有权选择任何合理的界定方法对制定法予以解释，即由外国子公司或国内公司的分支机构制造的商品不属于外国制造的商品"③。最高法院将该案的判决意见限于与授权销售的商品没有任何区别的灰色市场商品之上。在该案中，美国联邦最高法院还将由美国商标权人的被许可人在国外的销售与由权利人自己或其附属机构在国外的销售区别开来，即根据《美国关税法》第 526 条规定，海关必须禁止由被许可人在海外销售的商品的平行进口。

　　美国商标法有关保护公众免受类似商品混淆之目标被认为是有关"实质性差异"案件的基础。④ 20 世纪 80 年代后期出现的一些商标判例表明，只要由商标权人自己或其附属商业机构在国外销售的商品与商标权人在国内销售的商品之间不存在差别，则这些商品的平行进口将被允许。⑤ 但是，当进口商品与使用同一商标的在内国销售的商品存在差别时，法院将认定消费者会受进口商品的误导。法院的推理是：消费者会相信，使用同一商标的进口商品与在国内制造并销售的商品具有同样的品质或特征；商标的功能就是要避免消费者对商品的性质或质量的混淆；在这种情况下，商标权人禁止平行进口的商标侵权之诉必须得到支持。

　　在阿巴拉契亚艺术品公司诉格林纳达电子公司案中，美国第二巡回上

---

①　Coalition to Preserve the Integrity of American Trademarks（COPIAT）v. United States，790 F. 2d 903（D. C. Cir. 1986）.

②　See Geoffrey M. Goodale，*The New Customs Gray Market Regulations：Boon or Bust for U. S. Trademark Owners*，AIPLA Quarterly Journal，Fall 2000，p. 343.

③　K-Mart Corp. v. Cartier，Inc. 486 U. S. 281（1988）.

④　Geoffrey M. Goodale，*The New Customs Gray Market Regulations：Boon or Bust for U. S. Trademark Owners*，AIPLA Quarterly Journal，Fall 2000，p. 345.

⑤　See K-Mart Corp. v. Cartier，Inc. 486 U. S. 281（1988）；Weil Ceramics and Glass，Inc. v. Dash 878 F. 2d 659（3d Cir. 1989）.

诉法院判决：根据《兰哈姆法》第 32 条，如果灰色市场商品会引起消费者的混淆，则与授权销售的商品存在差异的灰色市场商品的进口将被禁止；美国商标所有人可以获得禁止令救济。在该案中，上诉人系一项使用在一畅销玩具——碎布洋娃娃上的"甘蓝菜园"商标的权利人及该玩具的设计版权人，该权利人向许多国家的不同制造商颁发了制作并以"甘蓝菜园"商标销售这种玩具的许可证，并同时许可使用自己统一设计的"出生证"和"收养证"。许可合同中明确规定，每个被许可人只能在其被许可的地域内制作并销售这种玩具。被上诉人格林纳达电子公司系上诉人在西班牙的被许可人，享有在西班牙制作、销售该玩具的独占权。该公司以西班牙语印制了"出生证"和"收养证"。1985 年，被上诉人将其在西班牙制作的带有西班牙语的"出生证"和"收养证"的"甘蓝菜园"牌洋娃娃销往美国。美国第二巡回上诉法院认为，由于在国外制造的"甘蓝菜园"牌玩具与使用同样商标的类似玩具有很大的区别，前者的"出生证"和"收养证"使用的是西班牙语，而后者使用的是英语，这种差别将会引起消费者对产品来源的混淆，因此，该产品向美国的进口应被制止。①

在前述判例的基础上，美国哥伦比亚特区巡回上诉法院在 1993 年的 Lever 兄弟公司诉合众国案中，对于因灰色市场产品和经授权的美国商标产品之间存在差别，而应禁止灰色市场产品进口的规则作出了进一步的发展。该案判决针对与授权销售的商品存在差异的灰色市场产品对美国商标产品的信誉可能带来的影响，宣布了"附属关系例外"的无效，确立了影响深远的被称为"Lever 规则"（Lever-Rule）的判例法规则。在该案中，Lever 兄弟股份有限公司（"Lever UK"）是一家英国公司，该公司附属于 Lever 兄弟公司（"Lever US"），后者是一家美国公司。英国公司在英国制造了盾牌肥皂及日光牌洗涤液。与这两个公司没有附属关系的第三方在英国购买了上述产品后将其进口至美国。在英国制造的这两类产品与由美国公司在美国制造的同样品牌的产品有两个方面的区别：一方面，美国制造的产品有更多的泡沫，在这些产品上明确标注在"软水"中使用效果最佳（美国许多州的水质属于"软水"）；而英国制造的产品则在"硬水"条

---

① See Original Appalachian Artworks, Inc. v. Granada Elecs., Inc., 816 F. 2d 68 (2d Cir. 1987).

件下使用效果最好。同时，两地制造的产品的香味也不同。另一方面，两地制造的产品的包装不同。审理此案的美国哥伦比亚特区巡回上诉法院判决：《兰哈姆法》第 42 条禁止所使用的商标与有效的美国商标相同、而产品本身及产品包装不同的外国商品的进口。因此，第三方将在英国购买的产品进口至美国的行为被禁止。①

这一判决在美国学者之间引起了广泛的争论。许多学者对该判决持批评态度。一些批评意见认为，《美国商标法》第 42 条仅适用于假冒商品，而非灰色市场商品；美国哥伦比亚特区巡回上诉法院对该条的解释不准确。而赞同意见则认为，该判决极其重要并且恰当。② 事实上，该判决促使美国海关抛弃其自 1936 年以来一直采用的条例，并于 1999 年 2 月 24 日颁布新的灰色市场条例，该条例于 1999 年 3 月 26 日生效。③ 该条例取消了"附属关系例外"的规定，并确立了"物质上的和要素上的区别"（"Physical and Material Differences"）标准。前者包括商品的成分、特征以及使用效能等方面的区别；后者包括与包装、质量控制等有关的区别。根据该新条例，若美国商标所有人向美国海关提出请求，并证实灰色市场商品和国内市场上原有的商标商品之间存在区别，那么，美国海关将禁止灰色市场商品的进口。海关将从以下方面审查两类产品的区别因素：第一，两类产品的特定成分，包括化学成分。第二，两类产品的配方或产品结构。第三，两类产品的应用或运行特征。第四，其他可能会引起消费者混淆的因素。

但是，如果灰色市场商品上的商标已被去除，或者在灰色市场商品上增贴特殊的标签，用以指示该商品与由美国商标所有人授权销售的商品之间所存在的区别，则进口将被允许。④ 新条例中有关标签条款受到了批评。有美国学者认为，新条例中有关灰色市场商品的进口商可以选择增贴特殊标签方式的规定，与《兰哈姆法》不一致。这种方式也无法消除消费

---

① See Lever Bros. Co. v. United State，981 F. 2d 1330（D. C. Cir. 1993）.

② See Geoffrey M. Goodale，*The New Customs Gray Market Regulations*：*Boon or Bust for U. S. Trademark Owners*，AIPLA Quarterly Journal，Fall 2000，p. 349.

③ See Gray Market Imports and Other Trademark Goods，64 Fed. Reg. 9058（Feb 24th，1999）.

④ 对此，日本公平交易委员会持有类似的意见。参见邱志平：《真品平行输入之解析》，75 页，台北，三民书局，1996。

者的混淆。①

根据联邦最高法院在 K—Mart 公司案以及哥伦比亚特区巡回上诉法院在 Lever 兄弟股份有限公司案中的推理，与在美国境内授权销售的商品不存在差异的灰色市场商品的进口将不应受到禁止。一些法院的早先判决也表明了这一点。例如，第九巡回上诉法院在 NEC Elecs. v. CAL Circuit Abco 一案中认为，由于与由美国 NEC 公司（日本 NEC 公司的美国子公司）销售的计算机芯片完全一样，因此，由日本 NEC 公司制造并在国外销售的计算机芯片进口至美国不应受到禁止。② 然而，相反的判例同样存在。一些判例基于美国商标权人在产品上所享有的独立信誉，禁止完全相同的灰色市场商品的进口。③

上述判例确立了以下一项普遍的规则：只要美国商标权人自己，或其附属商业实体在国外销售了商标商品，并且该商品与国内授权销售的商标商品没有实质差异，则该商品的平行进口应被允许。这一规则又被称为"不完全的或有限制的国际穷竭原则"④。

（二）欧盟法上的"阻止商品再销售的合理理由"

对于商品投放市场之后商品的状况发生改变的情形，欧共体于 1988 年 12 月 21 日通过的《商标指令》将其规定为适用权利穷竭原则的例外。《商标指令》第 7 条规定："（1）商标权人无权禁止在由他自己或经其同意投放共同体市场的商品上继续使用原有的商标。（2）当存在阻止商品的进一步销售的合理理由，尤其是当商品投放市场之后，其状况被改变或被损坏时，不适用第（1）款。"

在欧盟法院的判例中，有不少涉及再包装或再贴附商标的产品的平行进口。在这些判例中，欧盟法院运用商标的基本功能和特定主题的学说，适用欧共体《商标指令》第 7 条的规定。其中，《商标指令》第 7 条第

①　See Geoffrey M. Goodale, *The New Customs Gray Market Regulations*: *Boon or Bust for U. S. Trademark Owners*, AIPLA Quarterly Journal, Fall 2000, p. 336.

②　See 810 F. 2d 1506（9th Cir. 1987）.

③　例如，美国第三巡回上诉法院在一起案件中即禁止相同灰色市场商品的进口。参见 Premier Dental Prods. Co. v. Darby Dental Supply Co., 794 F. 2d 850（3d Cir. 1986）.

④　Margreth Barrett, *A Fond Farewell to Parallel Imports of Patented Goods*: *The United States and the Rule of International Exhaustion*,（2002）12 EIPR 571.

（2）款的解释是关键的问题。第 7 条第（1）款规定了商标权的共同体穷
竭；第（2）款则规定了不适用第（1）款的例外情形，即"存在阻止商品
的进一步销售的合理理由，尤其是当商品投放市场之后，其状况被改变或
被损坏"。因此，对于再包装或再贴附商标的产品的平行进口案件，欧盟法
院首先需要确认的是，这是否属于上述第（2）款的情形。也就是说，认定
"再包装"或"再贴附"是否属于上述"阻止商品再销售的合理理由"。

　　一般说来，"阻止商品再销售的合理理由"包括以下两种情形：一是
商品的物理状况发生了变化；二是商品的"精神状况"发生了变化。

　　例如，在 Hoffmann-La Roche v. Centrafarm 案①中，被告 Centrafarm
公司在英国购买了由 Hoffmann-La Roche 投放市场的成包的 VALIUM 牌药
片，未经商标权人 Hoffmann-La Roche 的同意，将这些药片重新包装，并在
新包装上重新贴附 VALIUM 和 ROCHE 这两个商标，而后将这些经重新包
装及重新贴附商标的药片进口至荷兰销售。欧盟法院认为，重新包装对产
品的原始状况没有不利影响。也就是说，被告的再包装及再贴附商标行为
未构成"阻止商品的进一步销售的合理理由"。在同时具备其他条件的情形
下，被告的行为不应被禁止。在 1997 年的 Ballantine v. Loendersloot 案②
中，欧盟法院指出，保护商标所有人的合法利益尤其意味着"被重新包装
的产品的原有条件必须不受影响，重新贴附商标也不应损害商标及其所有
人的声誉"；除非权利人的行为有违《欧共体条约》第 30 条的规定，否则重
新包装及重新标签的行为应被禁止。在该案中，欧盟法院特别指出，若某
种变化使消费者产生一种商品存在瑕疵的回忆（"精神状况"的变化），则
商标权人寻求制止再包装商品的进口就具有了正当性。

　　近年来，传统的将商标保护的正当理由仅仅归结为保障产品的来源和
质量开始受到一些西方学者的质疑，这种传统的商标理论被认为已经过
时。③ 虽然保障产品的来源构成商标理论的重要组成部分，但是，这一理
论应有所发展，应该同时关注蕴涵在商标价值中的权利人所作的实质性投

---

① See Case C-102/77，（1978）ECR 1139.

② See Case C-349/95，（1998）1 CMLR 1015.

③ See Marleen Van Kerckhove & David Perkins, *European Community and International Exhaustion：Shades of Grey*，PLI's Seventh Annual Institute for Intellectual Property Law（July 2001）.

资。由此观之，商标权与著作权和专利权并无实质性差别，对商标权采用国际穷竭的正当理由也就不复存在。①

第三节　商标保护的双重目的

一、商标保护双重目的的含义及其历史演变

与商标的性质和功能相联系，商标保护的目标或宗旨有典型的双重性：其一是保护消费者利益，确保其免受混淆；其二是保护商标所有人的利益，确保其免受假冒和盗用的损害。因此，同时保护消费者和商标所有人的利益成为商标法中一项基础性原则。许多国家或地区的商标立法都明确规定了其立法目的是保障经营者的商标权及消费者的利益，促进经济的发展。例如，我国现行《商标法》第1条规定的立法宗旨就包括了"保护商标专用权，促使生产、经营者保证商品和服务质量，维护商标信誉，以保障消费者和生产、经营者的利益……"我国台湾地区的"商标法"第1条也规定，"为保障商标权及消费者利益，维护市场公平竞争，促进工商企业正常发展，特制定本法"。商标法既保障公众免于混淆，又保护商标所有人免于丧失其市场。因此，与专利法和著作权法以鼓励创新为其主要目的相比，商标法保护公众免受因竞争者对类似商标的不受约束的使用引致的混淆和欺骗，减少比较购物的困难以增强竞争，保护商标所有人在与其商标联系在一起的商业信誉和商品声誉上的投资，防止不正当的竞争行为。由于这类法律的目的有别于为创新提供激励，它们也就有与专利权、著作权保护相异的规则。保护商标的法律只是禁止在任何情形下的混淆，因此，与著作权法、专利法不同，这一领域中的法律没有绝对地制止复制或模仿。不过，商标法只规定了商标的所有者与使用者对商标侵权的诉因（诉讼理由），而没有为受损害的消费者提供直接的诉因。对消费者的保护主要通过《消费者权益保护法》实现。在普通法上，商标法被认为是反不正当竞争法的一部分。所以，只有在可能出现

---

① See Marleen Van Kerckhove & David Perkins, *European Community and International Exhaustion：Shades of Grey*, PLI's Seventh Annual Institute for Intellectual Property Law (July 2001).

竞争的情况下，如销售的地域相同及商品相同或相近，才会产生商标保护问题。

　　消费者利益与商标所有人利益之间有固有的一致性这一现代观念可追溯至四百年前，商标法律制度产生之际。在美国，表达了这两种利益的一致性的最早的判例出现在 1849 年，在 Amoskeag 制造厂诉 Spear 案中，Duer 法官注意到公众和商标所有人之间维系在一起的利益，他指出，保护制造商使用商标的"不可置疑的权利"，也保护了公众的利益。侵权行为既欺骗了公众，又欺骗了商标的真正所有者；购买者获得其本不想购买的物品，所有人失去其辛苦培育的信誉的成果。① 五年以后，同一个法院在另外一起商标侵权案件中进行了类似的推理。该案涉及由同一制造商制造的两种质量不同的钢笔，在钢笔的包装盒上有标识不同质量的标记。被告在包装盒上作了错误标识，将低质量的钢笔标识为高质量的钢笔。审理该案的法官赞同 Duer 法官在 Amoskeag 案中的意见，并确立了双重欺骗的观念，认为被告的欺骗行为具有双重性，该行为同时损害了公众利益及商标权人的利益。② 对于上述两项判决，Francis H. Upton 给予了高度的评价。在其发表于 1860 年的有关商标法的论文中，他认为上述判决是商标保护双重目的的实践。③ 由 Duer 法官首先提出并经 Upton 作出总结的这种新的模型，将公众利益及商标权人的利益紧密地联系在一起。在 19 世纪与 20 世纪交替之际，双重目的之观念在美国商标法中被牢固地确立下来，它被视为商标保护的基础。

　　在 19 世纪后半叶的商标保护理论及判例中，商标所有人的利益与消费者的利益几乎融为一体。例如，1863 年的一项判决认为，"诉讼不但涉及其商标被盗用的经营者，而且涉及受骗购买了质量低下的商品的购买者"④；而另一个被奉为真正的商标侵权第一案的判例则是建立在消费者

---

　　① See 2 Sand. Supp. 599 （N. Y. City Super. Ct. 1849）.

　　② See Gillott v. Kettle, 3 Duer 624，627 （N. Y. City Super. Ct. 1854）.

　　③ See Timothy H. Hiebert, *Parallel Importation in U. S. Trademark Law*, Greenwood Press，1994，pp. 22 - 23.

　　④ Leather Cloth Co. v. American Leather Cloth Co.，46 Eng. Rep. 868，869 （1863）.

与商标所有人两者的身份一体化的基础之上。① 1976 年的一个判例甚至明确宣称，"公众所享有的不受混淆的权利"与"商标所有人支配其产品声誉的权利"同义。② 这种不加区分地对待消费者利益与商标权人利益的做法实际上使商标保护的双重目的异化，以此为基础建立起来的商标保护制度存在着难以克服的缺陷，只是这种缺陷长期以来未被发现或者说未被重视。事实上，商标所有人的利益与消费者的利益之间必然存在区别，平行进口情形下两者的利益即出现了不一致。

　　由于强调消费者利益与商标权人利益的一致性，在一般的商标侵权案件中，侵权的认定实际上要考虑公众的利益是否同时受到损害，即竞争对手的行为是否使公众产生了误解、混淆或者受到了欺骗。普通法上的商标保护历史表明，商标法并不保护抽象意义上的商标或其他贸易标志。只有当商标在市场上使用，并且只有当被控侵权的标志的使用使有关产品或服务的来源，或者产品或服务的提供者之间的关系产生了混淆的可能之时，商标法才予以保护，至于是否具备充分的混淆的可能因而应获得法律救济，则取决于各种情形。此外，有的判例还表明，在公众中的混淆必须是会发生的，仅仅"有可能"混淆并不够。③ 德国的学者和律师一致认为，在商标和商品均相同的情况下，无须混淆危险这一要求。在绝大多数欧共体成员国，经过协调之后的商标法对于商标相同，商品或服务也相同的情形均不再规定"混淆的可能性"这一要求。④ 而"混淆的可能性"原来一直是商标法所规定的构成商标侵权的前提条件。

　　如今，世界各国的商标法均体现了上述双重目的，但不再像历史上

---

① See Timothy H. Hiebert, *Parallel Importation in U. S. Trademark Law*, Greenwood Press，1994，pp. 24 - 26.

② See James Burrough Ltd. v. Sign of Beefeater, Inc. , 540 F. 2d 266, 274 (7th Cir. 1976).

③ 参见 Mother's Restaurants Inc. v. Mother's Bakery, Inc. , 498 F. Supp. 847, 855（W. D. N. Y. 1980）（"必须同时考虑所有相关的因素……没有任何一个因素是决定性的"）；Jordache v. Hogg Wyld, Inc. , 828 F. 2d 1482, 1485, 1487~1488 (10th Cir. 1987)（只存在流行牛仔裤"Jordache"的消费者将该种牛仔裤与"Lardashe"牌牛仔裤相混淆的可能性，这并不够）。

④ See Jochen Pagenberg, *The Exhaustion Principle and "Silhouette" Case*, 30 IIC 19，24 (1999).

那种二位一体式，而是一种在承认两者利益的区别性基础上的一致性。长期以来，人们一直没有注意到上述双重目的之间存在冲突或不一致的可能性。在通常情况下，商标所有人的利益与消费者的利益之间不存在冲突。但是，如前所述，这两种利益不可能是二位一体的，它们之间必然存在区别与分歧，有时还有冲突。至1945年，美国第二巡回上诉法院法官 Jerome Frank 在 Standard Brands v. Smidler 案的并存意见中透露了如下信息：法院没有停止探询在保护消费者的目标和保护商标使用人的目标之间是否存在任何冲突。① 而平行进口现象为这种探询提供了事实依据，在许多平行进口场合，消费者的利益与商标所有人的利益分离了，前者因平行进口所带来的价格差而获益，而后者则因此受损。这种现象表明，平行进口引发了原本和谐一致的知识产权人的利益与消费者利益的分歧甚至冲突。在平行进口案件中，若保护国内商标所有人或其他有关权利人的利益，则意味着无视对公众并不存在欺骗这一事实，即公众的利益并未受到损害；若允许平行进口，强调公众利益，则意味着对商标所有人及有关权利人利益的忽视，这是平行进口现象给传统的商标保护理论所提出的两难问题。因此，解决商标产品平行进口问题的关键在于对消费者的长期利益与知识产权保护的短期利益之间的冲突的协调。

　　由此可见，商标保护的双重目的理论历经曲折的发展演变过程，平行进口问题更是给该理论带来了更加多样化的诠释。它因不同的历史时期、不同国家的司法机关、同一国家的不同法院甚至于同一法院的不同法官的不同解释而被赋予了不同的意义，并因此产生不同的适用情形。在20世纪80年代至90年代初期的许多与商标有关的英国判例均倾向于保护商标权人，如1989年的 Colgate—Palmolive 股份有限公司诉 Markwell 信贷股份有限公司案。在商标侵权案件中，公众与私人这一基本的二元论成为一种有价值的分析工具，双重目的范式将作为一种弹性并通用的观念继续存在下去。②

----

　　① See 151 F. 2d 34，40（2d Cir. 1945）.

　　② See Timothy H. Hiebert, *Parallel Importation in U. S. Trademark Law*, Greenwood Press，1994，p. 36.

二、商标保护双重目的理论在平行进口案件中的运用

尽管平行进口引发了原本和谐一致的知识产权人的利益与消费者利益的分歧甚至冲突，然而，美国有关平行进口的判例法却向我们展现了一种有趣的现象。在这些判例中，我们发现了商标保护双重目的理论的影响，而且，无论是允许还是禁止平行进口均同样是基于对消费者利益和权利人利益一致性的强调。例如，美国第一个有关平行进口纠纷的判例，即1886 年的 Apollinaris 公司诉 Scherer 案，其主审法官 William Wallace 的推理方法就深受当时流行的商标保护双重目的理论的影响。Wallace 法官对该理论的解释是：只有消费者和相关权利人的利益同时受到损害，商标侵权才能成立。在该案中，原告 Apollinaris 公司根据其与一匈牙利商标权人之间的合同，作为在美国和英国的独占经销商销售商标权人的"Hunyadi Janos"牌瓶装水。为了防止平行进口商争夺原告的市场，在原告与商标权人之间的协议中规定，由商标权人投放在欧洲大陆的瓶装水上贴附"本品非用于出口"的警示标签。但是，第三人即本案被告从一德国经销商处购买到一批同一品牌的瓶装水后，却进口至美国，并在美国市场上以远低于被授权经销商即原告的价格销售。原告请求法院禁止被告未经授权的进口。但是，Wallace 法官认为，商标的唯一功能是担保有别于所有假冒品的商品的真实来源；平行进口商销售真正的"Hunyadi Janos"牌瓶装水，其行为不构成对消费者的任何欺骗。从双重保护目的的角度看，无论是公众还是私人利益均未受到平行进口行为的损害，因此，原告的禁令请求最终被驳回。① 若从商标功能的角度看，Wallace 法官在该案中系持单一功能说；从权利穷竭的角度看，Wallace 法官在该案中系持国际穷竭原则，即"一旦商标产品被投入商业流通领域，商标权人对其商标产品的控制权即告终止"。"无论从何处购得该瓶装水的任何购买者，均获得所购瓶装水的财产权"②。

20 世纪 20 年代出现的 Bourjois v. Katzel 案③带来了对商标保护的双重目的的全新思考。可以这么说，美国联邦最高法院对该案的判决确立了

① See Apollinaris Co. v. Scherer, 27 F. 18 (C. C. S. D. N. Y. 1886).

② Apollinaris Co. v. Scherer, 27 F. 21 (C. C. S. D. N. Y. 1886).

③ See 260 U. S. 689 (1923).

美国现代平行进口案件的法律基础。在该案中，原告 Bourjois 公司在 1913
年受让了一法国制造商在美国的用于化妆品上的 Java 商标的商标权，此后
原告从法国进口该制造商生产的化妆品，并重新包装后在包装盒上贴附 Ja-
va 商标，同时投入大量资金用于广告宣传。被告从法国零售商处购得同一
品牌的产品，并以原包装进口至美国，在美国市场上销售。原告指控，被
告在美国销售同一商标的同类产品侵犯了原告在美国的商标权。该案经美
国联邦地区法院及联邦巡回上诉法院审理后出现了三种不同的意见，它们
表现了有关商标法和平行进口的不同的司法推理模式。联邦地区法院同时
考虑公众与个人两方面因素，既注意公众对商标的理解，又顾及有关权利
人的期待利益；上诉法院中的多数意见则只关注一般意义上的来源因素，
只强调公众利益；而上诉法院中持反对意见的法官则认为私人利益即商标
权人的利益是唯一应受保护的利益。联邦最高法院对该案的最终的判决意
见同时否决了上诉法院中的多数意见和反对意见，而赞同地区法院的推理，
接受其判决中所划定的宽泛的范围，即同时涵盖私人利益与公众利益。霍
姆斯（Holmes）大法官不但考虑保护商标权人利益的重要性，而且关注公
众了解商标产品来源的有关因素。霍姆斯大法官认为，作为原告努力的结
果，美国公众已经将 Java 牌商标的商品理解为均来自原告。因此，霍姆斯
大法官的结论是，制止平行进口商品的销售，保护国内商标所有人免受来
自品牌内竞争的威胁，这既符合商标权人的利益，也符合公众的利益。

　　20 世纪 80 年代出现的判例则通过采用"品质担保"观念重新将公众
利益及商标权人利益这两组利益联系在一起。依照这种方法，国内商标权
人的利益通过禁止平行进口得到保护，与此同时，消费者利益也通过保护
其对表明质量的商标的信赖而获得保护。

　　值得注意的是，在同一时期，与美国法官关注商标保护的双重目的不
同，英国法官倾向于重视注册商标所有人与其被许可人之间的商业安排，
而不太考虑消费者所受到的影响。Apollinaris 公司作为"Hunyadi Janos"
牌瓶装水在英国的独占经销商，几年后在英国提起了类似的诉讼，并胜
诉。[1] 在该案中，法官对平行进口商与被授权经销商之间的关系的性质给
予了更多的关注，指出商品上的标签已经警示平行进口商有关原告和德国
制造商之间的合同安排，平行进口商应意识到被授权经销商的权利。英国

---

[1]　See Apollinaris Co. v. Snook，7 R. P. C. 474（1890）.

的做法与同一时期德国的 Kohler 所倡导的国际商标法的视角有类似的单面性。只是后者系从商标的联系功能（Communicative Function）出发，排除了对商业事实的任何考虑。[1] 本书将在第五章对从契约的角度规范平行进口问题进行专门探讨。

第四节　假冒、"搭便车"与平行进口

在普通法国家，与商标保护的功能及双重目的相联系，发展出两套商标保护的理论，即假冒（passing off 或 palming off）理论及"搭便车"（free riding）理论。前者主要以侵权理论为基础，它关注的是消费者是否受到损害，即是否受到假冒商品的欺骗或混淆，这既包括受有关贸易来源上的虚假表示的影响，也包括受商品或服务的等级或质量上的虚假表示的影响；后者则主要以财产权理论为基础，它关注的是经营者的财产（主要表现为信誉）是否被盗用，即关注进口商是否未经付费利用商标上的利益。在平行进口领域，假冒与"搭便车"理论可以为进口保护提供另一组可供选择的正当理由。

一、平行进口中的假冒问题
（一）普通法上的假冒诉讼及商标保护的发展

在英国以及一些早期的美国判例中，"假冒"一词与有关贸易身份的不正当竞争同义。[2] 对"假冒"的经典表述出现在 1896 年的 Reddaway

---

[1]　See Timothy H. Hiebert, *Parallel Importation in U. S. Trademark Law*, Greenwood Press, 1994, p. 34.

[2]　在现代的美国判例中，该词指称不加说明地以一方的产品替代被要求提供的另一方的产品，这种替代行为被视为不正当竞争行为而受到禁止。例如，在可口可乐公司诉 SCRIVNER 案中，被告在自己的营业场所将外观与原告的类似的饮料百事可乐，作为替代品提供给要求提供可口可乐饮料的顾客。被告对其替代行为未向顾客作任何解释或说明。美国加利福尼亚南部地区联邦地区法院认为，这种替代和"假冒"欺骗了公众，原告有权获得永久禁令。参见 the Coca-Cola Co. v. Scrivner, 117 U. S. P. Q. 394 (1958)。

v. Banham 案的判决中，在该判决中，Halsbury 勋爵指出："任何人都无权将自己的商品表示为其他任何人的商品。"① 经过此后的一些判例的发展，这里的表示方式的范围不断扩大，许多行为被纳入了"假冒"的范畴。例如，除了传统的有关贸易来源上的虚假表示以外，有关商品或服务的等级或质量上的虚假表示（如将原告的某一质量等级的商品表示为另一种等级的商品）也构成假冒。根据假冒理论，假冒行为导致了商品出处的混淆，欺骗、误导了消费者，构成了不正当竞争。

　　从 17 世纪初叶开始，英国通过普通法独创的"假冒诉讼"实现对商标在先使用者的保护。② 商标保护的目的与商标使用的目的（或商标的功能）直接相关。几个世纪以前，当中世纪的行会会员通过将其行会标志贴附在所出售的商品上以表明商品的制造者时，其目的是为了指示商品的来源。保护使用商标的行为是早期商标保护的基本内容。早期的保护要求表现为，禁止竞争对手对与自己的商标相同或近似的标志作持续性并有可能欺骗顾客的使用。英国衡平法院率先受理了对模仿行为的禁令请求，禁止混淆商品出处的行为。在这一阶段，判例法对商标的保护通过假冒诉讼实现。大约两百年之后，美国也出现了对商标案件的判例法保护。许多早期的美国商标判例认为，通过先使用人的使用所获得的某些特性会成为在后使用人以混淆性的类似使用进行欺骗的原因，因此，先使用人应该受到保护。这些判例所体现的基本原理是保护先使用免受欺骗行为损害。与此相适应，在初期阶段，英美普通法中的商标保护仅仅意味着禁止"假冒"，即禁止以一生产者的商品冒充另一生产者的商品。它不是从商标独占使用的角度而是从商品出处不被混淆的角度提供保护。

　　禁止欺骗以及与商品来源有关的混淆一直是为普通法所承认的商标法

————————————

　　① M. R. Cornish，*Intellectual Property*，Sweet & Maxwell，1996，p. 533.

　　② 在"Jif Lemon"一案中，Oliver 勋爵详细地阐述了假冒诉讼的成立需要具备的三个要素：（1）原告已经在相关的商品或服务上确立了信誉；（2）被告向公众有意或无意地作了虚假表示，使后者误以为由前者提供的商品或服务系原告的商品或服务；（3）原告遭受或可能遭受损害。而在"Advocaat"一案中，Diplock 勋爵则列举了假冒诉讼成立的五项最低要求：（1）存在一个虚假表示；（2）在贸易过程中由经营者作出；（3）向其产品或服务的潜在顾客或最终消费者作出；（4）该虚假表示很可能损害另一个经营者的经营或信誉；（5）该虚假表示给原告的经营或信誉带来了实际损害。参见 M. R. Cornish，*Intellectual Property*，Sweet & Maxwell，1996，p. 535.

的目标。正是在这一意义上，在英美法系国家，其传统的商标法被视为反不正当竞争法的组成部分，所有的商标案件事实上都是不正当（unfair）竞争案件。"使用"、"公平"（fairness）以及与其直接相关的"欺骗"与"混淆"成为普通法上商标保护制度中的重要概念。这表明，普通法上的商标保护体现的是竞争法理。这种保护理念也渗透到普通法国家的制定法之中，关于商标以及其他识别商品和服务来源方法的制定法，也是建立在禁止有关商品或服务的混淆这一命题之上。①

普通法上的商标与商业活动须臾不可分。只有在与某一商业活动相联系时，"商标"才有可能存在。有关商标的普通法围绕着成为其基本理论基础的使用原理，随着个案的累积而渐趋成熟。它从起初的仅仅为商标使用人提供制止商品来源混淆的禁令救济，发展到可以为商标使用人提供一种类似于所有权那样的绝对权的救济。

通过对英美相关判例的比较，我们可以发现，英美法院对商标保护对象的认识虽然基本一致，但是对于因商标使用而产生的权利效力的认定却存在分歧。在1879年的联邦政府诉斯蒂芬案中，美国联邦最高法院认为，采纳并使用某种标志以识别自己的商品而与他人的商品相区别的权利，是一种早已为普通法所承认的财产权。② 但是，英国法院对此却持一种较为审慎的态度。它们恪守假冒诉讼的界域，即该诉讼只应延及对既存商业信誉（或贸易声誉）的保护，并且强调受假冒诉讼保护的是商誉而不是更为广泛而持久的财产权。为了平衡假冒诉讼中广泛的责任形式，英国法院拒绝将因商标的使用而产生的权利视为一种完整的财产权。③

当财产观念适用于贸易领域中的标志之时，产生了下列理论问题：由

---

① See Beverly W. Pattishall, David Craig Hilliard & Joseph Nye Welch II, *Trademarks and Unfair Competition*, Matthew Bender & Co., Inc, 1998, pp. 1 - 3, pp. 2 - 3, p. 131, p. 7.

② See United States v. Steffens, 100 U. S. 82, 25 L. Ed. 550.

③ 出于对假冒行为所带来的严重威胁的认识，普通法上的假冒诉讼确立了如下法律原则：即使被告不知（innocent）诉讼也成立；只有未来损害的可能而无实际损害的证据也可给予救济。这使得假冒诉讼比之其他许多侵权诉讼走得更远。因此，为了避免矫枉过正，英国法院同时对因商标的使用而产生的权利给予了限定。参见 M. R. Cornish, *Intellectual Property*, Sweet & Maxwell, 1996, p. 533, pp. 543 - 544.

普通词汇构成的商标或许具有强烈的来源识别意义，但却几乎不可能被合法地归类为任何人的"财产"；"财产"的概念在逻辑上与传统的有关来源欺骗的基本原理不相协调。① "律师和法院很快就发现，他们原有的财产理论不奏效了。在那些用于识别特定人商品的标签的颜色、印刷字体的排列、瓶子的形状或者其他许多诸如此类的事物之上不存在可供主张的财产。"②

英国法院在许多判例中重申，"在商标上不存在任何财产"，普通法通过其假冒之诉保护的是借助于商标培育起来的商业信誉。③ 在 1916 年审理的一起案件中，美国最高法院大法官 Pitney 针对最高法院在联邦政府诉斯蒂芬案中的意见，作出了进一步的说明。④ Pitney 大法官认为，将对商标的独占使用的权利归于财产权的范畴只在下列意义上成立：对商标的独占使用的权利实际是指人们持续享有其贸易声誉和商业信誉、防止他人侵害的权利（这是一种财产权）⑤；商标只是一种用于保护这种财产的手段或者工具。将近三十年之后，同为最高法院大法官的 Frankfurter 提出，"如果他人侵犯了所有人营造起来的某一标志的商业吸引力，则该所有人能够获得法律救济"⑥。由此，判例法上的保护对象也被称为"商业符号的吸引力"（"drawing power of a commercial symbol"或"the commercial magnetism"）。

与对保护对象的认识相一致，普通法上的商标所有人所享有的权利（即禁止他人模仿的权利）有其特定的内涵。正如前文所述，英国法院拒绝将因商标的使用而产生的权利视为一种完整的财产权。与完整意义上的

---

① 有学者推测，将包括商标权在内的贸易身份权（trade identity rights）作为财产权的观念或许是由于将它们错误地等同于专利权的结果。参见 Beverly W. Pattishall, David Craig Hilliard & Joseph Nye Welch II：*Trademarks and Unfair Competition*，p. 6。

② Edward S. Rogers，*Good Will*，*Trademarks and Unfair Trading*，pp. 126 - 127（1914）.

③ See Perry v. Truefitt, 6 Beav. 73；Collins Co. v. Brown, 3 Kay & J. 423，426.

④ See Hanover Star Milling Co. v. Metcalf, 240 U. S. 403（1916）.

⑤ 通过这一限定，美国法官眼中的商标所有人所享有的权利的效力回复到英国法官所赋予的效力范围之内，两者在此也取得了一致。

⑥ Mishawaka Rubber & Woolen MFG Co. V. S. S. Kresge Co.，316 U. S. 203（1942）.

具有独立性的财产权不同，这种权利与所有人的营业（以及蕴涵其中的商誉）如影随形，它只在所有人的营业存续期间有效。因此，它不能被单独转让，只能与所有人的营业（及其商誉）一道转让。在英美法的历史上，商标所有人所享有的权利应与其所附属的营业一并转让这一观念被严格地遵守。英国的判例表明，如果违反了这一规则，那么转让人和受让人都将面临着危险：转让人将随之失去自己的利益，受让人则没有赖以提起诉讼的属于自己的商誉。在美国联邦商标法那里，普通法的这一规则被法典化："一件已经注册或已经申请注册的商标应可以连同使用该商标的营业的信誉，或者连同与该商标的使用有关并由该商标所象征的那部分营业的信誉一道转让。"①

至此，我们可以勾勒出如下普通法上商标保护的逻辑关系：商标所有人所享有的权利是一种与所有人的商誉不可分的受到限定的财产权；受保护的是主体的贸易声誉或商业信誉；商业信誉是通过商标的使用获得的；商标所充当的是一种工具或手段的角色。

（二）平行进口中的假冒问题

如前所述，普通法通过其假冒之诉保护借助于商标培育起来的商业信誉。随着普通法的发展，除了传统的有关贸易来源上的虚假表示以外，有关商品或服务的等级或质量上的虚假表示也构成假冒。后者同样会导致对消费者的欺骗，并给权利人的信誉带来损害。因此，当平行进口商品与内国市场上的授权销售的商品之间存在质量差异时，就会产生假冒问题。例如，在本章第二节中讨论的 Colgate—Palmolive 股份有限公司诉 Markwell 信贷股份有限公司案中，由巴西子公司制造、销售的两种类型的牙膏被 Markwell 信贷有限责任公司平行进口至英国并在英国市场销售。这些巴西制造的牙膏的质量低于英国子公司制造的同一品牌的牙膏的质量，但却以与英国 Colgate 公司制造的牙膏类似的外观与后者竞争。原告指控，知道英国 Colgate 公司制造的牙膏的英国消费者被误导，他们会以为由巴西子公司制造的两类牙膏与英国 Colgate 公司制造的牙膏有相同的来源和一样的质量。原告同时提起假冒之诉和侵权之诉。被告提出以下两点作为其对假冒的抗辩：（1）不存在虚假陈述。因为被进口的商品即是它自己所表示的商品，即 Colgate 牙膏，表明了牙膏的真实来源，这不属于被

---

① 15 U. S. C. § 1060.

告企图将自己的商品冒充为原告制造的商品的情形。（2）若公众受到欺骗，也不是由于被告的虚假陈述，而是由于原告以同一商标使用于不同品质的牙膏之上。也就是说，若原告想获取世界范围的承认，则其必须为此付出代价，即必须预见商品会从一个市场转移至另一市场，若低质量商品被作为高质量商品也不能抱怨。针对上述抗辩，主审该案的 Lloyd 勋爵认为，被告的行为构成假冒。首先，Lloyd 勋爵发现被告销售巴西制造的牙膏已经产生欺骗后果。例如，有零售商以为巴西制造的牙膏与英国的一样，其外文包装被认为是在英国制造以用于出口的。由于使用同样的商标及类似的外观，低质的进口商品与高质的本地商品产生了混淆，被告的行为暗示了巴西制造的牙膏与英国市场上原有的高质量的牙膏一样。其次，Lloyd 勋爵认定被告销售巴西制造的牙膏将会给原告在英国的信誉造成实际损害。Colgate 商标的信誉不但与其商业来源有关，而且与商品的质量有关。由于进口商品未能满足消费者的质量期待，这势必给原告的信誉带来损害。本案原告已经尽了最大努力，保证低质量的牙膏仅限于巴西或有限的出口市场销售。如果在英国市场上，本来就存在两种不同质量的商品，则情形会完全不同。但是，事实上在英国市场只存在一种质量标准的牙膏，虽然采用四种不同的包装，消费者已经形成了对高质量的英国牙膏的期待。在对假冒的认定上，本案关注的不在商品来源的混淆，而在保护信誉免受低质商品的损害。① 该案判决告诉我们，损害商标的品质担保功能的行为构成普通法上的假冒行为。

二、平行进口中的"搭便车"问题

　　平行进口所涉及的商品不是一般意义的假冒商品而是真正商品。从商标的来源表彰功能的角度看，在这种情况下，消费者一般不会产生来源混淆。因此，平行进口不构成商品来源上的假冒。同时，若平行进口商品与内国市场上授权销售的商品不存在任何质量等级上的差异，则平行进口也不构成商品品质上的假冒。例如，在 1930 年的 Champagne Heidsieck et Cie Monopole Societe Anonyme v. Buxton 案中，英国上诉法院的 Clauson 法官认为："若存在两种分别以标记 A 及标记 B 销售的葡萄酒 A 及葡萄

---

①　See（1989）R. P. C. 497.

酒 B，则以标记 A 销售原本使用标记 B 的葡萄酒应被禁止；若制止以标记 A 销售葡萄酒 A 则令人费解。"① 在 1980 年的 Revlon 公司诉 Cripps & Lee 案件中，Templeman 法官也发表了以下类似的意见："在任何情形下，被告在对商品的内容、名称及商标未作任何变更的条件下，销售由 Revlon 公司（原告）制造、贴附商标并投入市场的商品不构成假冒。被告所销售的商品即是被告所指称的商品。"②

因此，若在上述情形下，仍然采用传统的假冒理论，则几乎会无一例外地得出支持平行进口的判决。"搭便车"意味着一方无须花费或只需作少量投资，而可利用另一方花费巨资或巨大努力所建立起来的品牌形象和信誉推销自己输入的产品。一些美国判例就是运用"搭便车"理论禁止平行进口。例如，在一项判决的多数意见中，Liebeler 法官认为，未经授权的进口商"在自己未播种的地方收获"，这是构成不正当竞争和侵犯商标权的基础。③ 如今，"搭便车"实际上已经成为"不正当竞争"的同义词。在我国台湾地区的立法中，这类行为被纳入公平交易法所规范的"显失公平之行为"范畴。

第五节　普遍性原则与地域性原则

一、普遍性原则及其在平行进口案件中的应用

"普遍性原则"（Universality Principle）盛行于 19 世纪末。该原则反映了商标法的一种环球视角，同时也反映了人们对商标权与专利权、著作权所作的二分法，即商标权不受地域限制而具有世界范围内的普遍性，专利权和著作权则受地域限制而只在本国地域范围内有效。这种二分法取决于商标权与专利权、著作权传统上的不同的产生途径：专利权与著作权是由制定法创设并规范的，而商标权并非由制定法创设，它依据商标的使用而取得，是一种判例法上的权利。

1873 年，William H. Browne 首次使用"普遍性"一词，他在其有关

---

① （1930）47 R. P. C. 28.

② （1980）F. S. R. 85.

③ See In re Certain Alkaline Batteries，225 U. S. P. Q. （BNA）823.

商标法的论文中提出，商标的价值远远超出受时间和地域限制的专利或著作权，贸易标志与贸易本身的存续时间相等，并具有世界范围内的普遍性。[1] Browne 是在商标有着超越一国地域范围而被广泛认知的意义上使用"普遍性"一词。20 世纪后半叶发表的许多著述认为，被视为德国知识产权法之父的 Josef Kohler 是普遍性原则的第一个重要倡议者。Kohler 认为，专利法和专利权具有地域性，专利权人可以在不同的国家拥有各自独立的专利权。与此不同，Kohler 提炼了被称为"商标法的一致性和普遍性的原则"，他认为，"商标权作为一种人格权利，不受地域限制，它在国内和国外都会受到损害"。而当时法国和比利时的做法是，只有当所涉商品实际在本国制造，才保护外国所有人的商标。因此，法国和比利时的方法受到 Kohler 的批评。Kohler 的这种国际商标法的观念对当时的德国和欧洲大陆其他国家产生了直接的影响。[2]

德意志帝国法院在一项判决中认定，一旦商标所有人将其商品投放市场，则其无权禁止该商标产品的进一步销售。商标法的宗旨是为了防止来源的混淆，而不是对销售渠道施加控制。"一旦商品被投入市场，商标权不赋予商标所有人对其商标产品的销售的垄断，也不就商标所有人和经销商之间进一步销售商标产品的合同提供特殊保护。"[3] 德意志帝国法院认为，商标权"不是一种能被地域限制或分割的权利；它不受地域边界的约束"[4]。可见，德意志帝国法院将商标权作为一种普遍有效的私权。

普遍性原则与同一时期人们对商标保护的双重目的的认识以及国际穷竭原则相一致，三者均倾向于平行进口。例如，前面提到的 1886 年的 Apollinaris 公司 诉 Scherer 案的判决结果就与普遍性原则相一致。在美国一些早期的平行进口案件中，法官往往考虑不存在欺骗而依据"普遍性

---

[1]　See Timothy H. Hiebert, *Parallel Importation in U. S. Trademark Law*, Greenwood Press, 1994, p. 31.

[2]　See Timothy H. Hiebert, *Parallel Importation in U. S. Trademark Law*, Greenwood Press, 1994, p. 29 - 30; James Burrough Ltd. v. Sign of Beefeater, Inc., 540 F. 2d 266, 274 (7th Cir. 1976).

[3]　50 RGZ 229, 231, 232, in Florian Albert and Christopher Heath, *Dyed But Not Exhausted—Parallel Imports and Trade Marks in Germany*, 28 IIC 24 (1997).

[4]　51 RGZ 263, 267, in Florian Albert and Christopher Heath, *Dyed But Not Exhausted—Parallel Imports and Trade Marks in Germany*, 28 IIC 24 (1997).

原则"允许平行进口。① 在德国联邦最高法院的一项判决中，该法院从财产制度及商标法的基本目的的角度展开推理，得出了与运用"普遍性原则"同样的结论。在德国联邦最高法院看来，首次销售无论是发生于国内市场还是国外市场其结果都是一样的，"商标充其量只是商品的来源和质量的标志，若允许商标权人禁止进口首次销售后的商品，则将导致依国家边界所进行的地域分割，以及由此带来的对价格和销售渠道的控制"。这种控制势必与一般的财产权制度及具有时间限制的权利的性质不相一致，商标权并未赋予商标所有人一种延伸至消费者的销售垄断。②

二、地域性原则及其在平行进口案件中的应用

(一) 地域性原则的含义及其历史演变

地域性原则 (Territoriality Principle) 意味着就同一项商标在各国所受到的保护只在各国地域范围内有效，商标权依国家分割。这一原则通过《巴黎公约》的规定而为众多国家所承认。从 20 世纪 20 年代开始，1883 年缔结的《巴黎公约》的 1979 年修订文本确认了地域性原则的有效性。该公约涉及商标保护的地域性的条款主要包括第 6 条及第 6 条之二。其中，第 6 条第 3 款规定，"在本联盟一个国家正式注册的商标，与在联盟其他国家（包括原属国在内）注册的商标，应当认为是相互独立的"。第 6 条之二第 1 款规定，"本联盟各国承诺，如果申请注册的商标构成对另一商标的复制、仿制或者翻译，容易产生混淆，而注册国或使用国主管机关认为该另一商标在该国已经驰名，是有权享受本公约利益的人的商标，并且用于相同或类似的商品，该国将依职权（如果本国法律允许），或者应有关当事人的请求，拒绝或取消注册，并禁止使用。这些规定，在商标的主要部分构成对上述驰名商标的复制或者仿制，容易与该商标产生混淆时，也应适用"。在地域性原则产生的初期，对于该原则与普遍性原则的关系在美国和欧洲有截然不同的认识。包括美国联邦最高法院大法官霍姆斯在内的一些美国法官认为，地域性原则不是普遍性原则的对立面而是后者的补充。1916 年，霍姆斯就提出了法律上的地域性及公众认知（事实）

---

① See Fred Gretsch Mfg. Co. v. Schoening，238 F. 780 (2d Cir. 1916).

② See Florian Albert and Christopher Heath，*Dyed But Not Exhausted—Parallel Imports and Trade Marks in Germany*，28 IIC 24，25 (1997).

上的普遍性这一思想，赋予 Browne 的普遍性学说地域主义者的解释。①
在一起案件的并存意见中，霍姆斯写道："商标不承认地域限制，这既自
然又非常正确。但是，永远不可忘记的是，来源于一个州的商标在另一个
州被承认，意味着该商标是被该州的主管当局所承认。后者并不是一种消
极的傀偏，它能够在自己的管辖权范围内创设权利。"② 这一意见针对的
是当时发生于美国各个不同的州之间的商标权纠纷，不过，它被解释为可
同等地适用于涉及不同国家的情形。

　　而在欧洲，就像一位德国学者所说的那样，地域性原则从一开始就
"被作为普遍性原则的对立面而被理解并适用"③。在 1927 年的 Hengsten-
berg 案的判决中，德国联邦最高法院抛弃其历史上的普遍性原则的传统，
承认"德国商标法建立在商标的国家性原则的基础之上……受商标保护的
地域限制原则的引导"④。在欧洲的影响下，地域性原则与普遍性原则的
对立关系在美国也逐渐获得了承认。例如，在 1982 年的 Bell ＆ Howell：
Mamiya 公司诉 Masel 供应公司一案的判决中，Neaher 法官首次将地域
性原则与霍姆斯大法官对 Bourjois v. Katzel 案的判决意见联系在一起。
Neaher 法官认为，"Bourjois 的判决无可否认地为美国商标法确立了地域
性原则……并因此抛弃了商标的'普遍性'原则"，"法庭明确地将其推理
建立在地域性原则之上"⑤。对于应强调商标的哪一方面——法律或事实，
Neaher 法官根据地域性标准选择了前者。在 1984 年的 Osawa ＆ Co. v. B
＆ H Photo 一案中，Leval 法官采用了类似的方法。他指出：自从 1922
年的 Bourjois 案判决出现以来，普遍性原则已经消亡，取而代之的是地域
性原则。⑥

　　由于对地域性所涉及的范围和程度的不同理解，地域性又有"极端

---

① See Timothy H. Hiebert，*Parallel Importation in U. S. Trademark Law*，
Greenwood Press，1994，p. 130.

② 240 U. S. 403，425（1915）.

③ Timothy H. Hiebert，*Parallel Importation in U. S. Trademark Law*，Green-
wood Press，1994，p. 131.

④ 1927 GRUR 890，892，in Florian Albert and Christopher Heath，*Dyed But Not
Exhausted—Parallel Imports and Trade Marks in Germany*，28 IIC 24，25（1997）.

⑤ 548 F. Supp. 1063，1073（E. D. N. Y. 1982）.

⑥ See 589 F. Supp. 1163，1171（S. D. N. Y. 1984）.

的"（extreme）与"适度的"（moderate）之分。① 在前一种情况下，"地域性原则包括了两个基本的方面：一是商标有在各国法律之下的独立的法律存在；二是根据特定国家的法律，商标的基本功能表现为，内国商标所有人在本国所享有的信誉的象征"②。在 1986 年的"美国商标保护协会诉合众国"一案的判决意见中，美国哥伦比亚特区巡回上诉法院表达了一种最为极端的地域性观念，即"这是由原告只在美国享有的商标，虽然产品非由原告制造，但是根据美国法律该产品仍然是来源于原告"③。在这种地域性原则之下，公众认知及公司纽带（母公司和子公司之间的附属关系）这些事实问题不被考虑，即使一个商标准确地识别出某一产品的制造商，仍然可能是一种侵权产品。在后一种情况下，地域性仅仅意味着商标在各国法律之下的独立的法律存在。在这种地域性原则之下，不具有地域性的公众认知或者公司附属关系等事实将会被考虑。霍姆斯早在 1916 年提出的法律上的地域性及公众认知（事实）上的普遍性这一思想所体现的就是一种"适度的"地域性。也有美国学者认为，《巴黎公约》所规定的地域性与霍姆斯倡导的地域性具有共同之处。这体现在如下两个方面：一方面，两者均承认由一个国家授予的知识产权不能超越其管辖权范围；另一方面，两者又都承认，在自己的管辖权范围内，在决定给予内国注册商标的保护范围时，一个国家完全可以合法地对任何自己认为合适的事实予以考虑。④ "适度的"地域性思想与商标保护的双重目的理论，以及商标的双重功能说具有密切的联系，三者均重视公众认知问题。

（二）地域性原则在平行进口案件中的应用

上述两种对地域性原则的不同认识直接影响了对平行进口的定性。如果采取一种"极端的"地域性原则，则平行进口应被制止；如果采取一种"适度的"地域性原则，则平行进口依个案而可能被禁止，也可能被允许。

根据一般意义上的地域性原则，平行进口行为可以构成对进口国商标

---

① See Timothy H. Hiebert, *Parallel Importation in U.S. Trademark Law*, Greenwood Press，1994，pp. 134 - 142.

② 225 U. S. P. Q. （BNA）823（Int'l Trade Comm'n 1984）.

③ 790 F. 2d 903（D. C. Cir. 1986）.

④ See Timothy H. Hiebert, *Parallel Importation in U.S. Trademark Law*, Greenwood Press，1994，p. 137.

权的侵害。例如，在前述 Colgate-Palmolive 股份有限公司诉 Markwell 信贷股份有限公司案中，针对被告有关商标侵权的抗辩，Lloyd 勋爵以地域性原则为依据，驳回了被告的抗辩。被告对商标侵权的抗辩包括巴西的商标与英国的商标是一样的：第一，母公司通过其巴西子公司使用商标，并且此后对该商标未作任何变动与去除。第二，作为商标所有人的原告以明示或默示的方式同意被告对商标的使用。对于被告的上述抗辩，Lloyd 勋爵认为，每一国家所授予的商标保护仅限于本国地域范围之内。因此，英国商标法中所规定的对商标的使用是指在英国的使用；所有人获得的与任何商品关联的对商标的排他使用权是指在英国的排他权。也就是说，英国商标法并未授予一种超地域的权利，也没有确立任何超地域的侵权。同样，巴西商标的使用不会影响所有人就其英国商标的排他权。当同一所有人在不同国家的商标相同时，如何确定在什么情况下使用的是哪一个商标？Lloyd 勋爵认为，对此应考察所有人使用商标之时的意图。毫无疑问，本案原告在被进口的商品上使用的是巴西商标。基于对商标排他权的地域性及与之相关的商标使用的地域性等方面的推理，Lloyd 勋爵裁定，被告构成商标侵权。

　　在 1991 年 5 月 13 日的一项判决中，我国台湾地区台北地方法院也是以商标权的地域性为依据，禁止平行进口。这是与上文所讨论的"可口可乐"案的案情类似，并由同一个被授权人提起，但是判决结果相反的另外一起"可口可乐"案。在该案中，被告未经原告允许，从美国输入标有"可口可乐"商标之饮料。台北地方法院判决禁止平行进口的主要理由包括：台湾地区的"商标法"系采属地主义，依该商标法取得注册之商标，其成立、移转及保护等均依台湾地区法律之规定，且仅限于台湾地区地域范围内，并不及于其他地域；被告自美国所输入销售之可口可乐产品，虽然其商标在美国系经合法授权使用，但产品的输入行为发生在台湾地区，依台湾地区"商标法"之规定，仍属于在同一商品上使用他人之注册商标，该行为尚难谓非侵害原告之商标专用权。①

　　如前所述，在"极端的"地域性原则之下，地域性还与商标的信誉紧密联系在一起。普通法上的假冒诉讼中也有一项与之同样的原则：信誉具有"本地化的特点并且是可分的"。在 Star 工业公司诉 Yap Kwee Kor 案中，Diplock 勋爵对此予以了强调，他指出：若一公司在不同国家从事业

① 参见邱志平：《真品平行输入之解析》，80、81 页，台北，三民书局，1996。

务，则其在不同国家的信誉相互独立。① 因此，信誉是一个地域性的概念，它只在业务开展的地方存在。制造商应有权决定在特定的地域内，以怎样的商品确立自己的信誉。这一普通法上的有关信誉的地域性观念对商标产品的平行进口案件的认定产生了深远的影响。例如，在 Colgate-Palmolive 股份有限公司诉 Markwell 信贷股份有限公司案中，主审该案的 Lloyd 勋爵认定，被告销售巴西制造的牙膏将会给原告在英国的信誉造成实际损害，其行为构成假冒。由于进口商品未能满足消费者的质量期待，这势必给原告的信誉带来损害。很显然，在 Lloyd 勋爵的眼里，原告在英国所拥有的商标信誉与另一子公司在巴西就同一商标所拥有的信誉是互相独立的。同样，在 Zino Davidoff SA v. A&G 进口股份有限公司案的裁决意见中，欧盟法院认为，"在真品的平行进口场合，问题不在于商品来源的虚假表示，而在于未经授权地利用与该商标相联系的信誉"②。

有关信誉的地域性的认识在美国的一些平行进口案件中也得到体现。在 1984 年的 Osawa & Co. v. B & H Photo 案的判决中，美国纽约州南区联邦地区法院也论证了信誉的地域性。在该案中，原告系"MAMIYA"商标在美国的商标权人，被告系一美国纽约廉价照相机经销商。被告向美国市场进口贴附有"MAMIYA"商标的照相机及其相关设备并进行广告、销售。原告指控被告违反《美国关税法》第526条之规定，损害其营业信誉，请求禁止平行进口。美国纽约州南区联邦地区法院认为："在本地商标所有人已经培育出独立信誉的不同国家，商标不但有着独立的法律基础，而且具有不同的实际意义。"因此，本案原告有权依据其在美国之商标权，阻止在其他国家贴附同一商标的真正商品的平行进口。③

在 1985 年的 Weil 陶器及玻璃制品公司诉 Dash 案的判决中，新泽西州联邦地区法院进一步发展了有关信誉的地域性观念。在该案中，原告 Weil 公司系一由西班牙制造商 Lladro 共同拥有的公司，该公司是 Lladro 商标在美国的注册人。被告即平行进口商将在西班牙制造的 Lladro 牌瓷器进口至美国并在美国市场上销售，与原告竞争。原告声称，尽管自己与

---

① See (1976) F. S. R. 256.

② (1999) ALL ER (D) 502.

③ See 589 F. Supp. 1163, 1173 (S. D. N. Y. 1984).

该产品的西班牙制造商之间存在着紧密的关系，但是自己已经具备了足够独立的美国市场上的信誉，这种独立信誉的存在将使消费者因被告的销售行为而产生混淆。审理该案的新泽西州联邦地区法院指出，地域性认可在不同国家的商标有独立的法律存在；一件商标象征着"国内商标所有人的信誉，该所有人的声誉支撑着该地域范围内的特定产品"；"即使一件商标准确地识别出某一产品的制造商，若该商标的使用欺骗了公众，使其误以为国内商标所有人的信誉支持着该产品，则该产品将仍然是一种侵权商品"。该法院认为，独立信誉的建立仅仅是公司自身行为的结果："必须确定的是美国商标权人究竟是已经培育起了其在美国的产品的信誉，还是仅仅依赖该商标的国际信誉。"由于本案原告 Weil 公司在选择合适的零售商、防止产品破损、退换瑕疵产品以及对所经销的 Lladro 牌产品进行广告宣传等方面均投入了资金并作出了其他努力，因此，法院认为，原告已经确立了 Lladro 品牌在美国的独立信誉。这种独立信誉表明，原告的商标有别于国际贸易中的任何其他 Lladro 品牌，因此，被告销售的相同产品会导致消费者对提供产品的实体的混淆。[1]

不过，美国联邦地区法院对该案的判决受到了批评。批评者认为，该法院无视公众认知或者公司的附属关系，而在实质上将平行进口视为一种侵犯美国公司拥有的美国注册商标的本质违法行为。[2] 正是基于对地域性原则的不同认识，以及对商标保护双重目的的强调，美国第三巡回上诉法院撤销了新泽西州联邦地区法院对 Weil 案的一审判决。该巡回法院的理由包括：第一，被上诉人（一审原告）系由外国母公司拥有 100% 股份的子公司，它不能禁止上诉人进口由外国母公司制造并贴附同一商标之商品。第二，由于双方产品实质上是一样的，购买了平行进口产品的消费者实际上获得了其想得到的产品。因此，从公司附属关系以及消费者的客观认知事实出发，该法院拒绝对美国商标权人提供救济。也就是说，本案中所涉及的平行进口是合法的。[3]

如果说《巴黎公约》在 1934 年修正，承认商标权之地域性时，并未

---

[1]　See 618 F. Supp. 700（D. N. J. 1985）.

[2]　See Timothy H. Hiebert, *Parallel Importation in U. S. Trademark Law*, Greenwood Press，1994，p. 140。

[3]　See 878 F. 2d 659（3rd Cir. 1989）.

预料到平行进口问题的话，那么，美国第三巡回上诉法院的上述判决则是对平行进口问题作出了现实的回应。该判决从商标保护的宗旨出发，不再拘泥于传统的地域性观念，采用适度的地域性原则，因而具有合理性。正如一位学者所言："商标权属地主义之适用不再是绝对之铁则，而存在某些例外。换言之，属地主义之适用有其限制。"① 事实上，"适度的"地域性原则就反映了对地域性原则适用上的一种限制。与此同时，对于信誉的地域性应作客观的评价。许多学者指出，在许多情况下，内国权利人一般为外国商标权人的子公司或者被授权人（如经销商、代理商），其所使用的商标为外国商标权人所交付其在内国登记或使用，因此，仅仅通过在内国的销售而确立起独立于外国商标权人的信誉极其困难。尤其是当所使用的商标原本属于外国商标权人的驰名商标时更是如此。因此，对于独立信誉问题应该依据个案严格认定。②

第六节　本章小结

从本章的分析可以看出，对商标产品的平行进口问题的法律规制经历了一个复杂的发展过程，这一过程深受商标法领域中的一系列学说或规则的共同影响。不过，在不同的案件中不同的学说或规则影响的程度会有所不同。有的判例侧重于运用商标功能学说，有的则倚重双重目的理论，还有的则依据地域性原则等。

这些学说和规则可以划分为以下两大类：第一，具有明确的价值取向的学说或规则，即或者明确支持平行进口，如商标的单一功能说、普遍性原则、国际穷竭原则③；或者明确反对平行进口，如（极端的）地域性原则、国内穷竭原则。第二，依据个案情形而作出取舍的学说和规则，即根

---

①　邱志平：《真品平行输入之解析》，111、112 页，台北，三民书局，1996。

②　参见邱志平：《真品平行输入之解析》，125 页，台北，三民书局，1996。

③　从允许平行进口的角度看，普遍性原则与国际穷竭原则是一致的。只是两者的依据不同，普遍性原则以商标权不受地域边界限制而具有普遍性为依据；而国际穷竭原则是在承认知识产权的地域性的基础上，承认发生在国外的事实对内国法律关系所带来的影响。参见本书第二章的相关论述。

据这些学说和规则，结合具体的个案或者允许平行进口，或者禁止平行进口。例如，商标的双重功能说，商标保护的双重目的理论或者（适度的）地域性原则。此外，美国法院所采用的"不完全的或有限制的国际穷竭原则"也可归入这一类。虽然分别采用上述两类学说或规则的判决结果可以是一样的，但是，两者在利益平衡和价值选择的态度上却是不一样的。因此，采用其中一类学说的法院可能会排斥另一类学说。例如，在 Parker 案中，日本大阪地方法院采用商标的双重功能说允许平行进口，但是，该法院明确表示，"即使欧洲存在认可国际穷竭的判例，也不能轻率地予以认同"。

这些学说和规则之间的关系也可以划分为两种情形：第一，相互一致的学说和规则，例如，普遍性原则与商标的单一功能说，品质担保功能与假冒理论，有关信誉的地域性的观念与"搭便车"理论。第二，互相对立的学说和规则，例如，普遍性原则与（极端的）地域性原则，商标的双重功能说与地域性原则。在前面一种情形下，虽然采用不同的学说或规则，但是"殊途同归"。而在后面一种情形下，由于不同的法官采用不同的学说规则，而可能导致类似的案件却有不同的判决结果。例如，我国台湾地区分别由台北地方法院和板桥地方法院审理的两起"可口可乐"案的不同判决便是适例。台北地方法院应用地域性原则认定被告的行为侵犯了原告的商标权；而板桥地方法院则运用商标的双重功能说否认了被告行为的侵权性质，因而允许平行进口。

本书认为，从商标保护的本质出发，在上述分类中，依据个案情形而作出取舍的学说和规则，包括商标的双重功能说，商标保护的双重目的理论或者（适度的）地域性原则，以及美国法院所采用的"不完全的或有限制的国际穷竭原则"，在解决平行进口问题时具有充分的正当性。这些理论反映了商标保护的根本宗旨，兼顾案件所牵涉的各方利益，顺应国际贸易发展的基本趋势。

此外，许多案件涉及的产品来自被授权人或者关系企业，即平行进口的产品或者由某一被授权人，或者由原告的母公司或子公司在外国制造并销售。在这些企业之间往往会有销售区域、价格以及销售渠道、方式等方面的安排。平行进口恰恰破坏了这种安排。在这种情况下，禁止真正商品的平行进口可能会带来市场分割以及更高的价格结构这样的后果，从而可能会带来其他方面的问题，即反垄断以及公平竞争的问题。对此问题，本书将在第五章予以探讨。

第四章　创造性成果权与平行进口

创造性成果权包括专利权和著作权。与商标权不同，它们都是基于创造性成果而产生，对于专利权来说，是发明创造；对于著作权来说，是文学艺术作品。无论是发明创造还是作品均凝聚了发明人或作者的创造性劳动。由于创造性成果权与识别性标记权的价值来源不同，因此，在对待涉及这两类权利的平行进口的法律规制上也呈现出不同的特点。例如，许多国家和地区包括韩国、印度、澳大利亚、新西兰以及我国香港和台湾地区对于商标产品的平行进口持赞同态度；而对于著作权产品的平行进口，则存在着比较大的分歧，如澳大利亚和新西兰允许，而我国台湾地区则禁止。

第一节　对创造性成果的保护模式

专利法和著作权法赋予创造者在规定期限

内对其创造性成果进行商业性利用的专有权，包括专利权和著作权，与商标保护相比，这是一种强保护模式，其目的是为了激励创新。对创造性成果的强保护模式由相辅相成的两个方面构成：

一方面，无论是专利法还是著作权法均授予创造者独占权，创造者可以通过对其创造性的劳动成果予以商业性利用而获得充分的回报。如果没有某种独占权的保证，几乎不会有人去从事开发、创新活动，并将其创新成果投放市场。独占权可以保证创造者收回研究、开发新技术的成本，或者创作、制作作品的成本，通常在最终产品的整个使用期限里摊还上述成本。由于仿制现有的产品无须投入研究开发或创作费用，仿制者可以排除创新的偿还费用，而以很低的价格出售同样的产品。因此，如果法律允许仿制者未经付费而仿制、出售他人的新产品这种"搭便车"行为，那么仿制者将会以低于创造者的价码出售同样的产品，并将会把创造者排挤出市场。创新所带来的花费与风险将会因为允许这种"搭便车"行为的法律环境而使人们望而却步。① 在美国，宪法授权国会为了促进"科学和实用技术的进步"这一明确的目的，而赋予作者和发明者对其创造性成果的独占权。其他国家的这一类立法无不基于类似的目的。正是从这种意义上，知识产权法是驱动创新引擎的必不可少的组成部分。对专利权保护模式的认识有其深刻的历史渊源。在 19 世纪末 20 世纪初，被奉为德国专利法之父的 Josef Kohler 的观点在德国和其他欧洲大陆国家产生了巨大的影响。Kohler 认为，与商标所有人不同，专利权人可以在每一个国家拥有各自独立的专利权；专利是一种国家创设的财产权的"纯粹"形式，它不因外界的影响如公众的理解而受到威胁。②

另一方面，上述独占权的保护受到一定的限制。首先，专利权和著作权的保护并不是永久性的，它们只在有限的期间以有限的方式存在，至多为激励人们从事创造性活动提供一种有限的独占权。其次，专利权和著作权只保护真正的创新，它们并不对业已存在的物品给予独占权的保护。创造性成果的保护模式排除对处于公有领域的东西给予法律保护。在专利法

---

① See Jay Dratler, Jr. , *Licensing of Intellectual Property*, Law Journal Seminars-Press, 1998, §1.02.

② See Timothy H. Hiebert, *Parallel Importation in U. S. Trademark Law*, Greenwood Press, 1994, pp. 24 - 26.

中，新颖性和创造性的严格要求排除了对现有技术、或只是其重要性未达到给予专利保护程度的事物授予专利。在著作权法中，独创性的要求保证了现有表达不被划入保护范围。上述要求的目的旨在防止社会利益受到并非出于鼓励创新的目的的垄断行为的损害。此外，还表现为对独占权的权能上的限制，如对独占权适用权利穷竭原则。在短期内提供受到限制的独占权，从而通过刺激创新和创造力带来长期的竞争的增强和经济运行情况的改善。这是一种为了长远利益付出短期损失的权衡。在专利法中，这种权衡通过以下一种对价得到明确的体现：以一定期限内的独占权换取发明的充分公开及发明在保护期结束之后为公众所有。

在美国，专利权和著作权保护源于宪法中的著作权条款，即"通过保护作者和发明者对其各自的作品和发明的有期限的专有权，以促进科学和实用技术的进步"。根据美国最高法院的解释，这一宪法条款对美国著作权法和专利法作出了两项实质性限制：（1）期限过后，所提供的保护归于消灭；（2）提供保护时必须考虑社会利益。因此，在美国知识产权制度中，传统上专利权和著作权被认为是一种受到限制的权利，它们并非基于创造者对其创造性成果的自然权利，而是基于"促进公众福利"这一实际目标。

上述两方面相结合，共同服务于激励创新、促进人类社会的科学文化和技术进步这一目的。各国或地区的专利权和著作权立法均反映了上述目的。例如，我国《专利法》第 1 条规定："为了保护专利权人的合法权益，鼓励发明创造，推动发明创造的应用，提高创新能力，促进科学技术进步和经济社会发展，制定本法。"我国《著作权法》第 1 条规定："为保护文学、艺术和科学作品作者的著作权，以及与著作权有关的权益，鼓励有益于社会主义精神文明、物质文明建设的作品的创作和传播，促进社会主义文化和科学事业的发展与繁荣，根据宪法制定本法。"上述规定表明，专利法和著作权法所保护的利益包括私益与公益两方面。① 由此而引出一个问题，即在保护实践中，应如何平衡上述两方面利益？对此，美国联邦最高法院在其若干判例中作出了回答。例如，在 1974 年的一项判决中，该法院指出，"专利法通过授予发明人有期限的专有权利，以刺激发明人去冒在时间、研究以及开发等方面的巨大投入的风险，从而促进科学和实用

---

① 这与商标保护的双重目的异曲同工。

技术的进步"①。而早在 1948 年的一起著作权案件中，该法院就已提出，"与专利法一样，著作权法将对所有人的奖赏作为次要的考虑……奖励作者或艺术家是为了促使其将创造性成果奉献给社会"②。同样，美国专利法被认为是建立在公众从充满活力的竞争性的市场中获益这样一个前提之上。由此可见，保护公益是专利法和著作权法的最终目的，但是，保护私益是实现公益的必由之路。

如何平衡创造性成果保护中的私益与公益，是涉及专利权和著作权平行进口问题的关键因素。如前所述，基于激励创新之目的，专利权和著作权保护权利人免受来自相同或实质相同的产品的竞争，给予权利人利益最大化的机会，这种机会有时还包括在不同的市场上维持价格差异。正是从这一意义上，一般认为，专利权人或者著作权人可以排除平行进口，也就是说，对于专利权和著作权不适用国际穷竭原则。然而，简单地排除专利产品和著作权产品的平行进口未必符合专利权保护和著作权保护的根本宗旨。因为，从创新与竞争的实质性关系看，创新既是竞争的原因也是竞争的结果，一方面，创新能够为市场注入竞争的活水；另一方面，竞争发育成熟的地方，创新也总是蓬勃发展。一些国家和地区的保护实践也证明了这一点。

第二节　专利权与平行进口

一、进口权与平行进口

"进口"为专利权效力的表现之一，是指将专利产品或者依照专利方法直接获得的产品从专利权效力范围之外的法域输入专利权有效的法域。或者说是上述产品在不同关税区之间的流转。③ 一般而言，专利权包含了制造权、使用权、销售权和进口权。这在有关的国际条约以及许多国家和地区的专利立法中均有体现。例如，TRIPs 第 28 条规定了专利权人所享

---

①　Kewanee Oil Co. v. Bicron Corp.，416 U. S. 470，480（1974）.

②　United States v. Paramount Pictures，Inc.，334 U. S. 131，158（1948）.

③　参见刘春田主编：《知识产权法》，4 版，218 页，北京，中国人民大学出版社，2009。

有的专有权利，产品专利权人有权"禁止第三人未经权利人同意制造、使用、许诺销售、销售或为了这些目的而进口专利产品"。我国《专利法》第11条第1款规定："发明和实用新型专利权被授予后，除本法另有规定的以外，任何单位或者个人未经专利权人许可，都不得实施其专利，即不得为生产经营目的制造、使用、许诺销售、销售、进口其专利产品，或者使用其专利方法以及使用、许诺销售、销售、进口依照该专利方法直接获得的产品。"《专利法》第11条第2款规定："外观设计专利权被授予后，任何单位或者个人未经专利权人许可，都不得实施其专利，即不得为生产经营目的制造、许诺销售、销售、进口其外观设计专利产品。"而我国台湾地区"专利法"则从专利权的效力之角度作出规定。该法第56条规定了发明专利权人的权利，"物品专利权人，除本法另有规定者外，专有排除他人未经其同意而制造、贩卖、使用或为上述目的而进口该物品之权"。"方法专利权人，除本法另有规定者外，专有排除他人未经其同意而使用该方法及使用、贩卖或为上述目的而进口该方法直接制成物品之权。"该法第103条第1项及第117条第1项则分别规定了新型和新式样专利权之效力，同样也包含了进口权。

对于专利产品的平行进口而言，进口权成为一个争论的焦点。反对专利产品平行进口的观点往往将进口权作为禁止平行进口的依据；而赞成专利产品平行进口的观点则认为进口权并不能对抗平行进口。其中，主要涉及对进口之目的以及进口之对象的认识。

对于进口之目的，我国专利法规定"为生产经营目的"的进口专属于专利权人。也就是说，他人可以进行"非为生产经营目的"如为个人使用目的之进口。而根据我国台湾地区"专利法"，进口之目的则包括"为制造、贩卖、使用"，也就是说，基于上述目的之进口专属于专利权人。台湾地区"专利法"之规定与TRIPs类似。不过，台湾学者认为，台湾地区"专利法"有关进口目的的规定过于严格。因为，从实际情况看，鲜有进口而不具备上述目的之情形，通常至少会有使用之目的。根据台湾地区"专利法"之规定，若非为研究、教学或试验，而是非营利性地单纯自行使用而进口，原则上仍为该法所不容许。① 我国专利法有关进口目的之规定与其他国家专利法的有关规定大体一致。如《德国专利法》第11条即

---

① 参见谢铭洋：《专利进口权与平行输入》，载《月旦法学杂志》，1995（2）。

规定，"非以营业为目的之私人使用行为"不为专利权之效力所及。

　　对于进口之对象，则涉及"真正商品"与"假冒商品"之争。① 即进口权究竟是只约束假冒商品，还是同时约束真正商品。对于上述问题，存在两种不同的看法。西方学者认为，进口权与制造权和销售权一样，均关注商业利用方面。因此，进口权应与制造权和销售权遵循着同样的规则。进口权的目的在于阻止未经专利权人许可而制造的专利产品进入国内市场。若专利权人不享有进口权，则他只好等待假冒产品进入国内市场之后才能寻求法律救济。也就是说，进口权不是用于阻止由权利人自己制造或经其许可制造的真品的进口。② 台湾学者则认为："进口之客体是否属于'真品'，亦非所问，亦即所进口之物品如果系未经专利权人同意而制造者，固然会构成专利权之侵害，然而纵使该物品是专利权人自行或同意他人制造者，如果专利法未对进口权做任何限制，则仅有专利权人享有进口权，他人未经专利权人同意亦不得擅自输入。"③ 若从专利法是否对进口权予以限制的角度看进口的客体，则对进口权的限制主要体现在权利穷竭原则，具体地说是国际穷竭原则的限制上。也就是说，若一个国家或地区的专利法律采用了国际穷竭原则，则该原则即构成对进口权的限制。如前所述，在国际层面上，对于是否通过国际穷竭原则约束进口权尚未达成一致意见。TRIPs 第 28 条特别对其中的"进口权"加注解释如下："该项权利与所有其他根据本协定授予的关于使用、销售或分销货物的权利一样，均应遵守第 6 条的规定。"这意味着 TRIPs 将进口权的效力范围，即权利人是否可以依据进口权阻止平行进口的问题留给成员立法决定。这一规定与 TRIPs 第 6 条采用的方式完全一致。迄今为止，仅有少数立法如我国台湾地区"专利法"承认了通过国际穷竭原则限制进口权。该法第 57 条第 1 项第 6 款规定，专利权人所制造或经其同意制造之专利物品贩

---

　　① 这里的"真正商品"与"假冒商品"之分，系以所涉商品在国外的制造和销售是否经进口国专利的权利人同意为标准，若答案是肯定的，则为"真正商品"；若为否定，则是"假冒商品"。因此，当就同样的发明创造在出口国和进口国由不同的主体享有时，这里的"假冒商品"就包括那些在国外属于合法制造并销售的商品，即系由其他权利人投放出口国市场的商品。

　　② See Christopher Heath, *Parallel Imports and International Trade*，28 IIC 623，629 - 630 (1997).

　　③ 谢铭洋：《专利进口权与平行输入》，载《月旦法学杂志》，1995 (2).

卖后，使用或再贩卖该物品者，属于专利权之效力排除事项之一；上述制造、贩卖不以台湾地区为限。根据这一规定，专利权人即不能依其进口权禁止由其制造或经其同意制造并销售后的物品的进口。而发达国家的专利立法则未对进口权作如上限制，对于专利产品的平行进口原则上采取否定之态度。但是，判例法却往往依个案而有不同的结论，或者肯定或者否定。

　　而我国《专利法》将满足特定条件下的进口行为纳入"不视为侵犯专利权"的范围之列。该法第69条第1项规定，"专利产品或者依照专利方法直接获得的产品，由专利权人或者经其许可的单位、个人售出后，使用、许诺销售、销售、进口该产品的"，不视为侵犯专利权。该项规定增加了对专利权人的"进口权"的限制，即进口权也通过合法的首次销售穷竭了，这意味着相关的专利产品或依照专利方法直接获得的产品的平行进口行为在我国成为合法的行为。[①]

二、专利产品平行进口中的利益平衡

　　与商标产品的平行进口一样，专利产品的平行进口也涉及权利人的利益和公共利益的平衡问题。如果专利权人的进口权不受权利穷竭原则的限制，则权利人就可以依据进口权禁止真品的平行进口，以此分割并支配各国或地区的市场，从而获取最大利益；如果专利权人的进口权受到国际穷竭原则之限制，则专利产品可以不受限制地在世界范围内自由流通，从而有利于公众的利益。因此，如果强调对专利权人利益的保护，则必然倾向于禁止平行进口；反之，如果重视专利产品在国际上之自由流通，则必然会倾向于允许平行进口。上述两种态度普遍存在于各国和地区的学术界和实务界。在我国台湾地区，尽管其"专利法"规定了国际穷竭原则，对于专利产品的平行进口也存在着上述两种态度。"基本上，专利主管机关之态度较倾向于平行输入应予以禁止；而许多学者，甚至部分其他政府官员，则认为平行输入应维持开放。"[②]

　　然而，从另外一个角度看，发达国家或地区和发展中国家或地区基于

---

　　① 参见刘春田主编：《知识产权法》，4版，218、222页，北京，中国人民大学出版社，2009。

　　② 谢铭洋：《专利进口权与平行输入》，载《月旦法学杂志》，1995（2）。

其不同的经济技术发展水平，以及本国国民或本地居民所拥有的发明专利的数量而会在上述利益平衡中采取不同的路径。如前所述，在实践中，在发达国家和发展中国家之间，"一方面，在其国内采取自由市场原则的工业化国家，希望在其他国家对知识商品强加高度管制的市场，作者和发明者可以在其中'在其播种的地方收获'；另一方面，在其国内限制自由竞争的发展中国家，希望对知识商品有一个完全没有管制的世界市场，在其中'竞争是商业的生命所必需的血液'"①。因此，从逻辑上看，在对待权利穷竭的态度上，发达国家倾向于领土穷竭，而发展中国家则倾向于国际穷竭。也就是说，作为技术输出国的发达国家和作为技术输入国的发展中国家，它们在作上述利益平衡时，可能会作出完全不同的选择。发达国家往往强调保护专利权人的权利，包括赋予专利权人不受穷竭原则限制的进口权；而发展中国家或地区则倾向于对专利权人的权利予以一定的限制，包括对进口权予以限制。例如，我国自 2006 年 1 月 1 日起施行的《涉及公共健康问题的专利实施强制许可办法》第 8 条规定："治疗某种传染病的药品在我国被授予专利权，任何单位或者个人在其他国家或者地区购买专利权人制造并售出的或者经专利权人许可而制造并售出的该种药品，将其进口到我国的，无需请求国家知识产权局授予强制许可。"这标志着我国开始允许特定情况下专利产品的平行进口。我国台湾地区则在 1994 年1 月修正的"专利法"中新增专利进口权，同时，为了避免进口权的保护对台湾地区的产业造成不当冲击，因而将权利穷竭原则予以明文规定，以规范有关专利产品的平行进口。②

　　本国国民或本地居民在本国或本地区，以及在其他国家或地区所拥有的专利技术，具体是指代表了最高的技术水平的发明专利技术的数量是衡量技术输出国或地区和技术输入国或地区的一项重要指标。据此，技术输出国如日本、美国和德国往往在其他国家或地区的发明专利申请量和授予量居于榜首。例如，2010 年 11 月，在主要国家专利申请受理数量中，申请量居于前三位的分别是：日本（合计 3 025 件，其中发明专利申请

---

　　① 转引自孔祥俊：《WTO 知识产权协定及其国内适用》，25 页、26 页，北京，法律出版社，2002。

　　② 参见冯震宇：《了解智慧财产权》，114 页，台北，永然文化出版股份有限公司，1994。

2 639件），美国（合计2 526件，其中发明专利申请2 237件），德国（合计969件，其中发明专利申请826件）。2010年12月的统计呈现出同样的特点，排列顺序依然为：日本（合计3 211件，其中发明专利申请2 834件），美国（合计2 509件，其中发明专利申请2 233件），德国（合计1 030件，其中发明专利申请889件）。与此同时，中国国家知识产权局有关国内外三种专利申请受理状况和授权状况的统计资料则揭示了另外一个特点，即技术输入国和技术输出国在代表了最高技术水平的发明专利数量上的巨大差异。国内申请人在电信技术等高新技术产业中获得的专利比例却远不及国外。例如，2010年，中国知识产权局授予的国内申请人的专利和授予国外申请人的专利分别为422 023件和57 559件。其中，电信技术领域的国内专利授权为18 389件，占国内申请人获得专利总量的4%，国外专利授权量为6 952件，占国外申请人获得专利总量的12%。2009年，中国知识产权局授予的国内申请人的专利和授予国外申请人的专利分别为497 285件和83 560件。其中，电信技术领域的国内专利授权为13 602件，占国内申请人获得专利总量的2%，国外专利授权量为7 013件，占国外申请人获得专利总量的8%。从1998年至2000年，在信息技术领域，我国国民与外国国民申请发明专利数量比值为1∶90，外国跨国公司在我国高新技术领域已占据了半壁江山。[①]

上述统计数据表明，我国所保护的发明专利将近七成由外国人所拥有，而本国人所取得的则绝大多数为技术层次较低的实用新型专利。[②] 我国台湾地区的情形与之类似。例如，根据有关统计资料，台湾地区"智慧财产局"于2000年核准的发明专利中，台湾本地申请人获得总量的41.4%。[③] 在20世纪90年代初期，台湾本地申请人所获得的发明专利仅占授权总数的一成多，本地人所获得的绝大多数为技术层次较低的新型

[①] 参见《国家知识产权局统计年报》，见 http://www.sipo.gov.cn/tjxx/，2012-01-14。

[②] 自然，在不同时期，国内申请人所获得的发明专利比例会有所不同，有时比例会高一些，例如，在2000年全年授予的发明专利中，国内申请人获得了6 174件，占总数的48.68%。但是，国内申请人和国外申请人所获得的发明专利和实用新型专利之间的反比例关系是历年如此。参见中国专利局年报。

[③] 参见《法令月刊》，35卷（6），38页。

专利。①

　　由于技术输出国拥有强大的技术开发能力，在发明专利上占据优势地位，因而为专利权人提供高水平的保护也就意味着为其本土技术提供充分的保护，这符合其产业政策，并因此可以最终"促进科学和实用技术的进步"。然而，对于技术输入国来说，由于其专利法所保护的绝大多数的发明专利技术为外国专利权人所拥有，因此，在上述利益平衡中，若侧重于对专利权的保护，则可能会产生使本国产业受到阻碍的后果。

　　随着经济全球化的发展，技术输出国不但在本国提供高水平的知识产权保护，而且要求其他国家尤其是技术输出国对源于本国的发明创造（包括作品和商标）提供高水平的保护。美国的一系列做法说明了这一点。美国加强其自身的知识产权法律以更好地保护其国内市场免遭知识产权侵权行为的侵害。例如，1988年，美国国会修改了专利法，禁止未经许可进口用受美国专利法保护的方法专利制造的产品，即便这种产品本身不受专利保护。同时，基于对单个国家的强有力的保护并不足以保证在创新和创造上投资的充分回收的认识，美国采取了许多策略要求其他国家或地区提供或提高对知识产权，尤其是专利权和著作权的保护水平。这些策略包括以下方面：第一，采用互惠原则。在美国，对半导体芯片保护主要凭借互惠原则。根据《1984年半导体芯片保护法》，在来自其他国家的集成电路设计在美国受到保护之前，必须有证据表明这些国家会保护源于美国的集成电路设计。"根据商业部长的指令，给予为条约地位'做出善意努力及适度进步'或者颁布了类似的互惠法规的国家以互惠。"② 这样，美国以保护进入其电子产品的巨大市场这一许诺促使其他国家加快互惠立法的进程。在1994年之前，欧共体成员国、日本以及其他六个国家已经在国民待遇或互惠的基础上，通过立法扩展对美国国民或居民的半导体芯片的保护。第二，在缺乏可适用的国际公约及有效的外国立法的情况下，美国对某些国家或地区施加了直接的外交压力，要求这些国家或地区完善其知识产权法律。例如，1986年，里根总统根据《1974年贸易法（修正）》第301条，促使韩国完善其专利法和版权法。作为这一"301条款行动"的结果，韩国延长了专利保护期，将专利保护范围扩大至农业化学制品以及

---

　　① 参见谢铭洋：《专利进口权与平行输入》，载《月旦法学杂志》，1995（2）。

　　② 《美国著作权法》第914条第（a）款。

药品，并且对在韩国以外首次出版的计算机程序和作品提供法律保护。①
第三，美国推进强有力的知识产权国际保护突出地表现在多边保护上。在
GATT乌拉圭回合多边谈判期间，美国是体现为乌拉圭回合谈判结果的
最终法案的附件1C（TRIPs）的主要倡导者。而且，美国政府曾试图与
其他一些国家一道将非（国际）穷竭原则引入TRIPs协议，使该原则适
用于TRIPs协议所涵盖的所有类型的知识产权②，从而达到禁止平行进
口之目的。

　　在上述策略中，前两种往往会被并用。例如，1994年3月，美国与
我国台湾地区进行"特别301"谈判时，美国要求台湾地区应对其"专利
法"第57条规定的国际穷竭原则予以修改，应明文禁止专利物品之平行
进口。而台湾地区认为，由法院依契约认定平行进口行为是否合法，符合
TRIPs的规定。然而，在美国的要求下，台湾地区同意在其"专利法施
行细则"中，将法院认定的标准予以明确，即法院"于契约当事人对于贩
卖区域未为明文约定时，得依客观情事判断当事人订约时是否具有在某特
定区域贩卖的真意，而不遽以适用国际耗尽原则而允许专利物品之平行输
入"③。1995年3月，美国与台湾地区进行"贸易投资架构协定"协商，
双方同意将签署"保护工业财产权备忘录"，规定在互惠原则下，为对方
专利权所有人提供进口权保护，管制未经合法授权的专利产品的进口。④

三、专利产品平行进口的规制方法

　　与前述专利保护的目的及其所涉及的利益关系有关，在实践中出现了
几种规制专利产品平行进口的方法。⑤

---

　　①　See 52 Fed. Reg. 3369（Feb. 3, 1987）.
　　②　See W. R. Cornish, *Trade Marks：Portcullis for the EEA*, 5 EIPR 173
（1998）.
　　③　王睦岭：《专利法上之平行输入与耗尽原则的探讨》，载《法令月刊》，53卷（6）。
　　④　参见谢铭洋：《专利进口权与平行输入》，载《月旦法学杂志》，1995（2）。
　　⑤　对于欧共体而言，其规制平行进口的方法可依不同的视角而被分别归入第一
种和第三种，若从欧共体内部看，其所采用的是第一种方法，即在共同体成员国之间
发生的平行进口被允许；若从欧共体作为一个整体与其他国家或地区的关系看，其所
采用的是第三种方法，即来自欧共体以外的平行进口将不被允许。对著作权的规制方
法也有同样的特点。

第一，通过制定法明确规定国际穷竭原则，因而允许平行进口。如我国台湾地区。此外，有国际穷竭的摇篮之称的瑞士也出现了依国际穷竭原则而允许专利产品平行进口的判例。在 1998 年 12 月 23 日的一项判决中，瑞士苏黎世商事法院认为，国际穷竭同样支配着专利法。① 我国现行《专利法》虽然未明确规定国际穷竭原则，不过通过该法第 69 条对进口权的限制，使得专利产品的平行进口合法化。

第二，通过判例法适用"修正的国际穷竭原则"（rule of modified international exhaustion），这被视为处理专利产品平行进口案件的传统方法。根据该规则，在缺乏可以有效地禁止平行进口的明确的合同限制的情况下，允许专利产品的平行进口。② 如前所述，该规则是由美国法院通过专利判例发展起来的。该规则自 1885 年由 Holiday v. Matheson 案判决提出，若干年后，美国联邦第二巡回上诉法院在 Dickerson v. Matheson 案中采用了这一推理方法。③ 在 1920 年的另外一起案件中，美国第二巡回上诉法院再次采用了上述方法。④ 这一推理方法蕴涵了专利保护的宗旨，一方面，保护专利权人的利益，使其从对专利物品的销售中获得报偿；另一方面，保证公众利益，使其在符合法律规定的条件下，获得专利物品，并可以予以自由利用。美国法院认为，在专利权人的权利被视为用尽之前，专利权人必须已经通过其专利产品的首次销售而获利。因此，只要专利权人已经通过首次销售专利产品而获利，不管该首次销售发生于国内还是国外，其相关的使用权和销售权均穷竭。⑤ 在 1897 年的 Dickerson v. Tinling 案中，美国联邦第八巡回上诉法院指出，当买受人不是从专利权人或其被许可人处购买到专利物品时，其没有直接或间接向专利权人进

---

① See Z. R. 97 (1998) 112.

② See Margreth Barrett, *A Fond Farewell to Parallel Imports of Patented Goods: The United States and the Rule of International Exhaustion*, 12 EIPR 571 (2002).

③ See 57 F. 524 (2d Cir. 1893).

④ See Curtiss Aeroplane & Motor Corp. v. United Aircraft Eng'g Corp., 266 F. 71 (2d Cir. 1920).

⑤ See Margreth Barrett, *A Fond Farewell to Parallel Imports of Patented Goods: The United States and the Rule of International Exhaustion*, 12 EIPR 571 (2002).

行任何支付，因此，买受人不能在专利权人的权利有效的地域范围内销售专利物品。① 值得注意的是，根据这种方法，是否允许专利产品的平行进口，并不取决于专利权人是否已经通过其在国外的首次销售而获得充分的回报。也就是说，导致专利权穷竭的销售并不限于能够带来最高价格的销售。专利法从来不保证对专利物品的任何特定的回报水平，这是一个应由市场决定的问题，有的专利产品可能根本没有市场，而许多专利物品的价格会因时、因地而异。同样，当专利物品在出售之后升值时，专利法也不会为专利权人提供向买受人再次索取补偿的机会，即不会保证专利权人能够从其发明中"挤出任何一个可能的铜子"。专利法所关注的是专利权人是否对首次销售作出了选择，亦即专利权人是否同意首次销售。② 这一方法也为英国和日本的法院所采用，这两个国家的法院通过默示许可原则的适用以决定禁止还是允许相关的平行进口行为。③

　　第三，通过制定法或判例法适用国内穷竭原则，禁止专利产品的平行进口。在日本，1965 年之前，根据 1959 年《日本专利法》，日本专利权人有权禁止在其他国家被合法投入市场的专利产品的进口。专利权人或独占被许可人也可以请求日本海关当局扣押平行进口的专利产品。④ 在美国，虽然绝大多数专利判例适用了上述"修正的国际穷竭原则"，仍然出现了适用国内穷竭原则的判决。这类判决坚持美国专利权不因专利产品在国外的销售而穷竭。在 1978 年的 Griffin 诉 Keystone 蘑菇农场案中，法院禁止由美国专利权人自己在国外销售的产品被平行进口至美国，认为"在将从国外合法购得的专利产品进口至美国之前，买受人应当获得美国专利权人的许可"⑤。2001 年，美国联邦巡回上诉法院在 Jazz 照片公司诉国际贸易委员会一案的判决中，采用了领土穷竭原则，美国专利权不因专利产品在国外销售而穷竭。在该案中，富士相片公司就若干组成一次性照相机的发明

---

① See 84 F. 192 (8th Cir. 1897).

② See Margreth Barrett, *A Fond Farewell to Parallel Imports of Patented Goods: The United States and the Rule of International Exhaustion*, 12 EIPR 571 (2002).

③ 对此，本书第五章将专节讨论。

④ See Shusaku Yamamoto, *A Reversal of Fortune for Patentees and Parallel Importers in Japan*, 7 EIPR 341 (1995).

⑤ Griffin v. Keystone Mushroom Farm, Inc., 453 F. Supp. 1283 (1978).

拥有美国专利，这些照相机由富士相片公司及其被许可人销售。这种照相机的胶片一旦曝光，照相机的塑料壳即被打开并将胶片移出，照相机壳仅供一次性使用。这类由富士相片公司及其被许可人制造的一次性相机壳被重新安装用于再次使用。本案被告 Jazz 照片公司获得大量这类被重新安装的照相机并进口至美国转售。美国国际贸易委员会判定 Jazz 照片公司构成侵权，Jazz 公司不服遂向美国联邦巡回上诉法院提起上诉。专利权人富士相片公司认为，美国法律仅允许专利产品的合法拥有人对专利产品进行"修理"，而不能进行"重做"，被进口的照相机已被重做，属于侵权物品；而且，对于照相机的再使用，存在明确的合同限制。美国联邦巡回上诉法院判决 Jazz 照片公司行为构成侵权，不过，该法院没有接受专利权人富士相片公司的上述理由，而是从权利穷竭的角度进行推理，即认为美国专利权只因在美国的首次销售而穷竭，诉争专利产品还未在美国由专利权人自己（富士公司）或其被许可人在美国进行首次销售，故诉争专利产品的相关专利权还没有在美国被"穷竭"，因此 Jazz 公司的行为构成侵权。[①] 美国联邦巡回上诉法院没有承认上述通过"修正的国际穷竭原则"解决专利产品平行进口案件的先例，而是援引了美国联邦最高法院的 Boesch v. Graff 案判决。[②]

　　由于自 1982 年设立时起，美国联邦巡回上诉法院就被赋予了审理所有美国专利上诉案件的专属管辖权，该法院在该案中的意见将会对今后美国有关专利产品平行进口案件的审理产生深远的影响。其他巡回上诉法院的先前判决通常对联邦巡回法院会有一定的影响，但仅此而已，只有美国最高法院的先例对联邦巡回法院有约束力。如今，美国联邦巡回法院的富士相片公司案判决已经取代了第二巡回上诉法院在前述判决中划定的界限。因此，除非美国最高法院通过未来的案件予以干预，否则今后美国专利权的穷竭将被限于国内销售。这将意味着，美国专利权人可以在不作任

---

　　① 参见 Jazz photo Corp. v. International Trade Commission, 264 F. 3d 1094 (Fed. Cir. 2001)，驳回调卷令申请，122 S. Ct 2644（2002）。

　　② 在 Boesch v. Graff 案中，被告在德国购买了一种受美国专利保护的灯头，该产品系由卖主依据其受德国专利法保护的"先用权"而出售，该卖主与美国专利权人没有任何关系，其权利并非来自美国专利权人。审理该案的美国联邦最高法院认为，虽然该产品在德国的销售系合法，但是被告在美国转售该产品构成对原告专利权的侵犯。参见 133 U. S. 697（1890）。

何限制地销售其专利产品的情况下，阻止该产品的进口、转售或使用。该案判决被视为是一种出乎意料的变化，它对美国专利权人及其国外顾客各自的权利进行了重新分配。美国学者对这种重新分配权利给予了尖锐的批评，认为这将使国际商业实体业已确立的预期陷于混乱，并使有利于国际贸易中的商品自由流通的国内和国际趋势遭受挫折。该判决既没有承认并考虑已有一百多年历史的美国先例——允许由美国专利权人在国外销售并没有合同限制的专利产品的进口，也没有对其所援引的先例的事实和判决进行更加细致的考察。禁止专利产品的平行进口与美国专利法的基本政策不一致，而且与最高法院和其他美国法院在涉及著作权产品和商标产品的平行进口案件中采用国际穷竭原则的方向不一致。①

在上述三种方法中，第一种方法若同时采用由法院依据不同的标准认定销售区域，则会分别与其他两种方法发生联系：若依契约之约定认定销售区域，则与第二种方法靠拢；若契约未订定或其内容不明确，依"当事人之真意、交易习惯或其他交易客观事实"来认定销售区域，而不是直接适用国际穷竭原则允许专利产品的平行进口，则与第三种方法"接轨"。台湾地区"专利法"及其施行细则有关"由法院依事实认定得为贩卖之区域"的规定实际上反映了上述两种方法。此外，有的国家如日本对于专利产品的平行进口还采取了一种混合式的权利穷竭原则，即针对专利产品的不同情况分别适用领土穷竭或国际穷竭，例如，像手表这样的消费物品允许平行进口；而像电子产品等高科技产品则禁止平行进口。

通过对上述方法的分析，我们可以发现这样一个现象，即在一个国家内部的不同部门之间，以及不同的法院之间在对待专利产品平行进口问题上会存在分歧。在美国，行政部门一直以来倾向于采取一种保护主义的立场，对平行进口持反对态度，如前述美国政府要求我国台湾地区修改其"专利法"中规定的国际穷竭原则，我国台湾地区现行专利立法有关平行进口规制上的不协调现象与美国政府的立场直接相关。而美国国会的态度则被视为默许"修正的国际穷竭原则"。在判例法确立了上述"修正的国际穷竭原则"的一百多年的时间里，美国国会曾经对美国专利法进行了多

---

① See Margreth Barrett, *A Fond Farewell to Parallel Imports of Patented Goods: The United States and the Rule of International Exhaustion*, 12 EIPR 571 (2002).

次修改，但并没有采取任何立法措施使允许专利产品平行进口的先例归于无效，因此，国会的这种态度被视为系对这些先例的默许。而且，国会在颁布法案增加专利权人的进口权以使美国专利法与 TRIPs 的要求相一致时，明确表明"新法律将不会影响与知识产权产品的平行进口有关的法律或实践"①。而不同的巡回法院之间对专利产品的平行进口的态度则通过上述判例呈现出它们之间的分歧。

第三节　著作权与平行进口

一、有关规制著作权产品平行进口的立法例

（一）对平行进口未作禁止性规定

一些国家或地区的著作权立法并无禁止平行进口之规定，一般认为，通过对其所规定的侵权行为的范围中可以得出允许平行进口的结论。例如，《日本著作权法》第 113 条第 1 款规定了"视为侵犯著作权"的行为，其中，第 1 项规定的行为是，"以在国内发行为目的，进口在进口时如果在国内制作将会构成侵害作者人格权、著作权、出版权、表演者人格权或者著作邻接权行为的物"②。该项规定旨在禁止"不法重制物"的进口，而并不禁止真品的输入。③ 这一规定与 TRIPs 的相关规定类似。TRIPs 第 51 条规定了"海关中止放行"的情形："各成员应在符合以下规定的情况下采取程序，使有正当理由怀疑冒牌货物或盗版货物的进口有可能发生的权利持有人，能够向行政或司法主管机关提出书面申请，要求海关中止放行此类货物进入自由流通……"该条对"程序"和"盗版货物"的注释分别为："对于由权利持有人或经其同意投放到另一成员市场上的商品的进口或过境，无义务适用此类程序"；"'盗版货物'指任何如下货物：未

---

① Margreth Barrett，*A Fond Farewell to Parallel Imports of Patented Goods*：*The United States and the Rule of International Exhaustion*，12 EIPR 571 （2002）.

② 《十二国著作权法》翻译组译：《十二国著作权法》，414 页，北京，清华大学出版社，2011。

③ 参见张凯娜：《著作物平行输入立法之检讨》，载《月旦法学杂志》，1997 （26）。

经权利持有人或其在生产国的已获充分授权的被许可人的同意而制造的复制品，以及直接或间接由一物品制成的货物，并因此而按照进口国的法律构成侵犯著作权或相关权"。上述规定明确地限定了第51条的适用范围，即冒牌货物和盗版货物。由权利持有人或经其同意投放到另一成员市场上的货物即所谓的"真品"则被排除在第51条的适用范围之外。也就是说，这些货物的进口或过境不受该条规定的海关中止放行的限制。

我国香港特别行政区《版权条例》也明确将在其他国家或地区系合法制作的复制品排除在"侵犯版权复制品"之列。该条例第35条规定了"侵犯版权复制品"的含义，其中，第4款规定，"就第118至133条（刑事条文）而言，'侵犯版权复制品'（infringing copy）并不包括符合以下说明的某作品的复制品：（a）是在制作它的所在国家、地区或地方合法地制作的（由2003年第27号第2条修订）"①。

（二）禁止平行进口

有的国家或地区的著作权法对著作权产品的平行进口予以明确的禁止。根据美国著作权法，未经授权将在美国境外购买的复制件进口至美国的，构成对美国著作权人的独占发行权的侵犯。美国有关制定法如1976年《美国著作权法》第109条（a）款规定了"首次销售原则"，即"依据本法合法制作的特定复制件的所有人，或者经该所有人授权的任何人，可以不经著作权人的授权，销售或以其他方式处置其所占有的复制件或录音制品"。第602条（a）款进一步规定，"未经著作权所有人授权，将在国外获得的作品的复制件进口至美国，侵犯了第106条所授予的销售复制件的独占权利，对此，可以依据第501条起诉"②。正是基于《美国著作权法》的上述规定，在美国，许多厂商竞相将出口商品的标签进行著作权登记，以著作权阻止平行进口。因此，涉及标签著作权的平行进口案件层出

---

①　该条第3款规定了因违反独占许可协议而被归入侵犯版权复制品的情形："若（a）某作品的复制品（附属作品的复制品除外）已输入或拟输入香港，并且（b）该复制品（附属作品的复制品除外）假使在香港制作即会构成侵犯有关作品的版权，或违反有关该作品的独占许可协议，则该复制品（附属作品的复制品除外）亦属侵犯版权复制品。"

②　第501条规定的是"侵犯著作权"。该条第1款规定，任何侵犯了第106条至第118条所规定的著作权所有人的独占权……或违反第602条的规定向美国进口复制件之人为著作权侵权人。

不穷。

在司法实践中，《美国著作权法》的上述条款成为许多禁止著作权产品平行进口的判决的依据。美国第九巡回上诉法院以上述规定为依据，认为首次销售原则具有地域性，该原则不能适用于在美国境外制造并首次销售的灰色市场的产品。在数起平行进口案件中，该法院认定平行进口是一种侵犯著作权的行为。例如，在 1991 年的 BMG Music v. Parez 案中，原告对多种录音制品享有美国著作权，被告在美国境外购买了由原告在境外的被许可人制作的录音制品复制件，并将这些复制件进口至美国，原告诉被告侵犯其美国著作权。美国第九巡回法院裁决，当所涉复制件系在美国境外制造时，不能引用首次销售原则作为第 602 条（a）款所规定的进口的侵权抗辩。其理由是，第 109 条（a）款所规定的"依据本法合法制造"，是指"在美国国内合法制造和销售"[1]。在此后的类似案件中，美国第九巡回法院坚持了其在上述案件中的意见。1994 年，在 Perfums Givenchy 公司诉药品经销公司一案中，美国第九巡回法院根据《美国著作权法》第 602（a）条拒绝了被告的国际穷竭抗辩。在该案中，被告从一美国进口商处购买了由 Givenchy 法国母公司首次销售的 Amarige 牌香水后在美国进行销售。原告系 Givenchy 公司的美国子公司，它在美国拥有 Amarige 牌香水的包装盒的著作权。法院驳回了被告有关同一批香水在国外的销售构成"首次销售"的抗辩，认为受美国著作权保护的包装盒在国外的销售，并未使权利人依据《美国著作权法》第 106 条和第 602（a）条保护的独占发行权归于消灭。[2]

除了美国以外，北欧国家挪威从 1993 年开始禁止平行进口，我国台湾地区的"著作权法"也于同一年规定禁止著作权产品的平行进口。1993 年，我国台湾地区"著作权法"进行修正时，对著作权产品的平行进口作出了禁止性规定，这体现在台湾地区现行"著作权法"有关"视为侵害著作权或制版权之情形"的第 87 条之中。该条第 4 款规定的即为"未经著作财产权人同意而输入著作原件或其重制物者"。根据第 87 条的规定，平行输入著作权产品者，将被"视为侵害著作权或制版权"。台湾地区"著

---

　　① 952 F. 2d 318（9th. Cir. 1991），驳回调卷令申请，505 U. S. 1206（1992）。

　　② See Parfums Givenchy v. Drug Emporium, 32 U. S. P. Q. 2d 1512（9th Cir. 1994）；2 Nimmer on Copyright § 8. 12（B）（6）。

作权法"在 1993 年修正时，在对著作权产品的平行进口作出了禁止性规定的同时，新增了第 87 条之一，规定了"不视为侵害著作权或制版权之情形"，对第 87 条第 4 款的规定进行了一定的限制。第 87 条之一第 1 项规定：有下列情形之一者，前条第 4 款之规定不适用：第一，为供政府机关之利用而输入。但为供学校或其他教育机构之利用而输入或非以保存资料之目的而输入视听著作原件或其重制物者，不在此限。第二，为供非营利之学术、教育或宗教机构保存资料之目的而输入视听著作原件或一定数量重制物，或为其图书馆借阅或保存资料之目的而输入视听著作以外之其他著作原件或一定数量重制物，并应依第 48 条规定利用之。第三，为供输入者个人非散布之利用或属入境人员行李之一部分而输入著作原件或一定数量重制物者。第四，附含于货物、机器或设备之著作原件或其重制物，随同货物、机器或设备之合法输入而输入者。该著作原件或其重制物于使用或操作货物、机器或设备时不得重制。第五，附属于货物、机器或设备之说明书或操作手册，随同货物、机器或设备之合法输入而输入者。但以说明书或操作手册为主要输入者，不在此限。

（三）允许平行进口

在瑞士，对著作权产品的平行进口与对商标产品的平行进口持同样的许可态度。瑞士新著作权法的第一份提案曾经规定了发行权的国际穷竭，即一旦作者或其被许可人"在瑞士或其他地方"销售了复制件，则发行权穷竭。而其司法判决更是明确地支持著作权产品的平行进口。1998 年，瑞士联邦法院曾经判决，将经著作权人同意在其他地方投入市场的复制件进口至瑞士，无须获得瑞士独占被许可人的授权。① 现行《日本著作权法》第 26 条之二涉及权利穷竭的规定，包括了国内穷竭及国际穷竭的情形。该条规定的相关内容为：

1. 作者享有转让其作品（电影作品除外）原件或复制件向公众提供其作品的专有权利。

2. 作品原件或者复制件的转让具备下列情形之一的，前款规定不适用：（1）作品的原件或者复制件已由权利人或经其授权之人向公众发行……（5）在不损害与前款规定权利相当的权利的情况下，或者由享有与前款规定权利相当的权利人或经其许可的人，在国外转让作品的原件或

---

① See Case No. 4C. 45/1998/zus BGE 124 Ⅲ 321.

者复制件。

以上第 2 款第 5 项的规定即为发行权的国际穷竭。

此外，在澳大利亚和新西兰，著作权产品的平行进口也被允许。澳大利亚对著作权产品的平行进口的态度经历了从禁止到允许的发展，从最初的 1968 年《著作权法》明确禁止平行进口，再到《著作权法修订案（1991）年》中允许特殊条件下的书籍平行进口，再到《著作权法修订案（1998）年》中开放录音制品如 CD、磁带的进口，最后在《著作权法修订案（2003）年》中再次将著作权平行进口的范围扩展到计算机软件和图书、期刊等出版物。① 从以上日本和澳大利亚的有关规定可知，即便像日本和澳大利亚这样对著作权产品的平行进口持开放态度的国家，其对于著作权产品的平行进口也有特定的作品类型的限制，其国际权利穷竭并不适用于所有类型的作品的平行进口。

针对一些商标权人利用多重权利保护②，借助产品标签的著作权禁止药品或化妆品的平行进口，一些欧洲国家的法院拒绝对此提供保护。如欧洲自由贸易协会（EFTA）法院认为，药品标签说明并不具备法律所要求的独创性。③

对于在美国频繁发生的重新进口或返销这类传统的平行进口形态，出现了允许平行进口的判例。这类判例的出现引起了极大的反响。例如，在 1988 年的 Sebastian 国际公司诉消费者中介公司一案中，原告在美国印制了受著作权保护的标签并将其出口，被告把带有上述标签的商品重新输入美国。美国第三巡回上诉法院认为，著作权人在任何地方对商品进行首次销售都会使其控制相关商品进口的权利归于消灭，因而作出了有利于被告

---

① See Anne Fitzgerald & Brian Fitzgerald, *Intellectual Property in Principle*, Thomson Lawbook Co., 2004, pp. 152 - 156. See also, Copyright Law And Parallel Imports, http：//www. accountlaw-tax. com. sg/Website _ tlc/ws-parallel％ 20import. htm, last visit 2012 - 01 - 13；Focus：Copyright-March 2003, http：//www. aar. com. au/pubs/ip/copymar03. htm, 2012 - 01 - 13；Copyright Amendment（Parallel Importation）Act 2003—C2004A01110, http：//www. comlaw. gov. au/Details/C2004A01110，2012 - 01 - 13.

② 即一项产品同时受两类（如商标权和著作权）或三类（如商标权、专利权和著作权）知识产权的保护。

③ See Christopher Heath（ed.），*Parallel Imports in Asia*，Kluwer Law International，2004，p. 22.

的判决，允许被告的平行进口行为。① 而美国联邦最高法院在 1998 年对
Quality King 销售商公司诉 L'Anzaresearch 国际公司案的判决更是带来
了极大的影响。在该案中，被上诉人（简称 L'anza）是一从事香波、护发
素及其他洗发用品的生产和销售的加利福尼亚公司。L'anza 对贴在这些
产品上的标签拥有著作权。在美国，它将其商品全部销售给那些同意在特
定的地理区域内转售，并只向特定的零售商授权的国内经销商。L'anza
发现，当像自己的产品那样的高质量产品与那些一般在超市及药店销售的
价廉质低的产品放在一起销售时，美国消费者通常不愿意购买价高质优的
产品。L'anza 通过在各种商业杂志上和销售环节中所做的大量广告，以
及向被授权的零售商提供特殊培训，促进了其产品在国内市场的销售。
L'anza 也在国外市场销售其产品。但是，在这些市场上，它没有进行相
应的广告或促销；它向外国经销商的要价比向国内经销商的要价低35％～
40％。1992 年和 1993 年，在英国的 L'anza 的经销商将由 L'anza 生产并
首次销售给自己的产品出售给马耳他经销商，每件产品上均贴有版权标
签。这批产品未经 L'anza 同意返销美国，上诉人（Quality King）将它们
折价卖给一未获 L'anza 授权的零售商。后者转而在加利福尼亚销售这批
产品。本案涉及了一种商品"往返旅行"的现象，在美国首次投入市场的
产品出口后又返回。L'anza 指控进口并销售贴有著作权标签的产品侵犯
了自己的"根据《美国著作权法》第 106 条、第 501 条及第 602 条规定
的，在美国复制并发行著作权资料的排他权"。地区法院依据《美国著作
权法》第 109 条所承认的"首次销售"原则，支持了 L'anza 的请求。上
诉法院维持了原判。最高法院认为这一判决与第三巡回上诉法院对另一案
的判决相冲突，故批准了上诉人的调卷令申请。最高法院根据首次销售学
说，认为上诉人的进口行为不构成对被上诉人著作权的侵犯，撤销了上诉
法院的判决。最高法院认为：带有受著作权保护标签的商品在美国制造，
并出口马耳他，在那儿销售后由购买者返销至美国，这种行为依首次销售
学说（《美国著作权法》第 109（a）条），不构成通过进口侵犯著作权

---

① See Lynda J. Zadra-Symes et al, *Using U. S. Intellectual Property Rights to Prevent Parallel Imports*，6 EIPR 219，224（1998）.

（《美国著作权法》第602（a））①。上述案件表明，通过对产品标签主张著作权以扩展保护之企图被法院拒绝。

　　值得注意的是，美国联邦最高法院虽然支持了本案上诉人的平行进口，但是，该法院明确了适用"首次销售"原则的情形，即只适用于再进口或返销的情形。若著作权人将其受《美国著作权法》保护的发行权授予一美国出版商，而将其同一部作品的受《英国著作权法》保护的发行权授予一英国出版商，那么，只有在由美国出版商在美国出版发行的书籍上才适用《美国著作权法》第109（a）条规定的"首次销售"原则；该原则不适用于由英国出版商在英国出版发行，并进而销往美国的书籍。② 由此可见，美国最高法院的上述判例并不适用于除了重新进口以外的其他形式的平行进口，其他形式的平行进口仍然会受到禁止。

二、著作权保护的理论基础与平行进口的规制

　　作为一种对创造性成果的保护形式，著作权保护与专利权保护具有共同的特征，即都通过授予独占权，使权利人获得适当的报酬，从而激励创新。例如，《美国著作权法》第109条（a）款所规定的"首次销售原则"的理论依据就是，一旦著作权人或经其授权之人销售了著作权物品，则意味着著作权人已经从权利行使中获得了报偿。③ 在 Givenechy v. C& C Beauty Sales 案中，美国第九巡回法院的推理是，未经授权进口受著作权保护的产品，阻碍了经美国著作权人授权在美国市场发行的复制件的价值的充分实现。④

　　著作权法与商标法则依据不同的理论基础，在类似的条件下，商标产品的平行进口被允许，而著作权产品的平行进口则可能被禁止。例如，在 Parfums Givenechy v. Drug Emporium 一案中，被告辩称，作为美国著作权人的原告系境外制造商——法国 Givenechy 公司的美国子公司，因此，

① See Quality King Distributors, Inc. v. L'Anzaresearch Int'l. ，523 U. S. 135（1998）；29 IIC 472（1998）.

② See 29 IIC 472（1998）.

③ See Lynda J. Zadra-Symes, *Using U. S. Intellectual Property Rights to Prevent Parallel Imports*，E. I. P. R. 222（1998）.

④ See 832 F. Supp. 1378，29 U. S. P. Q. 2d 1026（C. D. Cal. 1993）.

用商标法和关税法类推，原告应无权阻止平行进口。对此，审理此案的美国第九巡回法院认为，关税法和商标法在保护国内利益方面所依据的理论基础并不适用于著作权法，而且，《美国著作权法》第602条（a）款规定本身或其立法历史均未表明，应区别对待外国制造商的美国子公司和其他美国著作权人。①

　　除了著作权作为一种创作性成果的权利与商标权的区别外，还存在作者权体系与版权体系的区别。与版权体系不同，作者权体系强调著作权的文化意义。欧洲大陆学者不主张一味地对文化市场鼓励竞争，德国著作权法学者Dietz认为，出于文化政策的考虑，欧共体的出版权应当得到某种保护。②"以精神权利为主，限制合同自由的理想主义的著作权概念（至少在法国是如此），不能容忍把精神的做品当做纯粹的商品来对待。"③ 这种观念对著作权产品的平行进口也会带来一定的影响。例如，挪威从1993年开始禁止著作权产品的平行进口，理由是禁止平行进口有利于促进本土文化的发展，结果对其民族文化的发展确实起到积极的影响。④

---

　　① 参见38 F. 3d 477，32 U. S. P. Q. 2d 1512（9th Cir. 1994），驳回调卷令申请，514 U. S. 1004（1995）。

　　② 参见［德］阿道夫·迪茨：《欧共体中的著作权》，238页，欧洲委员会出版，1978。

　　③ 李琛：《市场统一中的人文失落——欧盟法与欧洲大陆著作权观念的冲突》，载《私法研究》（创刊号），418页，北京，中国政法大学出版社，2002。

　　④ See Brigitte Lindner, *Switzerland*：*The Cradle of International Exhaustion*，E. I. P. R. 373（1999）。

第五章　许可协议和销售合同对平行进口的调整

　　许可协议（License Agreement）和销售合同（Sale Contract）的标的不同，前者为知识产权，后者则是物。当销售合同的标的为知识产权产品时，两者就出现了某种联系。对平行进口的调整即是这种联系的表现之一。这两类合同对平行进口的调整可以被描述为以下互相联系的两个方面：一方面，通过许可协议和销售合同的约定排除平行进口，许可协议所约束的可以是协议的任何一方，销售合同所约束的是购买者；另一方面，通过对许可协议和销售合同的解释确定平行进口是否被允许。这是解决平行进口问题的另一条途径。一些国家的保护实践表明，若许可协议或销售合同中订立了明确的限制条款，则平行进口可能被禁止；反之，则可能被允许。对此，美国、日本及英国等国均出现了相关的司法判例，这些判例在平行进口领域产生了重要的影响，引起了热烈的讨论。本章将结合其他国家的相关保护实践，探讨许可协议和销售合同对平行进口调整的模式，以及这一模式可能带来的竞争法上的问题。

第一节　知识产权许可协议

一、许可协议的概念

许可（License）与转让（Transfer）相对，"许可"只是允许对方行使知识产权中的相关权利，知识产权所有权并不转移。知识产权许可协议①是在未转让所有权的情况下转移知识产权中的财产权的协议，它是实现知识产权价值的重要保障。在一般情况下，知识产权人自己往往不具备最大限度地利用其知识产权以全面获取经济利益的资源，因此，知识产权人通常都通过许可协议允许他人行使相关的权利而实现利益或使其利益最大化。许可协议反映了真实的商业交易，它们常常贯穿于知识产权的不同领域。当知识产权人许可境外企业利用其知识产权时，知识产权的国际许可协议应运而生。这类合同的一个重要作用就是扩展产品的地理市场。随着经济全球化的发展，原本属于区域性的或一国性的产品市场快速地国际化，知识产权的国际许可协议愈益重要和普遍。

知识产权领域中的许可有自愿许可和非自愿许可之分，后者又包括强制许可、法定许可等。在非自愿许可情形下，不存在权利人的"同意"，因此，权利人往往可以依据其国内相关权利禁止在国外依据非自愿许可而制造并投入市场的商品的进口。例如，在 1971 年的一起案件中，作品基于强制许可在英国发行，而后被出口至德国。欧盟委员会认为，"强制许可的使用费没有经过自由的谈判，不能真正反映市场的价格，如果进口国的许可价格高于出口国的强制许可费，许可人有权获得两种价格的差额"②。本书所讨论的许可协议是一种自愿许可协议，这是一种最为常见的使知识产权的价值付诸实现的方式。

---

① 在我国台湾地区，称之为"智慧财产权授权契约"。

② 《欧共体公报》，1971 - 07 - 20。转引自李琛：《市场统一中的人文失落——欧盟法与欧洲大陆著作权观念的冲突》，载《私法研究》（创刊号），北京，中国政法大学出版社，2002。

二、知识产权许可协议的种类

(一) 以许可的标的为标准

根据知识产权的基本类型，以及许可协议的不同目的可以将其大体划分为三类：（1）技术许可协议。这类许可协议涵盖了专利、商业秘密、技术诀窍、机密信息等项内容。在美国，依计算机软件、数据库和用户手册这类技术资料，以及"掩膜作品"的著作权所订立的许可协议，也被归入技术许可协议的范畴。（2）著作权许可协议。这是指就创造性成果如文字作品、视听作品等文学艺术作品的著作权所订立的许可协议。（3）商标权许可协议。在我国，这类合同一般指就商标权所订立的许可协议。而在其他国家，这类合同的标的还普遍包括商号及商业包装，后者指包装商品或提供服务的方式，这种方式不仅指产品包装、容器和标签，还指产品本身的形状，甚至于产品和服务的"外观和感觉"也纳入其中。例如，美国第十巡回法院曾将圣诞卡线条的"外观和感觉"视为商业包装予以保护。

在实践中，基于知识产权的权利群特点①，许可协议常常涵盖一类以上的知识产权。例如，一件游戏许可协议也许会包含受著作权保护的视听作品、软件以及体现在软件中的商业秘密；而一项专利药品的许可协议可能覆盖受著作权保护的使用说明及受商标法保护的商标。在这种情况下，一项许可协议囊括了一大"束"构成许可协议内容的知识产权。② 此外，许可协议还会由于涉及知识产权中的不同的子权利而有更加细致和多样的分类。例如，依据所涉及的不同的子权利，著作权许可协议就可以包括出版权（包括复制权和发行权）许可协议、表演权许可协议、翻译权许可协议等。

(二) 以许可使用的权利的性质为标准

最高人民法院在 2002 年 10 月 12 日颁布的《关于审理商标民事纠纷案件适用法律若干问题的解释》涉及以这种标准对商标许可协议的分类。③ 从实践中所反映的情况看，该司法解释对商标许可所作的分类同样

---

① 有关知识产权权利群的论述，请参见本书第二章。

② 与之相对应，涉及这类许可协议的平行进口也就同时涉及若干项知识产权。

③ 参见最高人民法院《关于审理商标民事纠纷案件适用法律若干问题的解释》第 3 条。根据该条规定，《商标法》第 40 条规定的商标使用许可可包括以下三类：独占使用许可、排他使用许可及普通使用许可。

适用于其他类型的知识产权许可。据此，知识产权许可协议可以划分为三类①：

第一，独占许可协议。这是指知识产权人在约定的期间、地域和以约定的方式，将相关知识产权许可一个被许可人行使，知识产权人依约定不得同时行使相关的权利。被许可人依据独占许可协议所获得的是一种在约定的期间和地域范围内的独占权，即在特定的时间和空间范围内，被许可人有权排除包括许可人在内的任何人对被许可权利的行使。例如，我国香港特别行政区《版权条例》第103条对"独占许可协议"作出了如下规定："在本部中，'专用特许'（exclusive licence）指由版权拥有人签署或由他人代其签署的书面特许，授权特许持有人在摒除所有其他人（包括批出该特许的人）的情况下行使本应属该版权拥有人可行使的独有权利。"

从所约定的地域范围看，被许可人所获得的独占权覆盖一国或一个地区的地域范围这种情形比较常见。当许可人在若干国家或地区拥有平行知识产权时，就会出现存在于不同国家或地区的若干个独占被许可人。例如，"分别出版"就是一种常见的著作权贸易方式。它是指著作权人将出版权分别许可给位于不同国家或地区的不同出版商，各被许可人拥有各自独立的市场，其利益的实现以约定的地域范围为限。② 这种许可方式也为平行进口提供了条件，在许多情况下，平行进口的产品正是通过这种贸易方式而在其他国家或地区制造并投入市场的。在这种许可形式下，在同一个国家或地区范围内，被许可人是特定的知识产权产品的唯一制造商或经销商，因此，也就不存在来自其他经营者的竞争。而平行进口产品进入被许可人所在的市场之后，就构成了与被许可人的竞争。许多平行进口案件

---

① 台湾学者则将其分为"专属授权契约"与"非专属授权契约"两大类。前者与这里谈的独占许可协议及排他许可协议相当；后者相当于这里谈的普通许可协议。另外，在以知识产权为客体的交易中，还以权利人是否移转其权利为标准，分为"纯粹债权性质之契约"与"含有处分性质之契约"两大类。前者相当于普通许可协议；后者又依其转移让与的方式，分为"无限制让与之契约"及"限制让与之契约"。参见谢铭洋：《智慧财产权之基础理论》，载台大法学丛书（八四），62～63页、68～73页，台北，翰芦图书出版有限公司，2001。这里的"无限制让与之契约"相当于知识产权转让合同；"限制让与之契约"又称为授权契约，与前述"专属授权契约"相当。

② 参见李琛：《市场统一中的人文失落——欧盟法与欧洲大陆著作权观念的冲突》，载《私法研究》（创刊号），北京，中国政法大学出版社，2002。

都与独占被许可人有关。

第二，排他许可协议。这是指知识产权人在约定的期间、地域和以约定的方式，将相关知识产权许可一个被许可人行使，知识产权人依约定可以同时行使所涉权利，但不得另行许可他人行使该项权利。这种许可又被称为独家许可。根据《发展中国家商标、商号和不正当竞争行为示范法》，若许可人自己需要同时使用被许可的商标，则须在许可协议中对此作出特别约定。在这种情况下的许可就是排他许可。与独占许可一样，在这种许可方式下，也会出现存在于不同国家或地区的若干个排他被许可人；与独占许可不同的是，在同一地域范围内，许可人自己也是特定知识产权产品的制造商或经销商，因此，许可人与被许可人之间同时存在竞争关系。平行进口也与这种许可方式具有密切的联系。

第三，普通许可协议。这是指知识产权人在约定的期间、地域和以约定的方式，许可他人行使相关的知识产权，并且可以自己行使及许可第三方行使该项权利。在美国法上，普通许可协议几乎等同于一个免于起诉被许可人侵权的契约。它不禁止许可人向第三方作出新的许可或自己使用许可标的；也不禁止许可人在非独占被许可人的利益受到未经授权的侵害时保持沉默。非独占许可只给予被许可人免于受到许可人起诉威胁而合法使用许可标的的权利，被许可人无权控制或限制许可协议范围内来自其他被许可人的竞争。因此，被许可人的地位较弱，在实践中较为少见。

三、独占许可协议的效力

与非独占许可相比，独占许可向被许可人提供更多的保证。如果一项许可是独占性的，那么被许可人即是唯一有权将所涉知识产权投入商业利用的人。

在独占许可形式中，独占被许可人在授权范围内获得相当于原权利人的地位，即其所获得的独占使用权具有物权或准物权的性质。[①] 与此相联系，被许可人享有诉权，当被许可行使的知识产权受到侵犯时，可以以自己的名义提起侵权诉讼。在我国，独占被许可人的诉讼地位开始受到重

---

① 参见谢铭洋：《智慧财产权之基础理论》，载台大法学丛书（八四），69页，台北，翰芦图书出版有限公司，2001。

视。在前述最高人民法院《关于审理商标民事案件适用法律若干问题的解释》第 4 条中，对商标许可协议的被许可人的诉讼地位予以明确，规定在发生注册商标专用权被侵害时，独占使用许可协议的被许可人可以向人民法院提起诉；而排他使用许可协议的被许可人可以和商标注册人共同起诉，也可以在商标注册人不起诉的情况下，自行提起诉讼；普通使用许可协议的被许可人经商标注册人明确授权，可以提起诉讼。

美国著作权法基于著作权的可分割性学说①，一个独占性的著作权许可在其独占的范围内等同于著作权的转让。依据这一原理，构成著作权的独占性权利可以被分成任意的部分（即子权利）或若干部分的集合，其中的每一部分都可以被单独的转让或所有。与此相一致，法条中"著作权转让"的概念包括独占许可。② 因此，独占性著作权许可的许可人已经在独占许可的范围内将著作权"出售"，许可人无权在独占许可规定的地理区域和使用领域内继续行使著作权。1994 年，美国第五巡回上诉法院在一项判决中指出，"如果软件发展商颁发了独占许可证，而又在自己公司的程序中使用该许可软件中受保护的屏幕显示，则软件发展商侵犯了被许可人的权利"③。

独占许可不同于知识产权的共同所有。我国《著作权法实施条例》第 9 条规定："合作作品不可以分割使用的，其著作权由各合作作者共同享有，通过协商一致行使；不能协商一致，又无正当理由的，任何一方不得阻止他方行使除转让以外的其他权利，但是所得收益应当合理分配给所有合作作者。"根据美国判例法，共同所有人之间的关系表现为一种非独占性的关系，每个共同所有人都有权利不经其他所有人同意而向第三方颁发许可，从商业角度看，它使得知识产权的共同所有不如独占许可那样有价值。一人以上的权利共有关系意味着全体共有人权利的非独占性，这种概括性结论适用于所有类型的知识产权。

---

①　参见《美国著作权法》第 201 条第（d）款第（2）项。

②　参见《美国著作权法》第 101 条。

③　Krpner-Tregoe, Inc. v. Leadership software, Inc., 12 F. 3d 527, 530～531, 538 (5th Cir. 1994), 驳回调卷令申请, 115 S. Ct. 132 (1994)。

四、许可协议的基本要求

　　一般来说，一项有效的许可协议应该满足四项基本要求：第一，许可人必须是相关知识产权的所有人或者得到所有人的许可授权。任何人都不能"许可"他人自己既未拥有也无法控制的权利。第二，所许可的知识财产必须受到法律的保护。有的国家如美国的法律规定，企图强迫他人签订许可协议，为并不存在或无效的知识产权支付使用费，不但会产生无法履行的义务，而且会违反反托拉斯法或者导致侵权责任。第三，许可协议必须明确规定所许可的与知识财产有关的权利。因为许可协议并不转移知识财产的所有权，通常它只给予被许可人与所有权相伴的知识财产中的某些而不是全部权利。由于未明示给予的权利通常被认为由权利人保留，因此，许可协议明确规定所给予的权利可以避免纠纷的发生。[①] 我国《著作权法》第 27 条规定："许可使用合同和转让合同中著作权人未明确许可、转让的权利，未经著作权人同意，另一方当事人不得行使。"依照美国马萨诸塞州合同法的流行格言，"包含某一情形就意味着明确排斥另一种情形"，明确授权的许可使用排斥了其他情形的使用。[②] 第四，权利保留。这包括两方面：一方面，许可协议表明哪些权利由许可人保留，或者是由自己或者将来授予第三方行使；另一方面，许可给被许可人的权利，许可人自己是否也保留使用的权利，即明确所给予的是独占许可还是非独占许可。由于第一方面可以通过上述第三项要求获得保障，因此，权利保留主要关注第二方面。对于专利许可来说，"如果没有反面的明示条款，独占许可证的颁发会被推定为禁止专利权人在专利产品上与被许可人竞争"。

---

　　① 参见 ［美］ 小杰伊·德雷特勒：《知识产权许可》，王春燕等译，3～4 页，北京，清华大学出版社，2003。

　　② 例如，美国第九巡回上诉法院在 1988 年的一项判决中指出，"在录像带发明之前签订的复制电影并借助电视播放的许可协议不包括以录像带的形式发行该复制品的权利"。参见 Cohen v. Paramount Pictures Corp.（9th Cir. 1988）。在 1989 年的另外一项判决中，该法院表达了与上述判决一致的意见，即"由于版权许可被视为禁止任何未经允许的使用，对计算机软件的使用的权利包括运行软件为客户制作产品的权利，而不包括未经许可人允许的对软件的复制和修改的权利"。参见 S. O. S.，Inc. v. Payday，Inc.（9th Cir. 1989）。

因此，为了继续保有专利技术中的权利，许可人必须在许可协议中作出明确的保留。否则，许可人"将永远无法实施其申请获得了专利的技术，直到该项专利失效"。我国《著作权法实施条例》第 24 条作出了类似的规定。① 在普通法上，如果许可人保留了这种权利，那么这种许可通常被称为"共同独占"（排他）许可；如果许可人没有明确保留这种权利，那么应当推定许可人无权对抗被许可人。这时就涉及默示许可问题。

第二节　默示许可原则

一、默示许可原则及其起源

1. 默示的意思表示及其构成要素。

许可系一种民事法律行为，民事法律行为的意思表示形式既可以是明示的，也可以是默示的。"明示形式"是指民事主体通过一定的方式将其希望设立、变更或终止民事法律关系的内在意志表现为某种外部行为。② 而"默示形式"意味着民事主体不以其语言、文字等方式直接表达其内在意志，而是通过实施某种行为或不实施某种行为间接地依法律规定、约定、习惯或常理推知其意的表示形式。③ 默示形式必须以特定的事实情形为基础，当相对人将行为人的作为或不作为的事实与该种特定情形相联系，并推知出行为人的内在意志时，默示才能成立。我国《民法通则》第 56 条规定了民事法律行为的形式要件，即"民事法律行为可以采取书面形式，口头形式或者其他形式"。第 66 条第 1 款有关无权代理及其法律后果的规定则包含了以下内容："本人知道他人以本人名义实施民事行为而不作否认表示的，视为同意。"有关默示的规定也出现在最高人民法院《关于贯彻执行〈中华人民共和国民法通则〉若干问题的意见（试行）》第 66 条之中，即："一方当事人向对方当事人提出民事权利的要求，对方未

---

① 《著作权法实施条例》第 24 条规定："著作权法第二十四条规定的专有使用权的内容由合同约定，合同没有约定或者约定不明的，视为被许可人有权排除包括著作权人在内的任何人以同样的方式使用作品……"

② 参见董安生：《民事法律行为》，98 页，北京，中国人民大学出版社，1994。

③ 参见史尚宽：《民法总论》，356 页，北京，中国政法大学出版社，2000。

用语言或者文字明确表示意见，但其行为表明已接受的，可以认定为默示。不作为的默示只有在法律有规定或者当事人双方有约定的情况下，才可以视为意思表示。"由此可见，与其他国家或地区相关的法律制度一样，在我国民事法律体系中，存在着有关"默示"与"默示授权"的规定。

默示意思表示的构成要素与一般的意思表示的构成要素类似。在主观构成要素上，行为人须有指明作为行为的具体内容的目的意思，须有欲使其内容引起法律上效力的效果意思；在客观构成要素上，包括了行为人的作为和不作为。所谓"作为"，在法律上是指积极的法律行为，它通过行为人的有意识的活动直接产生法律结果的行为；而不作为（沉默）则指行为人以被动的不为任何行为进行意思表示的形式，该意思表示根据法律规定或者当事人的约定可以推定。

2. 默示许可原则的起源。

如前所述，许可既可以是明示的，也可以是默示的。默示形式的许可，不仅可以根据书面文件中的某项条款、或者根据当时的具体情形产生，还可以根据当时的具体情形与书面文件中明示的某项条款相结合而产生。[①] 默示许可（implied license）是普通法系国家合同法上的重要法律概念和原则。

在历史上，英国的司法机关即是以默示许可原则而不是穷竭原则解决受知识产权保护的产品的销售问题，并且，默示许可原则仅仅关注是否向产品的所有使用者恰当地通告销售限制。这一原则既适用于知识产权的许可，也适用于知识产权产品的销售。

英国学者认为，这一原则至少可以追溯至 1842 年。[②] 当时，Webster 对 Crane 诉 Price 专利侵权案作出如下评论："假定一种产品如淀粉是专利权的对象，并且在这个国家里的所有淀粉均为专利淀粉，则对该产品的制造和销售受某些专有特权（exclusive privilege）的控制。但是，从专利权人那里购买了该产品的购买者有权将该产品再次出售，以及按照自己的

---

① 参见［美］小杰伊·德雷特勒：《知识产权许可》，王春燕等译，183 页，北京，2003。

② See Naomi Gross, *Trade Mark Exhaustion：The U. K. Perspective*，（2001）E. I. P. R. 224.

意愿予以使用。与被售的那部分物品有关的专有特权归于终结……因此，任何人通过许可或者购买合法获得受专利保护的产品，他就可以以任何自己喜欢的方式予以使用，这种方式可以与任何其他类型的财产的使用方式一样。"① 在 19 世纪下半叶至 20 世纪初，出现了有关默示许可的重要判例。1871 年的 Betts v. Wilmott 案的判决阐明："在买受人购买了其预期能够支配的物品的情形下，就必须存在与这种预期相反的清楚而明确的约定，以证明出卖人的下述主张具有正当理由：其并未给予购买者出售该物品，或者以任何购买者愿意的方式使用的许可。"② 1911 年的一个专利判例运用了同样的推理："首先，被许可人可以……作附有条件的销售，或者附加并不适用于普通物品销售的限制性条件；其次……若推定未对销售附加上述限制性条件，则所有人的全部权利将被推定转移给买受人；第三，若在销售专利物品时，买受人获悉由专利权人或其代理人所附加的限制性条件，则买受人对其所购的专利物品的所有权将受到限制。"③ 至 1986 年，英国上议院在 British Leyland 汽车公司诉 Armstrong 专利股份有限公司案中，明确支持如下原则：自由地使用所购商品而无须考虑该商品的原始所有人所享有的知识产权。上议院指出，汽车所有人有权使汽车处于良好的维修状态，英国的权利人不得利用其对备件绘图的版权禁止制造那些备件的复制件，这些复制件使汽车能够处于工作状态。

在美国，最初提及默示许可的判例为 1873 年美国联邦最高法院判决的 Adams v. Burke 案。④ 法官在对该案的意见中提到："不能认为，在此案中专利产品的销售方，仅仅作为波士顿地区的权利人，能够将它本身也没有的权利——即在波士顿以外的其他地区使用该发明的权利——通过在波士顿地区行使其销售权而以默示许可的方式授予第三人。"该法院在1927 年的德弗瑞斯特无线电话公司诉合众国案判决中首次对默示许可的

---

① (1842) 1 Webster's Patent Cases 377，转引自 Naomi Gross，*Trade Mark Exhaustion：The U. K. Perspective*。

② (1871) 6 Ch App. 239，245.

③ (1911) AC 337，353.

④ See 84 U. S. 453，456 (1873).

含义进行了明确阐述。① 在该案中，美国电报电话公司作为专利被许可人，同意不干预在战时为联邦政府制造"电子三极管"；该公司后又向政府和政府的制造商提供蓝图、图纸和技术帮助。美国联邦最高法院据此认定政府已获得一种默示的分许可，包括"电子三极管"的制造，以及由合众国对其进行的使用。在该案判决中，联邦最高法院阐述了默示许可的基本原则："并非必须正式授予许可才能达到许可使用的目的。专利所有人使用任何语言或由其向他人实施任何行为，如果他人可以由此而正当推定专利所有人已同意其使用专利，进行制造、使用或销售，并且他人据此而实施行为，则可以构成一种许可，并在侵权诉讼中构成一种抗辩。至于所构成的许可是免费的，还是应当支付合理费用的，则须取决于当时的情形；但此后当事人之间的关系，就由此发生的任何诉讼而言，都必须被认定为是契约关系而非'侵权'。"② 这里所阐述的原则至今仍然有效。③

3. 默示许可原则的法理基础。

上述创设了默示许可原则的一系列源于英国和美国的判例表明了默示许可赖以产生的法理基础。当英国司法机关最初以默示许可原则而不是穷竭原则解决受知识产权保护的产品的销售问题时，即是依据财产所有权理论，将适用于受财产权保护的产品的规制同样运用于受知识产权保护的产

---

① 参见 De forest radio telephone Co. v. United states，273 U. S. 236（1927）。1910 年德弗瑞斯特无线电话公司起诉美国政府未经专利权人同意非法使用未获得许可的真空管技术进行无线通信技术，要求美国政府支付该项专利技术的使用费。德弗瑞斯特公司的两项专利技术曾以书面文件的形式让与西方电子公司，随后西方电子公司又将协议下的权利与义务转让给美国电报电话公司，在协议中，美国电报电话公司获得了包括许可在内的诸多权利，同时德弗瑞斯特公司和西方电子公司保留对任何侵权行为提起诉讼的权利。第一次世界大战期间，美国政府与美国电报电话公司沟通，由于战争，政府需要相当数量的通用电气公司及其他公司生产的无线电电信设备。美国电报电话公司即致函军方的官员，美国电报电话公司不会对该种设备的生产进行任何干涉，并且同意放弃与生产该设备相关的其所拥有的任何专利权的侵权主张。美国政府接受了这一信件，并允许通用电气公司及其他公司生产所需的无线电电信设备，并将设备供给政府。为了帮助美国政府获得这种设备，美国电报电话公司还向生产设备的公司提供了技术图纸及其他技术帮助。

② De forest radio telephone Co. v. United states，273 U. S. 241.

③ 参见［美］小杰伊·德雷特勒：《知识产权许可》，王春燕等译，183～184页，北京，清华大学出版社，2003。

品，即除非卖方保留特定的权利，产品一经出售则与该产品有关的所有权利即转移至买方。① 而与之相对的传统的知识产权理论却认为，知识产权权利人所拥有的权利并不仅仅限于产品制造和首次投放，而是可以一直延伸到该产品随后的任何使用和销售行为。因此，财产所有权理论的应用使得权利人对知识产权产品的首次销售后的控制从具有强制性的领域（默认的权利）转变为通过约定实现的领域（特别指明的权利）。只有当知识产权权利人对其销售或许可他人销售的产品的使用和转售提出限制性条件的时候，才能要求对产品的转售者或其他购买者的违反限制性条件的行为进行规制。

与默示许可的产生相关的另一项普通法规则为"禁止反悔（legal estoppels）"原则。该原则起源于英国衡平法，根据该原则，不得通过否认已经由法律确认的事实，或者通过否认已经由自己明示或暗示方式的行为所承认的事实，从而达到逃避承受不利结果的目的。② 该原则与默示许可的关系可以表示为：当权利人销售某种产品时，只要该商品自身的性质或者销售该商品时的具体情形能够清楚地表明，购买者通过购买了该商品而获得了该商品上所包含的某种权利，则此时销售者就不得以侵犯专利权为由禁止购买者行使其通过购买商品所获得的权利的行为。③

二、默示许可的一般标准

合同法中的理性人标准被作为用以决定是否可以从当时情况或文件中默示得到许可的基本标准。"与任何其他的默示合同一样，默示许可产生于当事人的客观行为，而一个理性的人可以将此作为一种暗示，认为已经达成了一个协议。"④ 根据这个一般标准，默示许可的判断因素包括："当事人的行为、可适用的书面协议或信件中的条款或内容、当事人的合理期

---

① See Christopher Heath（ed.），*Parallel Imports in Asia*，14（2004），Kluwer Law International.

② See T. Whitley Chandler，*Prosecution History Estoppels，the Doctrine of Equivalents，and the Scope of Patents*，Harv. J. L. & Tech. 465（1999—2000）.

③ 参见尹新天：《专利权的保护》，76 页，北京，知识产权出版社，2005。

④ Medeco Security Locks, Inc. v. Lock Technology Corp.，199 U. S. P. Q. (BNA) 519，524（S. D. N. Y. 1976）.

待、公正与平等以及知识产权制度赖以建立的各种政策。"①

默示许可必须以"任何合同中的合意"为基础②，只有当"这些内容是合同关系所必须涉及的，只因其非常明显而使当事人未专门将本来意图订立的内容订入合同之中"③，对未订入书面合同的条款作出司法上的默示判断才是合理的。如前所述，对某些问题的明确表示就暗示着排除了那些被遗漏的相关问题，而凡未明示授予被许可人的权利均推定由许可人保留。这是许可的一般规则。

当被告在侵权诉讼中主张存在默示许可，以此作为其抗辩理由时，就要承担证明存在该默示许可以及许可的内容的举证责任。是否存在默示许可这一最终问题取决于相关的事实，例如，对其销售是否未予限制或者该销售是否根据权利人的授权而实施。如果存在某种限制，则限制应该是明确、具体的。在美国，其判例法也不赞同对当事人未予明示的限制进行推定。因此，明确授予制造、使用和销售产品的权利，不能限定其制造只能是为其在本国使用或销售之目的。

三、默示许可原则在平行进口领域中的应用

如前所述，为了解决权利人对相关产品首次销售后的控制问题，普通法和大陆法发展出了不同的解决方案，即源于大陆法传统的基于公共政策的权利穷竭原则，以及源于普通法传统的基于合同法上的对价原理的默示许可原则。因此，与权利穷竭原则一样，默示许可原则也被应用于有关平行进口的案件之中。并且，随着普通法和大陆法两大法系的融合，默示许可原则也在一些大陆法系国家被接受并被应用于相关的平行进口案件中。例如，日本最高法院即适用默示许可原则判定 BBS 案中的平行进口行为。④

---

① 参见［美］小杰伊·德雷特勒：《知识产权许可》（上），王春燕等译，185页，北京，清华大学出版社，2003。

② See Duval Sulphur & Potash Co. v. Potash Co. of America，244 F. 2d 698，701 (10th Cir. 1957).

③ Baldwin Rubber Co. v. Paine & Williams Co.，107 F. 2d 350，353（6th Cir. 1939），驳回调卷令申请，309 U. S. 676 (1940).

④ See 29 IIC 331 (1998).

不过，权利穷竭原则对于平行进口的意义在于权利穷竭的空间效力范围（国内、区域或者国际），而该效力范围取决于相关国家或地区的法律制度包括立法和司法判决的规定，因此，在适用权利穷竭原则解决平行进口争议时，起决定作用的是法律制度的倾向；而默示许可对于平行进口的意义在于权利人本身的意思表示，因此，在适用默示许可原则解决平行进口争议时，起决定作用的是权利人的意愿。相应地，从两项原则的效力而言，权利穷竭原则因以法律制度的规定为依据而具有确定性，而默示许可原则因以合同限制为依据仅具有相对性。

欧盟及美国的相关判例表明，许可协议的约定是判断平行进口是否被允许的重要依据。在1999年的 Zino Davidoff SA 诉 A&G 进口股份有限公司案的判决中，伦敦高等法院法官 Laddie 总结道："根据英国法，除非合同包含了明确的权利保留，否则商品的销售将导致原所有人在该商品上的所有财产权全部转移给新的所有人。"这一结论同样适用于涉及知识产权产品的销售合同。[①] 2011 年欧盟法院对 Zino Davidoff SA v. A&G 案的判决，关注的是"商标所有人对已经在欧盟以外地区销售的产品进入欧盟地区销售的同意（consent）能否由默示推定（implied）"的问题[②]，美国法院认为，若无相反的约定，许可协议被视为未限制产品销售的地理区域。[③]

第三节　通过许可协议和销售合同约束平行进口

一、权利人的意思表示——同意及其意义

如第二章所述，权利人的"同意"为权利穷竭的决定性因素。在许多场合，同意等同于穷竭，一旦受保护产品由权利人自己或经其同意被投放市场，则权利人"穷竭"了其在这些产品上的权利。这里的"经其同意"

---

① See Irini A. Stamatoudi and Paul L. C. Torremans, *International Exhaustion in the European Union in the Light of "Zino Davidoff"*: *Contract Versus Trade Mark Law?*, 31 IIC 124 (2000).

② See http://curia.europa.eu/juris/celex.jsf? celex＝61999CJ0414&lang1＝en & type＝NOT&ancre＝，2012-01-12。

③ See 690 F. Supp. 1339, 1342 (1988).

主要指通过许可协议的形式允许被许可人行使知识产权中的相关权利，在普通法上，有时还包含了默示许可的情形。"同意"除了涉及首次销售以外，还涉及再销售这种情形。后者与下文讨论的区域限制相关。

　　有关判例表明，在平行进口的场合，若权利人的"同意"能被推定，则平行进口被允许，反之则不被允许。例如，在 Merck v. Stephar 案[①]中，原告的一种治疗高血压的药物 Moduretic 被投放于意大利市场，随后被进口至荷兰。意大利对药品不提供专利保护，因此，原告就该药品在意大利不享有专利，但在荷兰拥有专利权。原告提出，由于其药品在意大利不受专利保护，自己没有机会获得发明的报偿，因此，平行进口应被禁止。对此，欧盟法院认为，决定性的因素不是在首次销售的国家里专利保护是否存在，而是专利权人同意销售所涉产品。欧盟法院认为，如果专利权人想首先在一个其产品不受保护的成员国销售其产品，那么这显然是他自己的选择。[②] 而在 1985 年的 Pharmon v. Hoechst 案的判决中，欧盟法院则以"同意"的缺席而支持了专利权人的请求。在该判决中，欧盟法院确认，对于在另一成员国根据强制许可证被合法制造并投放该国市场的产品，专利权人拥有禁止其进口并销售的权利。因为，强制许可的情形证明了权利人"同意"的不存在。倘若不是以权利人的"同意"，而仅仅以在出口国的制造和销售的合法性为标准，那么，这将剥夺专利权人自由决定销售其产品的条件的权利。[③] 同样，在 Merck & Co. Inc. v. Stephar 案中，欧盟法院给予"同意"而不是"垄断权"以更重要的地位。[④]

　　英国上诉法院的法官对"同意"的认识则更为严格。例如，在 Lloyd 勋爵和 Slade 勋爵的眼里，"同意意味着真正的同意"，而不是"推定同意"。在 1989 年的 Colgate-Palmolive 股份有限公司诉 Markwell 信贷股份有限公司案中[⑤]，对于所有人的同意问题，Lloyd 勋爵认为，原告从未同意在由被告进口的商品上使用英国商标。根据巴西法律的要求，商标许可

---

　　① See 1981 ECR 2063，13 IIC 70 (1982).

　　② See Jochen Pagenberg, *The Exhaustion Principle and "Silhouette" Case*，30 IIC 19，20 (1999).

　　③ See Case No. 19/84，17 IIC 357 (1986).

　　④ See Christopher Heath, *parallel Imports and International Trade*，28 IIC 623，626 (1997).

　　⑤ See (1989) R. P. C. 497.

协议中未规定对出口的一般限制。但这不能视为所有人的同意，因为无论是明示还是默示，都应是真正的"同意"。Slade 勋爵对此持一致的观点，他认为，虽然根据巴西法律，商标权人得容忍商标产品的出口，但是由于商标权人已经采取一切措施制止出口后的产品被进口至英国市场，不能从英国商标所有人与其巴西子公司之间的商标使用许可协议中推断出，商标所有人明示或默示同意他人使用在英国注册的商标。

对于基于强制许可首次发行作品的复制件的情形，欧盟委员会对共同体穷竭原则的适用进行了限制。例如，针对所涉作品基于强制许可在英国发行，而后出口到德国这一情形，欧盟委员会认为，强制许可的使用费非经自由谈判确定，不能真实反映市场的价格，若进口国的许可价格高于出口国的强制许可费，则权利人有权获得两种价格的差额。① 欧盟委员会的意见实际上也是一种对权利人的"同意"的重视。

在 2000 年的 Dior v. Etos 案中，欧洲初审法院对同意概念作出了进一步的阐述。在该案中，Dior 是 Fahrenheit 商标的所有人，它以在不同的欧盟成员国采用选择性的销售体系的方式在 EEA 内销售其 Fahrenheit 牌商品。对此，局外人不可能从 Fahrenheit 牌商品的特征判断它们可被使用的地域范围——EEA 之内还是 EEA 之外。Dior 指控 Etos 未经自己的同意通过其连锁零售商店，在比利时、荷兰、卢森堡地区经销 Fahrenheit 牌商品，请求鹿特丹地方法院制止 Etos 的经销行为。鹿特丹地方法院认为，Etos 证实了自己是从 EEA 内的供货商处获得该商品，这足以反驳 Dior 所提出的请求。Dior 将此案上诉至欧洲初审法院。针对被告从位于 EEA 内的供货商处获得的首次投放在阿根廷市场上的商品，是否应被视为经原告同意投放在 EEA 内的商品这样一个问题，欧洲初审法院认为，同意概念应在欧洲的范围内作出解释，否则会在不同的国家对穷竭原则作出不同的解释，这将会阻碍商品和服务的自由流动。欧洲初审法院认为，Etos 所宣称的以下几个方面均不构成同意：Dior 并没有禁止其 EEA 外的顾客在 EEA 内经销；Dior 允许其在 EEA 外的经销商向 EEA 内的零售商提供商品；Dior 并没有充分地控制其销售体系。根据上述对同意的认识，欧盟法院裁定：Etos 停止经销并非由 Dior 或经其同意投放在 EEA 市场的 Fahrenheit 牌商品。

在美国，许可协议的约定也是判断平行进口是否被允许的重要依据。

---

① 参见《欧共体公报》，1971 - 07 - 20。

1873 年，美国最高法院在 Adams v. Burke 案①中确立了专利权穷竭原则。自此以后，该项原则始终限于领土穷竭，即它只适用于在内国销售的专利产品，而不延伸适用于在其他国家销售的专利产品。但是，如果专利产品的进口得到美国专利权人的同意，或者如果专利权人在国外销售专利产品时未施加任何限制，则相关专利产品可以进口并在美国销售。例如，在 Kabushki v. Refac Technology 案中，法院认为，若无相反的约定，许可协议被视为未限制产品销售的地理区域。② 商标领域的情形也是如此。《美国关税法》第 526 条禁止未经注册商标所有人的书面同意，进口使用美国商标权人的注册商标的商品。

二、许可协议中的区域限制及其对平行进口的约束

从前述许可协议类型的讨论中可知，无论是独占的、排他的还是普通的许可协议均涉及地域约定问题。在授权他人行使其相关的知识产权，如制造或销售专利产品、出版著作权作品或使用注册商标时，为了加强其产品与其他功能相同或相似的产品（如专利产品）或同类产品（如商标产品）之间的竞争，同时避免彼此之间就相同产品的竞争，知识产权人往往会在许可协议中限制被许可人制造或销售相关知识产权产品的区域。③ 在美国法上，区域限制包含既有区别又有联系的两个方面：区域限制和区域独占。前者只是对一种许可的区域范围的限制，它只是将被许可人限定在特定的地区进行从事获得许可的知识产权交易，这种限制只是反映了许可人在小于其知识产权的空间效力范围的区域内授予许可的决定；后者则包括更多东西：要求许可方不得进入许可地区，且不得授权第三方这样做。④ 区域限制是在实务上较常见之许可协议限制性条款中的内容。例如，出版合同往往约定出版地域范围，在欧洲即为所谓的"分别出版"情形。

当区域限制涉及不同国家或地区的市场划分时，即在不同的国家或地

---

① See 84 U. S. 453，456 (1873).

② See 690 F. Supp. 1339，1342 (1988).

③ 参见罗怡德：《智慧财产权法与公平交易法：专利授权与不公平交易》，载《辅仁法学》，14 期。

④ See Jay Dratler，Jr.，*Licensing of Intellectual Property*，Law Journal Seminars-Press，§7.11.

区由不同的被授权人,或者分别由授权人和被授权人行使制造权和/或销售权时,就产生通过区域限制约束平行进口的问题。例如,在 Zino Davidoff SA 诉 A&G 进口股份有限公司案中,原告 Davidoff 经营高档化妆品,案件所涉商品为使用 COOL WATER 及 DAVIDOFF COOL WATER 这两个商标的化妆品。这些产品由原告的独占被许可人 Lancaster Group GmbH 制造和销售。在世界各地市场上,Davidoff 化妆品的批发价极为悬殊。例如,相同商品在新加坡的批发价比在欧洲的就低一半。被告从 EEA 外(新加坡)购得上述两种商标的商品,并进口至英国销售。原告请求英国伦敦高等法院作出商标侵权的即决裁判。原告 Davidoff 及其在新加坡的独占经销商之间的许可协议包含以下区域限制:"该协议授予新加坡经销商 Luxasia 在新加坡、马来西亚、印度尼西亚、菲律宾、香港、柬埔寨及斯里兰卡等地的进口、销售独占权。协议第 3 条约定,Luxasia 将以自己的名义独立销售。第 4.3 条要求 Luxasia 将产品直接出售给当地的零售商,或者在销售区域的每个市场内,指定分经销商或分代理商。第 7.2 条则规定,'被授权经销商保证不在上述区域外出售任何产品并要求其分经销商、分代理商,以及/或者零售商也遵守这一约束'。"① 上述约定成为该案主审法官 Laddie 判定原告是否同意投放在新加坡市场上的商品被转售至 EEA 或其他任何地方的基础。

在我国香港特别行政区的《版权条例》中,独占许可协议中的约定对于平行进口的命运具有重要的意义。在标题为"'侵犯版权复制品'的含义"的第 35 条中,第 3 款规定:"若(a)某作品的复制品(附属作品的复制品除外)已输入或拟输入香港,及(b)该复制品(附属作品的复制品除外)……或违反关乎该作品的专用特许协议,则该复制品(附属作品的复制品除外)亦属侵犯版权复制品(附属作品的复制品除外)。"违反有关作品的独占许可协议进口版权复制品的,将构成侵权,还可能构成犯罪。②

---

① (1999) ALL ER (D) 502.

② 参见 Michael Pendleton:"Hong Kong's Intellectual Property is of far Wider Scope than Britain or the United States",载《知识产权研究》第 8 卷,北京,中国方正出版社,1999。不过,有意见认为,根据第 35 条第 3 款的规定,独占的销售许可协议并不足以禁止平行进口。参见 Henry J H Wheare, IP Asia, February 1998, p.30,转引自 Michael Pendleton 文。

　　欧洲、美国和日本的法律对待区域限制的态度有很大区别。美国在过去对区域限制，尤其是在国际社会中采取了相当宽松的方式。欧洲则采用了较为严格的方式，这主要是因为自从欧共体成立以来，欧洲各国间的人员和商品的自由流动已成为其存在的基本价值。日本对待区域限制的态度则居于上述两者之间。①

　　在美国，"专利权人可以就专利产品的许可或销售设定各种为反托拉斯法所允许的限制。禁止将产品返销美国的区域限制不会被视为滥用专利权或本身违法。当然，这类限制必须在销售或许可时明确申明，否则，将推定专利权人打算放弃该专利产品上的所有权利。当这种明确的限制存在的情况下，买主将产品转而进口美国的行为就可能被美国专利权人指控侵犯其美国专利"。"以专利权阻止平行进口的前提是：产品受到美国专利保护，并且在许可协议或销售协议中明确并合法地规定了对再进口的限制"②。在一份由美国著作权登记机构向美国国会递交的有关著作权法修订的报告中，我们看到了以下文字："当对同一部作品的美国版本和国外版本作出安排时，出版商通常愿意对国际市场予以分割。国外出版商承诺不在美国销售其版本，美国出版商也承诺不在国外市场销售其美国版本。对盗版制品的进口禁令应延伸至违反了这种协议的国外版本的进口。"③在1985年的一项判决中，美国佛罗里达州南部联邦地区法院认为，"如果商标独占许可协议禁止许可人进口使用该商标的产品到美国，那么对于许可人授权在加拿大生产的产品，被许可人阻止其平行进口的权利受到保护"④。

　　在欧洲，对于涉及欧盟成员国市场之间的地域分割的区域限制不被允许。例如，《老人与海》的著作权人允许除英国和爱尔兰以外的其他所有

---

　　① See Jay Dratler, Jr. , *Licensing of Intellectual Property*, Law Journal Seminars-Press, §7. 11.

　　② Lynda J. Zadra-Symes et al, *Using U. S. Intellectual Property Rights to Prevent Parallel Imports*, (1998) E. I. P. R. 220.

　　③ *Copyright Law Revision*: *Report of the Register of Copyrights on the General Revision of the U. S. Copyright Law*, H. R. Judiciary Comm. Print, 1961, 87 th Cong. , 1st Sess. , pp. 125 - 126.

　　④ Selchow & Righter Co. v. Goldex Corp. , 612 F. Supp. 19, (S. D. Fla. 1985). pp. 28 - 29.

欧盟成员国出版《老人与海》的袖珍版，对此，欧盟委员会要求权利人将许可范围修改为整个欧共体市场。权利人按要求取消了上述区域限制。①英国近年来的保护实践表明，对许可协议中涉及非 EEA 地区的区域限制也进行了严格的解释。例如，对于前述 Davidoff 及其在新加坡的独占经销商之间的许可协议所约定的区域限制，在一般人看来，协议中约定保证内容的第 7.2 条清楚表明，其意图就是要保证由 Luxasia 出售的产品只能在合同约定的地域内销售。然而，Laddie 法官认为，虽然 Silhouette 案判决允许投放在 EEA 外市场上的产品的商标所有人，利用其 EEA 商标权禁止上述产品进入 EEA 市场，然而，共同体法也没有创设这样一种假定，即"所有人可以反对投放在 EEA 外市场上的商品的自由销售，除非所有人明确同意这种再销售"。对于上述许可协议是否具有排除同意所涉产品向 EEA 进口的效力问题，Laddie 法官否定了这种效力的存在，认为许可协议中的区域限制只能约束分经销商，对第三人没有约束力。而且，该协议还缺乏以下方面内容：限制销售和供应对象；保留根据世界上其他地方的商标注册而存在的、与相应的商标有关的权利；禁止被授权经销商在未通告购买者任何这类限制或权利保留的情况下出售商品等。1999 年 5 月 18 日，英国伦敦高等法院对 Zino Davidoff SA 诉 A&G 进口股份有限公司案作出了判决，原告提出的即决裁决请求被驳回。该判决引入了合同法及国际私法因素，引起了广泛的争论。有西方学者对 Laddie 法官的分析提出了批评，认为它没有反映协议当事人的真实意图。②也有英国学者从不同的角度提出，该判决所采用的方法完全符合逻辑。③本书认为，争论起因于人们的认识角度不同，批评者系从许可协议的角度，而赞成者则从销售协议的角度评论该案采用的推理方法。因此，该案的决定性因素实

---

① 参见李琛：《市场统一中的人文失落——欧盟法与欧洲大陆著作权观念的冲突》，载《私法研究》（创刊号），北京，中国政法大学出版社，2002。

② See Marleen Van Kerckhove & David Perkins, *European Community and International Exhaustion*: *Shades of Grey*, PLI's Seventh Annual Institute for Intellectual Property Law, Practising Law Institute Patents, Copyrights, Trademarks, and Literary Property Course Handbook Series, 2001.

③ See Irini A. Stamatoudi and Paul L. C. Torremans, *International Exhaustion in the European Union in the Light of "Zino Davidoff"*: *Contract Versus Trade Mark Law?*, (2000) I. I. C. 123, 124.

际上是销售合同中针对购买者的地域限制问题。

三、销售合同中的地域限制对平行进口的约束——以英国和日本的判例为例

在不少情形下，权利人（知识产权人或被授权人）与销售商之间就知识产权产品所订立的销售合同也会涉及区域限制问题。例如，在 Silhouette 诉 Hartlauer 案中，Silhouette 公司向一保加利亚公司折价出售21 000 副式样过时的太阳镜，并在合同中规定了某些形式的出口及重新进口限制，Silhouette 公司特别要求这批产品只在保加利亚或苏联各加盟共和国内销售，而不会被返销共同体市场。①

（一）英国判例

在英国历史上，其判例法对于专利权人所作的有关产品销售的区域限制给予了高度的重视。当英国专利权人在自己投放于外国市场上的专利产品上附加了清楚而明确的限制，他就可以阻止这些产品进口到英国。除非获得英国专利权人的明示或默示许可，否则由被许可人根据外国专利在国外销售的产品不得进入英国。② 与这一传统相关，我们在前述 1999 年英国高等法院审理的一起引起广泛影响的案件中，看到了法官对销售合同中的区域限制条款的强调。③

在 Zino Davidoff SA 诉 A&G 进口股份有限公司一案中，Laddie 法官指出，在协议中缺乏有效的针对购买者的有关销售区域的限制。Laddie 法官援引了 1871 年和 1911 年的两个涉及专利物品销售中的默示许可的英国判例④，认为本案合同的约定并不足以排除原告对所涉产品向 EEA 进口的默示许可。因为，对于产品的再销售和流通，原告"本来能够设置有效的限制，但是实际却没有"。这些有效的限制包括：要求 Luxasia 加入

---

① See Case C-355/96—Silhouette International Schmied GmbH & Co. KG v. Hartlauer Handelsgesellschaft GmbH，30 IIC 920（1999）.

② See W. R. Cornish，*Intellectual Property*，Sweet & Maxwell，1996，pp. 216~217.

③ See Zino Davidoff SA v. A&G Imports Limited，（1999）ALL ER（D）502.

④ See Betts v. Wilmott，（1871）6 Ch App. 239，245；National Phonograph Co. of Australia Ltd v. Walter T. Menck，（1911）AC 337，353.

限制经销链条中的其他环节出售商品区域的永久性的合同条件；要求在所有产品上标注销售地域上的任何限制；对购买者施加注意有关限制和权利保留的有约束力的法律责任；要求在所有产品上标注销售地域上的任何限制。合同中欠缺权利保留条款将意味着权利的全部移转可以被推定，买受人可以按照自己的意志自由处置所购物品，这种处置包括重新进口或平行进口。由于用于阻止包括平行进口在内的处置商品的行为的权利没有被权利人保留，因此，沉默意味着实际上的对上述行为的默许或同意。在第三人再销售商品的权利取决于购买合同的法律的情况下，所有人已经同意或者允许第三人处置商品；上述法律允许卖主限制商品的再销售或者购买者对商品的使用，但同时也规定，若所有人对购买者进一步销售商品的权利未作有效的限制，则第三人获得在任何国家包括欧共体销售商品的权利。因此，Laddie 法官的结论就是，协议本身并没有禁止所涉产品进入 EEA 销售，原告已经同意这种销售，被告可以自由在英国销售。

由于该案涉及有关欧盟《商标指令》第 7 条第（1）款和第（2）款的范围和效力的基本问题，因此，Laddie 法官就此案涉及的若干问题寻求欧盟法院的意见。其中，涉及以下两个互相联系的问题：第一，对《商标指令》第 7 条第（1）款规定的商标所有人的同意的解释，是否包括明示或默示以及直接或间接的同意？第二，如果不存在针对第三人的有效的限制，则是否可以认为所有人已经同意第三人在共同体销售商品？

2001 年 4 月 5 日，欧盟法院总法务官 Stix-Hackl 发表了对此案的意见。他认为，在欧盟法院穷竭理论的框架内，同意概念与商标所有人有关转让的意图表示无关，而是与商标产品销售的说明义务问题有关。同意概念有客观的内容。因此，商标所有人同意将商标产品投放在 EEA 内市场的前提条件是，所有人有机会在 EEA 内实施其独占权。在平衡商标保护的要求与自由贸易的利益时，应该区别共同体内的贸易与涉及非成员国的贸易。在共同体内平行进口的情形下，商标产品上的处分权的转移与这些产品在 EEA 市场上投放同时发生。而当产品是从非成员国平行进口至共同体时，这种一致性并不存在。这必然产生有关销售控制的不同可能性。总法务官认为，在进行利益平衡时，必须考虑这种不同的可能性。

在分析商标的"特定主题"概念时，总法务官指出，当被平行进口的商品未发生任何变化时，所涉及的问题就不是产品的来源，而是商标权人保留其在 EEA 内实施独占权的可能性。这类独占权包括了自由决定产品

销售条件的权利。因此，总法务官得出的结论就是，根据《商标指令》第
7条第（1）款的同意与最大限度地控制市场的独占权有关。同时，商标
权人反对从非成员国平行进口的权利也受到限制。对此，总法务官认为，
"若商标权人能够控制所涉商品在 EEA 内的销售，则其权利在商品从非
成员国平行进口时穷竭。"这样又引出了另一个问题，即应如何解释"控
制销售的标准"？首先，作为对商标权的一种限制，穷竭原则必须作狭义
的解释。因此，总法务官拒绝采用"经济上关联"这一太过宽泛的概念。
"控制"并非意味着一种直接控制的形式，而是一种决定、实行或控制销
售链条的可能性。这样，它将包括由所有人自己的销售及由被许可人的销
售。在该案中，当产品在 EEA 外首次投放市场时，商标所有人明确了自
己对其产品销售的支配，如禁止某些情况下的销售和出口以及地域限制。
这样，使同样应受保护的另一方合同当事人产生了合理的预期。其次，成
员国法院还应考察，商标所有人的行为是否能被解释为构成对其控制
EEA 内销售的独占权的放弃。在解释权利人是否放弃权利的时候，不应
采用过于低的标准，否则商标所有人的独占权将形同虚设。[①]

　　在总法务官的意见的基础上，欧盟法院强调，由于"同意"将导致独
占权的消灭，商标所有人必须明确表达对其权利的放弃；商标所有人的默
示许可不能仅仅从其未告知所有购买者所购商品不得在 EEA 内销售这一
点上推论出来。欧盟法院还进一步指出，既不能从商品上未附带任何有关
限制销售区域的警示这一事实中推定默示许可，也不能从销售合同未设置
任何限制这一事实推定默示许可。[②]

　　由此可见，在对商标权人是否构成默示许可、是否已经同意第三人在
共同体销售商品的问题上，欧盟法院的意见与伦敦高等法院的意见截然相
反。因而，它们对原告能否制止平行进口的态度上也不相一致。

　　与伦敦高等法院的判决相映成趣，在 2000 年的 Joop! GmbH v. M&S

[①]　See Marleen Van Kerckhove & David Perkins, *European Community and International Exhaustion：Shades of Grey*, PLI's Seventh Annual Institute for Intellectual Property Law, Practising Law Institute Patents, Copyrights, Trademarks, and Literary Property Course Handbook Series, 2001.

[②]　See Christian Rosner, *Van Doren ＋ Q：The Very Last Step*（2002）EIPR 605.

Toiletries Ltd 案①中，苏格兰高等民事法院（Court of Session）的 Kin-garth 勋爵对商标权人与其被许可人之间的许可协议作出了不同的解释，因此，判决结果与 Zino Davidoff 案的正好相反。在该案中，原告 Joop 是一化妆品和香水的制造商，被告 M&S 从原告在远东的被授权经销商处购买了使用原告商标的商品，并将这些商品平行进口至 EEA，原告请求禁止被告的平行进口行为。根据许可协议，被授权销售商（被许可人）获得在远东销售原告（许可人）商品的排他权，作为对这种销售排他权的限制，被许可人不在约定地域之外销售商品，并且其下属的所有零售商都受此约定的约束。虽然该协议包含了上述限制，许可人的商品还是被从新加坡进口至苏格兰。而且，商标所有人未得到有关商品将在英国销售的任何事前通告。

　　该案涉及以下两个问题：一是若商标所有人未施加充分的销售限制以禁止销售商向 EEA 进口，则《商标指令》第 7 条第（1）款所规定的"同意"能否被推定；二是是否应在商品标签上明确标示：商标所有人未同意该商品在 EEA 内销售。对于"同意"问题，审理该案的 Kingarth 勋爵指出："相关的合同条款透露了一个明确的意图，即销售协议所涉及的商品应当就是约定地域内的零售商品，对此不存在严重的争议。销售协议规定，潜在的销售链条中的所有经销商应对购买者（包括零售商）施加销售地域的限制，对此也不存在争议。"对于没有在商品的标签或包装上贴附商标所有人不让商品进入 EEA 这一意图的警示，法官认为这不影响权利人的禁令请求。因为，对此"可以从有关的合同条款中探明。而且，在商品的标签或包装上贴附的警示标志可以被去除"。对于上述裁定，双方当事人均无异议，因此，Kingarth 勋爵未就该案中提出的问题提请欧盟法院解决。

　　（二）日本判例

　　在 1997 年 7 月 1 日的 BBS Kraftfahrzeugtechnik AG v. Rashimekkusu Japan Co. Ltd. and JAP Auto Products Co. Ltd. 案中，日本最高法院在该案判决中认为，只有专利权人明确将平行进口排除在外，受国内专利保护并由专利权人投放国外市场的产品的进口才构成侵权。②

---

　　① See Court of Session，April 4，2000.
　　② See 29 IIC 331 (1998).

　　在该案中，原告德国一家汽车部件制造商 BBS 汽车技术有限公司，在日本和德国拥有某种铝制车轮的平行专利。原告就同样的发明在 1987 年 4 月 22 日获得了德国专利，在 1991 年 12 月 20 日获得了日本专利。原告在德国制造并销售专利车轮，并通过其在日本的子公司——日本 BBS 公司，将其生产的专利车轮进口日本予以销售。同时，原告还向日本的其他汽车制造商颁发了非独占的制造许可证。第一被告 Lacimex-Japan 是日本的一家汽车部件进口商，它于 1992 年在德国从 BBS 公司及其所授权的 Lorinser 公司处分别购得 BBS 的专利车轮，随后将其进口至日本。第二被告 Jap Auto Products 随后在日本销售这批车轮。在这些车轮上没有贴附有关进口限制的通告。BBS 铝制车轮的被许可人在日本销售该车轮的价格为 10 万日元，而平行进口商销售同样车轮的价格仅为 8 万日元。BBS 要求禁止被告进口专利产品的行为，并提出损害赔偿请求。被告对此提出如下抗辩：受日本专利保护的被进口的产品已经由原告在德国投入市场，这导致了原告的专利权在这些产品上的穷竭；根据国际专利穷竭的理论，被告进口并销售这些产品不构成专利侵权。

　　东京地方法院认为，进口专利产品未经专利权人的同意，构成侵权，因此，支持了原告的请求。东京高等法院受理了上诉并认为，专利权人已经通过对专利产品的首次销售（不管是在国内还是在国外）获得了足够的报偿。法院未发现存在可以据以向销售商要求赔偿的任何形式的限制，因此驳回了原告的请求。最后，原告将此案上诉至日本最高法院。最高法院同意东京高等法院的意见，认为原告不能获得损害赔偿及禁止令救济。该法院首先指出，对依平行专利权销售的产品主张权利不属于双倍报偿的问题，它是一种对内国专利权的正当行使。其理由包括：第一，根据《巴黎公约》斯德哥尔摩文本第 4 条之二：（1）在一成员国获得的专利与在其他成员国或非成员国所获得的专利互相独立。该条款不涉及专利权人对其专利权的行使。（2）与专利有关的地域性原则指各国的专利权只在该国地域范围内有效。根据内国专利法决定怎样的情形构成对专利的利用；对专利权利用到怎样的程度会与专利权人投放在国外市场的产品有关。本案中的问题与地域性原则无关。第二，若日本专利权人将专利产品投放国外市场，则不适用上述推理。因为，在产品销售国，专利权人可能并不拥有与其日本专利相对应的平行专利权。即便拥有这样一项平行专利权，它与内国的专利权也是各自独立的。

　　在本案中，国际贸易中的商品自由流通与专利权人的利益之间的关系成为日本最高法院关注的问题。该法院认为，在当今社会，国际贸易和经济产生了广泛的影响，其快速的发展要求一系列的条件；甚至当商品在国外投放市场后进口至日本市场的情形下，也存在为商品的自由销售（包括进口）创造条件的要求。作为一种一般性原则，即使交易发生在国外，买受人不但获得标的物，而且获得与它有关的权利。也就是说，转让人转让了他的权利。为了实现这种交易并为国际贸易创造条件，在国外转让其专利产品所有权的专利权人被认为同时赋予买受人与第三方作进一步交易（包括进口至日本、在日本使用以及转让所有权）的权利。若将专利产品投放外国市场的内国专利权人希望排除买受人在本国市场销售和使用专利产品，则当其与买受人交易时应表示其限制意图，并应在专利产品上作明确标示。如果在产品上对限制作明确的标示，则这种限制能有效地对抗专利产品销售链条中各个环节的购买者。Maso Ohno 法官指出："随着国际贸易条件的日益成熟，在其他国家销售专利产品的专利权人应当能够预见该产品会被进口并销售"，"除非在产品上明确标注禁止将该产品进口至日本，否则专利权人不能反对这种进口"。在本案中，原告（专利权人）在德国销售了专利产品。当原告销售产品时，对购买者未提出任何有关产品的销售和使用的限制。即使有这种限制，原告也未能提供证据予以证实。基于这一理由，原告不能根据其专利权请求禁止令或损害赔偿。

　　由此可见，该判决也是从契约的角度强调了专利权人或被许可人与直接或间接的购买者之间销售专利产品的自由协议。也就是说，它是从合同法的角度而不是权利穷竭的角度进行推理。日本学者认为，该判决是以下两方面的折中：一方面，提高内国市场在进口商品上的竞争；另一方面，通过与直接和间接的购买者之间的协议的限制性规定，保护许可人的利益。①

　　在日本最高法院作出该判决之后，如果专利权人能够提供进口不被允许的证据，那么财政部海关司应日本专利权人的请求将中止所有的平行进口。

（三）权利保留或销售区域限制对平行进口的规范

　　在上述三个判例中，Joop! GmbH 案的判决承认了有关合同限制的有效性，支持了原告禁止平行进口的请求；Zino Davidoff 案判决则否认了有

---

　　①　See 29 IIC 335（1998）.

关合同限制的有效性，驳回了原告禁止平行进口的请求；而 BBS 案判决则认为有关的限制并不存在，原告的禁令请求也被驳回。尽管有上述差异，我们可以发现其中引人注目的共同之处，即审理这三起案件的法院，包括欧盟法院，都认可了有关契约性限制的价值，对有关权利保留或销售区域限制对于平行进口的规范意义给予了肯定。就像日本最高法院所明确指出的那样："若将专利产品投放外国市场的内国专利权人希望排除买受人在本国市场销售和使用专利产品，则当其与买受人交易时应表示其限制意图，并应在专利产品上作明确标示。如果在产品上对限制作明确的标示，则这种限制能有效地对抗专利产品销售链条中各个环节的购买者。"

　　上述判例引起了广泛的影响，促使人们开始审视有关合同约定对平行进口的规范意义，以及由此带来的对权利人"同意"的界定问题。在欧共体，对于权利人是否同意其知识产权产品在国际上的自由流通并无统一标准。伦敦高等法院与欧盟法院对默示许可的不同看法就说明了这一点。如前所述，从英国的角度看，在销售合同中的沉默以及权利保留的缺失意味着同意，以及销售者放弃利用其知识产权制止平行进口。从另外一个角度看，权利人可以明确地在合同中排除其同意，保留相关权利以影响根据合同销售的知识产权产品的流通。① 尽管对于"同意"的界定可能不同，但是，对于合同约定的重视无疑是对知识产权的私权性质的承认，以及对契约自由原则的强调。从这种意义上讲，通过有关合同约定约束平行进口不能不说没有其正当性理由。英国学者认为，Zino Davidoff 案的解决方案将会出现在大多数欧共体成员国的法院之中，并将以一种非常类似的方式表现出来。对于商标权人而言，若在将其产品投放 EEA 外的市场上时，对于这些产品向 EEA 进口未作明确的权利保留，则将被视为同意其产品的国际流通，而不能再依据《商标指令》所规定的共同体穷竭原则阻止所涉商品的进口。因此，知识产权人在许可协议以及销售合同中订入权利保留或销售区域限制条款就显得尤其重要。在"许可协议中规定权利保留，以及/或者在产品上贴附标签，该标签明确地写明本产品非用于出口至其

---

　　① See Irini A. Stamatoudi and Paul L. C. Torremans, *International Exhaustion in the European Union in the Light of "Zino Davidoff"*: *Contract Versus Trade Mark Law*，(2000) I. I. C. 123，133.

他国家或特定的国家"①。在 2000 年的 Van Doren ＋ Q. 案中，有关用于指示商品销售区域的标签方法由德国法院再次提起。② 根据这一方法，除非商标权人通过在商品上贴标签予以禁止，否则视为权利人同意商品在 EEA 内的自由流通。

在美国，早在 1885 年，有关的专利判例就体现出类似的规范平行进口的方法。有关专利判例通过"修正的国际穷竭规则"（rule of modified international exhaustion）实际上承认了有关合同限制的有效性。根据该规则，在缺乏可以有效地禁止平行进口的明确的合同限制的情况下，允许专利产品的平行进口。③ 1885 年，审理 Holiday v. Mattheson 案的法院首次提出该规则。在该案中，美国专利权人在未作任何限制的情况下在英国销售其专利产品，该产品后被进口至美国。法院认为，若所有人在未作任何权利保留的情况下销售任何物品，则购买者"获得出卖人在所售物品上的所有权利"。卖主不得在事后对购买者就所购买物品的使用和转售予以限制。因此，法院对原告请求禁止被告的进口行为的请求未予支持。④ 若干年后，美国联邦第二巡回上诉法院在 Dickerson v. Matheson 案中采用了这一推理方法。⑤ 在 1920 年的另外一起案件中，美国联邦第二巡回上诉法院再次采用了上述方法。在该案中，原告在美国和加拿大拥有与飞机有关的若干发明专利。在第一次世界大战期间，原告许可英国政府在战时在其飞机上使用其受加拿大专利法保护的发明专利。战后，英国政府将一些使用了原告发明专利的飞机出售给被告，被告将这些飞机进口美国用于转售。原告起诉被告侵犯其美国专利。美国联邦第二巡回上诉法院认为，当销售合同中缺乏任何限制时，买受人获得在任何国家使用和销售该专利产品的所有权利；如果卖主同时拥有国内和国外专利，则其销售行为将使

---

① Irini A. Stamatoudi and Paul L. C. Torremans，*International Exhaustion in the European Union in the Light of "Zino Davidoff"*：*Contract Versus Trade Mark Law*，(2000) I. I. C. 123，134.

② See Van Doren ＋ Q. GmbH v. Lifestyle ＋ Handelsgesellschaft mbH and Michael Orth，C-244/00.

③ See Margreth Barrett，*A Fond Farewell to Parallel Imports of Patented Goods*：*The United States and the Rule of International Exhaustion*，(2002) 12 EIPR 571.

④ See Holiday v. Mattheson 24 F. 185（C. C. S. D. N. Y. 1885）.

⑤ See 57 F. 524（2d Cir. 1893）.

专利物品脱离其国内和国外专利权的控制。① 此后，一些联邦地区法院的判决遵循了美国联邦第二巡回上诉法院的上述方法。② 不过，其制定法则从另外一个方向涉及权利人的同意问题。《美国关税法》第 526 条规定，除非有权利人的书面同意，否则任何在国外制造并贴附由美国商标权人所有的商标的商品的进口应被禁止。③ 与判例法相比，美国关税法的规定更有利于权利人的利益。

我国台湾地区"专利法施行细则"对契约约定销售区域作出了明确规定，该细则第 35 条规定："本法第 57 条第 2 项后段及第 118 条第 2 项后段所称得为贩卖之区域，应依契约之约定，契约未订定或其内容不明确者，应探求当事人之真意，交易习惯或其他交易客观事实。"

然而，通过合同约定限制平行进口的解决方案也面临着两方面的问题：一方面，"虽然制造商特意在销售合同或许可协议中对产品的销售区域作出了划分和限制，但是要确认销售链条中的哪一家违反了这种限制则往往是困难的，这使得这种限制性合同条款的执行既费时又费力"④。与此相关，还存在两种可能：销售链条中的下手未被告知合同中的限制；相关的标签已从商品上除去。⑤ 对此，相关的购买者是否受有关限制的约

---

① See Curtiss Aeroplane & Motor Corp. v. United Aircraft Eng'g Corp. 266 F. 71 (2d Cir. 1920).

② See Margreth Barrett，*A Fond Farewell to Parallel Imports of Patented Goods：The United States and the Rule of International Exhaustion*，(2002) 12 EIPR 571.

③ 美国关税法的规定与欧盟法院的意见大体一致。日本在 1971 年大阪地区法院的"派克"案判决出现之前，采用了与美国关税法规定的类似的方法。参见 Christopher Heath，*From "Parker" to "BBS" —The Treatment of Parallel Imports in Japan*，24 IIC 179 (1993).

④ "因此，美国公司往往转而求助于美国专利法、商标法和著作权法以阻止平行进口。"参见 Lynda J. Zadra-Symes et al.，*Using U. S. Intellectual Property Rights to Prevent Parallel Imports*，(1998) E. I. P. R. 219.

⑤ 这是平行进口商的常见抗辩之一。当面临知识产权人的指控时，平行进口商往往抗辩道："通过将商品投放国外市场时没有附加任何明确的进口禁止，制造商或者关联的经销商对商品的进口给予了默示许可。并且，即便最初存在这种禁止，这种限制也不应影响对此一无所知的平行进口商。"参见 W. R. Cornish，"Trade Marks：Portcullis for the EEA"，(1998) 5 EIPR 172，177.

束，关键在于其对限制的忽视是否基于善意。如果是基于善意，则相关购买者将不受限制的约束，而可以自由处置所购物品，包括将其进口至任何国家或地区的市场。在这种情况下，未告知其交易对象有关销售限制或从产品上除去限制平行进口标签的被许可人或其他经销商，将要承担损害赔偿责任。至于是否需要证明销售合同链条所涉及的各方均知晓有关的限制，则有不同的认识。有意见认为不需要。① 而在伦敦高等法院审理的另外一起案件中，Jacob 法官则暗示，原告应证明存在一个未被中断的链条，在该链条中各方当事人均了解有关的限制。②

上述问题还会涉及销售合同的卖方对货物的权利担保义务。无论是大陆法系还是英美法系国家的法律均规定，卖方对所出售的货物负有明示和默示的权利担保义务。包含了工业产权的货物买卖合同，尤其应当规定明示的权利担保义务。卖方对货物的权利担保义务主要包括三个方面：卖方保证对其所出售的货物拥有所有权；卖方保证所出售的货物未侵犯任何第三方的权利，包括专利权和商标权；卖方保证所出售的货物不存在任何未曾向买方透露的担保物权。③ 对于卖方的权利担保义务，《联合国国际货物销售合同公约》第 41 条和第 42 条作出了原则规定。其中第 41 条规定，卖方所交付的货物，必须是第三方不能提出任何权利或要求的货物，除非买方同意在这种权利或要求的条件下，收取货物。但是，如果这种权利或要求是以工业产权或其他知识产权为基础的，卖方的义务应依照第 42 条的规定。④ 第 42 条规定，（1）卖方所交付的货物，必须是第三方不能根据工业产权或其他知识产权提出任何权利或要求的货物，但以卖方在订立合同时已知道或不可能不知道的权利或要求为限，而且这种权利或要求根

---

① See Irini A. Stamatoudi and Paul L. C. Torremans, *International Exhaustion in the European Union in the Light of "Zino Davidoff"*: *Contract Versus Trade Mark Law*（2000）I. I. C. 123，134.

② See Roussel Uclaf v. Hockley International Ltd.，（1996）14 RPC 441，28 IIC 744（1997）.

③ 参见单文华主编：《国际贸易法学》，294、295 页，北京，北京大学出版社，2000。

④ 参见贸易法委员会关于《联合国国际货物销售合同公约》判例法摘要汇编，http://www.uncitral.org/uncitral/zh/case_law/digests/cisg.html，2012-01-15。

据下列国家的法律规定是以工业产权或其他知识产权为基础的：（a）如果双方当事人在订立合同时预期货物将在某一国境内转售或做其他使用，则根据货物将在其境内转售或做其他使用的国家的法律；或者（b）在任何其他情况下，根据买方营业地所在国家的法律。（2）卖方在上一款中的义务不适用于以下情况：（a）买方在订立合同时已知道或不可能不知道此项权利或要求；或者（b）此项权利或要求的发生，是由于卖方要遵照买方所提供的技术图样、图案、程式或其他规格。[①]

　　另一方面，包含权利保留或权利限制的协议可能会产生竞争法上的问题，即产生契约自由原则与公平竞争原则之间的关系问题。这也正是本书要作进一步探讨的问题。

第四节　对区域限制的竞争法规制

　　在实践中，一旦第三方（平行进口商或经销商）被指控侵权，则其往往提出，"任何企图通过许可协议分配市场或顾客的做法均违反了反托拉斯法或竞争法"[②]。这就提出了有关协议中的限制性条款是否符合竞争法的问题。TRIPs 第 40 条规定了"对许可协议中限制竞争行为的控制"。其中，第 40 条第 1 款申明，"各成员同意，一些限制竞争的有关知识产权的许可活动或条件可对贸易产生不利影响"；第 2 款规定，"本协定的任何规定均不得阻止各成员在其立法中明确规定在特定情况下可构成对知识产权滥用并对相关市场中的竞争产生不利影响的许可活动或条件"。无论是许可人直接禁止被许可人将被许可的产品出口至某一保护许可人权利的国家，还是被许可人出于禁止平行进口的目的，要求产品的批发商不能将该产品出口至许可人所在地域，都可能违反竞争法。对此，需要作具体分析。

---

　　①　参见贸易法委员会关于《联合国国际货物销售合同公约》判例法摘要汇编，http：//www.uncitral.org/uncitral/zh/case_law/digests/cisg.html，2012 - 01 - 15。

　　②　Ralph Folsom et al.，*International Business Transactions*，West Publishing Co. 1992，p. 239。

一、区域限制的性质

(一) 垂直限制 (vertical restraint) 与水平限制 (horizontal restraint)

现代反垄断分析最重要的一方面就是界定一种限制是垂直的还是水平的。[1] 从一种典型的产品销售链条的金字塔状的结构，可形象地表现出垂直关系与水平关系：制造商位于顶端，销售商或批发商居于中间，而零售商则处于底部。销售商之间的限制呈水平线，这表明这种限制发生在互相竞争的公司之间。而像在制造商及其销售商之间的垂直限制则呈垂直线，这意味着限制发生于没有直接竞争关系的公司之间。正如美国联邦最高法院所总结的那样，"传统上，竞争者之间的协议所包含的限制被称为水平限制，而处于销售的不同层面的公司之间的协议所包含的限制则为垂直限制"[2]。由世界银行发布的有关政策研究报告也指出，"在某种程度上，平行进口问题可以归结为垂直的价格控制问题"[3]。

例如，根据专利许可协议，若专利权人自己不从事生产，或者若专利权人制造一种任何被许可人都不得制造的专利部件，则专利权人与被许可人之间的关系主要是一种垂直关系；若专利权人自己制造专利产品，并可能在约定地域内与其被许可人竞争，那么，许可安排就具有了水平限制的性质；若在不从事制造的专利权人和多个从事制造的被许可人之间的许可合同中的限制极大地影响了被许可人之间的竞争，则这可能也是一种水平限制。

在反垄断法的框架内，是垂直效应还是水平效应占主导成为决定一项限制的合法性的主要因素之一。竞争者之间的水平限制长期被视为本质违法而一般被禁止；竞争者之间的垂直限制则可因限制内容的不同而有不同的结果。

---

[1]　See Jay Dratler, Jr. , *Licensing of Intellectual Property*, Law Journal Seminars-Press, § 6.05.

[2]　Business Electronics Corp. v. Sharp Electronics Corp. , 485 U. S. 717, 730.

[3]　Keith E. Maskus & Yongmin Chen, *Vertical Price Contirl and Parallel Imports*: *Theory and Evidence*, p. 6. Policy Research Working Paper 2461, the World Bank.

（二）合理性规则（rule of reason）与本身违法规则（per se rule）

这是一对通过美国判例法发展起来的用于判断合同限制是否应被制止的竞争法规则。它们在其他许多国家或地区的竞争法中均有体现。合理性规则的确立已有相当长的时间。对于这一规则，美国联邦最高法院于1918 年作出了如下评述："本世纪初期，一项对立法语言的司法解释确立了'合理性规则'，并成为流行的分析标准。根据这一规则，在认定一项限制性做法是否应当作为对竞争强加不合理限制的行为予以禁止的过程中，调查事实的人应当权衡个案的所有情况。"① 根据合理性规则，在对一项协议中的有关限制进行评价的时候，需要分析个案的所有相关事实和情况，包括限制的性质和目的、该限制适用的行业的历史和结构以及在其他领域实施类似限制的经验。当不存在明显的限制竞争的情况下可以适用合理性规则。

本身违法规则认定，限制竞争的行为非法，而无须对事实和情况进行详细的调查。对此，美国联邦最高法院解释道："一定的协议或者行为因其有害于竞争并缺乏任何弥补性的优点，将被确定性地推定为不合理和违法，而无须就其引起的确定的损害或者其使用的商业借口进行全面的调查。"② 若某种限制本身威胁竞争，则被称为本质违法或者本身违法，并受到禁止。在美国，以下三种限制无可争议地被认为构成谢尔曼法上的本身违法行为：固定价格，包括竞争者之间水平地固定价格、某分销系统内垂直的固定价格和限制产量；竞争者之间水平地分割消费群体或者地域；利用市场支配力及其他重要手段抵制竞争者。其他限制则一般都是依据合理性规则进行分析。③

（三）区域限制的性质

将反垄断分析应用于合同限制首先需要确定有关限制是垂直的还是水平的。美国司法部和联邦贸易委员会颁布的许可准则也承认这种区分的重要性："与对其他财产转让的分析一样，对知识产权许可安排的反垄断分析要考察许可各方之间的关系，在性质上主要是一种水平关系还是一种垂

---

① Continental T. V., Inc. v. GTE Sylvania Inc., 433 U. S. 36, 49 (1977).

② Northern Pacific Railway Co. v. United States, 356U. S. 1, 5 (1958).

③ See Jay Dratler，Jr.，*Licensing of Intellectual Property*，Law Journal Seminars-Press，§5.02.

直关系，或者这种关系是否同时具有水平和垂直的实质内容。"①

在 1977 年美国联邦最高法院作出 GTE Sylvania 案判决之前②，垂直限制的合法性受到普遍怀疑，穷竭原则为许可协议中大多数垂直限制的无效性提供了根据。通过穷竭知识产权所有人对首次授权销售后的受保护产品的进一步处置的控制权，穷竭原则使任何有关进一步处置的限制置于对产品销售的垂直限制充满敌意的司法态度之下。通过改变法院对产品销售中的垂直限制的态度，GTE Sylvania 案判决使所有未控制价格的限制的命运发生了变化。如今，根据 GTE Sylvania 案判决，所有的垂直限制，尤其是垂直的非价格限制都根据合理性规则进行分析。除非其具有不合理的反竞争性，这类垂直限制一般均有效。③

一般来说，许可贸易中的区域限制在形式上是垂直的，它是由许可人在生产分配的不同层次上对一个或更多被许可人实行的限制。当它在实质上也是垂直性的时候，就是相对无害的。区域划分的优点表现为：首先，它可以使知识产权的成果具有比拥有者所能提供的更快的传播速度；其次，区域划分可以促使被许可人接受有效引进新产品和服务的初始费用和风险。这种交易方式使得知识产权人通过最大限度的使用实现其知识产权的市场价值，产权拥有者获益的同时，也为有利于社会利益的创新发明广泛、迅速的传播扩大了机会。④

尽管如此，区域限制具有两面性。一方面，通过在被许可人之间恰当地分割劳动力并鼓励被许可人承受投产成本和风险，以促进竞争；另一方面，通过以专有区域的形式使被许可人获得地区垄断或者协助被许可人建立卡特尔，从而损害竞争。当区域限制的消极意义占据主导时，将会被认为非法。例如，商标许可协议中的区域限制可能会被认定为系对相关区域进行水平分割。美国联邦最高法院曾在一项判决中认定，通过商标许可协议，由在英国、法国和美国的附属公司沿着国界线进行区域划分实质是一

---

① 《知识产权许可的反托拉斯准则》(1995 年)，第 3.3 节。

② See Continental T. V. Inc. v. GTE Sylvania Inc, 433 U. S. 36, 58～59 (1977).

③ See Jay Dratler, Jr., *Licensing of Intellectual Property*, Law Journal Seminars-Press, §6.05.

④ See Jay Dratler, Jr., *Licensing of Intellectual Property*, Law Journal Seminars-Press, §7.11.

种对商品或服务市场的水平分割。[①] 而在 1990 年的一项判决中，该法院
又宣称："竞争者之间分割地域的协议本身违法，而不考虑缔结者是否在
该地域内共同经营，或者仅仅是为了作为不同产品的市场使用。"[②] 类似
的判例无不认为，水平分割市场取消了分割地区的所有竞争，因此，比限
定价格更加有害。

因此，区域限制的性质因个案而异，通常需要进行以下三步分析以最
终确定其性质。首先，根据许可贸易金字塔内外的市场结构和竞争状况，
以判断这种限制在实质上是水平的还是垂直的。如果实质上是水平的，这
种限制就应受到禁止。其次，确定限制是否有控制价格的作用，控制价格
的限制将不被允许。最后，对于被认定为属于垂直的非价格控制的区域限
制，根据适用于所有垂直非价格限制的合理性规则予以评估。[③] 依据合理
性规则，在没有不合理的反竞争性条件时，区域限制将被允许。

与美国相比，欧洲对区域限制的态度更加严厉。这与欧共体有关成员
国之间的货物和服务的自由流动，以建立单一市场的基本政策直接相关。
根据《欧共体条约》第 81 条第 1 款规定，所有会影响成员国之间的贸易，
并且会禁止、限制或扭曲共同市场内的竞争的企业之间的协议都因与共同
市场不一致而被制止。在 Javico 案中，欧盟法院没有排除包含区域限制
的协议违反上述规定的可能性。[④] 与美国和欧洲相比，日本对许可贸易中
的区域限制走了一条中间道路。根据 1999 年的《日本专利和技术秘密许
可协议中的反垄断法准则》，在专利或技术秘密许可协议中，若许可人对
被许可人销售专利产品的地区加以限制，则对这种限制妨碍公平竞争的程
度将依个案而定。由于日本准则体现的是公平原则，所以，日本公平贸易
委员会可能会引用此准则作为反对损害另一方商业利益的出口限制的根
据，即使这种限制可能不具有特别的限制竞争的影响。

与此同时，区域限制往往与对品牌内竞争的限制（即对来自平行进口

---

   ①   See Timken Roller Bearing Co. v. United States，341 U. S. 593，595～596，
598～599 (1951).

   ②   Palmer v. BRG of Georgia, Inc. ，498U. S. 46 (1990).

   ③   See Jay Dratler, Jr. ，*Licensing of Intellectual Property*，Law Journal Semi-
nars-Press，§ 7. 11.

   ④   See Case C-306/96，29 IIC 798 (1998).

商品竞争的限制）联系在一起，与对品牌之间的限制对竞争带来的影响不同，对品牌之间的限制并不意味着具有反竞争效果。

二、契约自由原则与公平竞争原则之协调

知识产权保护有其私益目的和公益目的，因此，"纵使在契约自由原则之下，有时为兼顾公共利益，亦必须对权利人之契约自由加以适度之限制"。其中，竞争法上的限制最为"复杂而重要"[①]。早在 1918 年，美国联邦最高法院就指出："任何与贸易有关的协议、贸易规则都具有限制性。约束性或限制性是其内在属性。真正能够检测合法性的方法是：限制是促进竞争，还是压制甚至摧毁竞争。"[②] 在《欧共体条约》中，有两项条款表达了两类竞争利益之间的冲突。其一为第 28 条，该条规定，在成员国之间有关进口的限制以及具有相同效果的所有其他措施均应受到制止；其二为第 30 条，该条规定，"当对进口、出口和转口的禁止或限制是基于……工商业产权等正当理由时，第 28 条……的规定不妨碍上述禁止或限制。但是，这种禁止或限制不应构成一种专断的歧视手段或对成员国之间贸易的变相限制"。一方面，第 28 条与其他相关条款一道确立了商品自由流通这一共同体市场的基本原则；另一方面，第 30 条则保障了必然成为商品自由流通障碍的知识产权。解决冲突的办法是：首先，限制必须有正当理由；其次，限制不应构成一种专断的歧视手段或对成员国之间贸易的变相限制。

上述解决竞争利益之间冲突的办法在欧共体的层面上实现了契约自由原则和公平竞争原则之间的协调。这一方法在其他场合也具备可适用性。实际上，从竞争法的角度看，知识产权本身即构成不受扭曲的竞争制度的基本要素。

---

① 谢铭洋：《智慧财产权之基础理论》，台大法学丛书（八四），87 页，台北，翰芦图书出版有限公司，2001。

② 246 U. S. 231，238.

第六章 比较与借鉴——有关平行进口的规制与争议之解决

第一节 对其他国家及地区现有法律规制方法之分析与评价

一、多元化格局

当欧洲学者谈到欧盟各国在保护未注册商标的情形时，运用了北欧童话中的尼尔斯（Nils Holgerson）骑鹅旅行，掠过底下宛如色彩斑斓地毯的大地的故事。① 在平行进口法律规制上，世界各国和各地区的实践呈现给我们的正是如尼尔斯所看到的那样一幅多样化的图景。这种多样性通过以下三个方面表现

---

① See Horst-Peter Gotting, *Protection of Well—Known*, *Unregistered Marks in Europe and the United States*, 31 IIC 390 (2000).

出来：

第一，进行法律规制的形式的多元化。有的通过知识产权法律的直接规定，如我国台湾地区的"专利法"和"著作权法"的规定；有的则通过海关的行政命令，如美国的海关灰色市场条例；更多的则是通过判例法实现对平行进口的法律规制。而且，在一些法律体系中，上述几种法律规制形式同时作用，例如，在美国，既有相关知识产权法律的规定，也有海关灰色市场条例，更有大量的有关知识产权平行进口的判例法；在欧盟，既存在相关的欧盟制定法的有关规定，如《商标指令》，也存在大量的欧盟法院的判例。多元化的法律规制形式表明，由于平行进口涉及的问题的复杂性，没有一种解决方案可以一劳永逸地解决平行进口问题。

第二，存在丰富的、各具特色的理论学说和判例法规则，这些学说和规则包括权利穷竭原则、默示许可理论、商标功能、商标保护的双重目的、假冒之诉以及普遍性原则和地域性原则等。其中，权利穷竭原则又有领土穷竭原则、区域穷竭原则及国际穷竭原则之分。它们被普遍适用于知识产权产品平行进口案件之中，成为判断平行进口是否被允许的行之有效的工具。上述丰富的学说和规则带来了平行进口法律规制实践的多样性结果。也就是说，因不同法院甚至于同一法院在不同的案件中倚重不同的学说和规则而可能导致不同的判决。这可以在两种情形下表现出来：一是因判决理由的不同而使类似的案件的判决结果有所不同。例如，在1999年的 Zino Davidoff SA 诉 A&G 进口股份有限公司案的判决中，伦敦高等法院法官 Laddie 依据默示许可原则，驳回了原告的禁止平行进口的请求；而在另一起类似的案件即 Silhouette 案的判决中，欧洲法院则根据共同体穷竭原则，支持了原告的禁令请求。我国台湾地区分别由台北地方法院和板桥地方法院审理的两起"可口可乐"案的不同判决也源于同样的原因。台北地方法院应用地域性原则认定被告的行为侵犯了原告的商标权；而板桥地方法院则运用商标的双重功能说否认了被告行为的侵权性质，因而允许平行进口。二是判决结果相同但所依据的判决理由不同。例如，从允许平行进口的角度看，普遍性原则与国际穷竭原则是一致的。只是两者的依据不同，普遍性原则以商标权不受地域边界限制而具有普遍性为依据；而国际穷竭原则是在承认知识产权的地域性的基础上，承认发生在国外的事实对内国法律关系所带来的影响。

第三，与第二方面有关，对平行进口合法性问题的不同认识普遍存在：既存在于理论界，也存在于立法部门和司法部门；既存在于不同国家之间，甚至也存在于同一国家的不同部门之间，以及不同的法院之间。例如，在美国，在平行进口的问题上，美国行政部门与法院和国会的态度并不总是一致。行政部门一直以来倾向于采取一种保护主义的立场，对平行进口基本持反对态度，美国国会则被认为是平行进口的支持者，而美国的法院则分裂为赞成与反对平行进口的两个阵营。

上述多样性与平行进口所涉及的复杂的利益关系直接相关，表明了人们对不同利益的强调或侧重；同时说明对于平行进口的法律规制很难通过单一的方式得到实现。

二、协调化解决方案

在上述多元化的保护格局中，有一类协调化解决方案尤其值得注意。这种协调突出地表现在以下互相联系的四个方面：

第一，对权利穷竭原则的变通适用。如前所述，国际穷竭原则具备经济上和法律上的正当性理由，然而，由于不同国家对不同利益的强调或侧重，国际穷竭原则在国际层面上统一实现尚需时日。因此，就出现了对权利穷竭的变通运用的方案。这具体表现在两个方面：一方面，采用混合式的权利穷竭原则。即针对知识产权产品的不同性质，或允许进口或禁止进口。在欧盟成员国中，倾向于实行国际穷竭原则的丹麦、爱尔兰、瑞典和英国，它们强调国际穷竭制度将给消费者带来的好处，与此同时，这些国家承认，某些易受损害的部门，尤其是制药业和著作权领域，应该受到保护以使其免受国际穷竭的影响。日本通产省的研究结果也显示，对于消费物品如手表、光碟片允许平行进口，但是对于像电子产品和机制品这类高科技产品则禁止平行进口。[①] 另一方面，采用"修正的国际穷竭原则"或者"不完全的或受限制的国际穷竭原则"。这种方法为美国专利判例和商标判例所确立。根据"修正的国际穷竭原则"，在缺乏可以有效地禁止平行进口的明确的合同限制的情况下，允许专利产品的平行进口。[②] 根据

----

①　参见王睦岭：《专利法上之平行输入与耗尽原则的探讨》，载《法令月刊》，53 卷（6）。

②　See Margreth Barrett, *A Fond Farewell to Parallel Imports of Patented Goods: The United States and the Rule of International Exhaustion*，(2002) 12 EIPR 571.

"不完全的或受限制的国际穷竭原则"，只要商标权人自己，或其附属商业实体在国外销售了商标商品，并且该商品与国内授权销售的商标商品没有实质差异，则该商品的平行进口应被允许。

第二，承认合同限制对平行进口的约束。依照这种解决方案，当权利人在自己投放于外国市场上的知识产权产品上附加了清楚而明确的限制，就可以阻止这些产品的平行进口。反之，若对产品的转售未作明确的限制，则他人对该产品的转售被视为已获允许。这种解决方案直接源于普通法上的默示许可原则。英国知识产权学者认为，由于平行进口问题牵涉激烈的政治上的争议，因此，这种模糊的妥协办法不失为一种极为吸引人的解决方案。① 英国经济学家 Chard 和 Mellor 对国际穷竭原则的批评也从另一个侧面说明这种方法的作用。他们认为，采用国际穷竭原则以保障平行进口可能带来的益处是一种不必要并且生硬的手段，因而极力主张依靠竞争政策，当运用知识产权禁止平行进口将造成有害的经济后果时，竞争政策将是一种最为适用的政策。② 美国专利判例上采用的"修正的国际穷竭原则"实际上也是以默示许可理论为基础的一种解决模式。

第三，通过在平行进口的商品上"贴标签"的办法，用以指示该商品与授权销售的商品之间所存在的区别。目前，这一方法已陆续被接受。如前所述，美国于 1999 年 2 月 24 日颁布新的灰色市场条例增加了一项"标签条款"，根据该条款规定，在灰色市场商品上增贴特殊的标签，用以指示该商品与由美国商标权人授权销售的商品之间所存在的区别，进口将被允许。日本公平交易委员会也持有类似的意见。③ 这种做法使消费者清楚自己所购买的物品的真实情况，把选择权赋予消费者，因而被视为是一种合理的方法。④

第四，在商标产品平行进口案件中采用依据个案情形而做出取舍的学说和规则，包括商标的双重功能说、商标保护的双重目的理论以及（适度

---

① See W. R. Cornish, *Intellectual Property*, Sweet & Maxwell, 1996, p. 39.

② See Warwick A. Rothnie, *Parallel Imports*, Sweet & Maxwell, pp. 571 - 572.

③ 参见邱志平：《真品平行输入之解析》，75 页，台北，三民书局，1996。

④ See Timothy H. Hiebert, *Parallel Importation in U. S. Trademark Law*, Greenwood Press, 1994, p. 156.

的）地域性原则等。与具有明确的价值取向的学说或规则，如明确支持平行进口的商标单一功能说、普遍性原则、国际穷竭原则，以及明确反对平行进口的（极端的）地域性原则和领土穷竭原则相比，这些学说和规则对案件所涉及事实进行全面考量，并对案件所涉及各方利益进行细致的权衡，因而是一种协调了各方利益的具有正当性的解决方案。

上述协调性解决方案突破了传统的二元对立格局而倾向于多元协调格局，兼顾案件所牵涉的各方利益，顺应国际贸易发展的基本趋势。因而，这是在现实条件下的一类比较可行的方案。

三、多重价值的选择

平行进口问题涉及了多重价值：知识产权保护、平行进口商和消费者的利益保护以及效率与公正等方面。上述协调性解决方案提出了一个多重价值选择的命题。在对平行进口的认识上，已有学者提出了价值判断的命题。如我国台湾地区学者认为，允许或禁止平行进口，其实并无孰是孰非之问题，而是价值判断之问题。如何取舍，在于各国或地区之实际情形与社会需要，属于各国立法政策上之问题。[①] 也有中国大陆学者持同样的看法，即对平行进口的判断实际上是一个价值取向问题。[②] 本书认为，平行进口既是一个价值判断的命题，同时还是一个与价值判断密不可分的多重价值选择的命题。价值判断与价值选择是一个过程的两个侧面；有时需要先进行价值判断再做出价值选择。"立法目的揭示了立法根本的价值判断，此一价值判断为整部法律规范之基本精神与灵魂，不仅规范之内容在于实现该价值判断，对于该规范之解释亦以该价值判断为其准绳，因此，究竟应如何规范始能符合该价值判断，实为最重要之问题。"[③] 法律系以价值判断为中心，其任务是对利益冲突进行协调，价值判断意味着在权衡各种利益的基础之上，尽量使所有正当利益均得到相应的保护，而不是对冲突利益进行非此即彼式的简单取舍。[④] 公众对法律之信任的保持，有赖于立

---

① 参见谢铭洋：《专利进口权与平行输入》，载《月旦法学杂志》，1995（6）。
② 参见曲三强：《平行进口与我国知识产权保护》，载《法学》，2002（8）。
③ 谢铭洋：《专利进口权与平行输入》，载《月旦法学杂志》，1995（6）。
④ 参见朱庆育：《寻求民法的体系方法》，载《比较法研究》，2000（4）。

法者与法官们在现代社会条件下适当地综合法律传统中各种价值的能力。①

　　如前所述，根据混合式的权利穷竭方案，制药业作为易受损害的部门被排除在国际穷竭原则之外。然而，在 2001 年的一份部长宣言中，世界贸易组织成员承认并推进各成员利用平行进口保证普遍获得适当的医疗。② 甚至于曾经一直倾向于采取保护主义色彩更加浓厚立场的美国政府，也通过了一项允许特定情形的平行进口的政策，以确保撒哈拉以南的非洲地区获得治疗艾滋病的专利药物。③ 美国政府对于专利药品平行进口上的这一让步已经体现在多项法案之中，例如，"2001 年全球获得艾滋病治疗法案"，以及"2001 年全球获得艾滋病病毒/艾滋病药物法案"④。

　　上述做法体现了以下两个方面的意义：一方面，对利益的考虑，这种考虑不涉及道德问题，属于经济层面；另一方面，对人道和公正的考虑，这是一种非经济的考虑，包含道德层面意义。上述两个方面存在一种紧张关系。但它们是可以协调的，并不总是不可协调、非此即彼。从人类的长远利益和公共利益考虑就是道德的，因此，这种做法符合逻辑，表现了对多重利益的选择。

　　除此以外，在平行进口的法律规制上，政治因素的影响也不容忽视，即一国对另一国或地区提出禁止平行进口的要求。例如，前述我国台湾地区"著作权法"的有关规定即是在美国的压力之下产生的；同样，美国贸易代表也向香港特别行政区政府施加压力，要求后者禁止平行进口。⑤

---

　　① 参见［英］彼得·斯坦，约翰·香德：《西方社会的法律价值》，王献平译，313 页，315 页，北京，中国人民公安大学出版社。

　　② See *Declaration on the TRIPs Agreement and Public Health*，W. T. O. Ministerial Conf.，4th Sess.，Doc. 01－5860（November 14，2001）.

　　③ See Executive Order No. 13155，65 Fed. Reg. 30521（2000）.

　　④ *Global Access to AIDS Treatment Act of* 2001，S. 463，107th Cong.，1st Sess.（2001）；*Global Access to HIV/AIDS Medicines Act of* 2001，H. R. 1185，107th Cong.，1st Sess.（2001）.

　　⑤ 参见 Michael Pendleton，*Hong Kong's Intellectual Property is of far Wider Scope than Britain or the United States*，载《知识产权研究》第 8 卷，北京，中国方正出版社。

第二节　我国平行进口现实与法律规制之必要

一、平行进口的现实

由于平行进口的走向为从低价国至高价国，因此，长期以来我国基本上不存在平行进口问题。但是，自从亚洲金融危机引起东南亚货币贬值以来，一些来自东南亚地区的产品被平行进口到我国的情形开始出现。这主要表现为一些跨国公司在东南亚地区的合资企业所制造的产品进口到我国，并与同一跨国公司在我国的合资企业或独占被许可人生产的同一品牌的产品进行竞争。这些进口产品在我国的批发价虽然包含了原来的零售价和运费、关税，但与在我国的独占被许可人所提供的同品牌商品相比，仍占有明显的价格优势。由此给本地独占被许可人的生产和销售带来了极大的影响。例如，来自东南亚国家的价格低廉的"LUX"（力士）品牌系列产品纷纷通过各种渠道进入我国市场，"LUX"商标在中国的独占被许可人上海利华有限公司 1996 年和 1997年两年的利润减少了 10 800 万人民币，1998 年则出现了亏损。[①] 迄今为止，在我国已经出现了涉及商标权和著作权的平行进口案件，其中，涉及"LUX"商标产品的平行进口案件尤为典型，此外还有涉及蓝带、宝洁及雀巢等品牌商品的平行进口；1999 年发生了涉及音乐制品平行进口案件。

我国加入 WTO 之后，平行进口的发生机制将在我国全面形成，加入WTO 前我国平行进口案例较少的局面将被打破，平行进口也将成为我国不得不正视的现实问题。从平行进口发生机制的角度看，我国加入 WTO以后，将会发生以下相关因素的变化：一是贸易壁垒的减少。加入 WTO后，我国将逐步削减关税并减少其他非关税措施。至 2010 年，我国关税总水平从 2000 年的 15.6% 降至 9.8%，进口工业品的平均关税降至

---

① 参见黄晖：《驰名商标和著名商标的法律保护》，223～224 页，北京，法律出版社，2001。

8.9％，其中进口汽车的关税从当时的80％～100％降至2006年中期的25％①；2005年取消了汽车进口配额许可证；还有，我国于2003年正式加入《信息技术协议》，并从2002年1月1日起开始执行新的关税税则，200多个信息技术产品关税税目实行《信息技术产品协议》税率，进入中国市场的外国信息技术产品，都已充分享受到新税率的优惠，中国认真执行了《信息技术协议》，信息技术产品的关税大幅降低。② 无论是信息技术产品还是工业品均与知识产权存在着高度的相关性，上述产品关税和其他非关税措施的减少使得进口商品（包括平行进口商品）的成本大幅度降低。因此，一方面是关税的降低、进口配额许可证和市场准入的弱化，另一方面是作为企业的基本权利的外贸经营权将得到实现。这就为平行进口在我国的发生准备了制度性前提。③ 二是对外资零售业限制的减少。在最近几年，我国将开放大部分批发零售业；降低对销售业的合资限制，包括大百货商店和连锁店。与此同时，跨国公司的产品也将大量的通过以下两种方式进入我国市场：或者在我国建立独资的垂直销售系统，直接销售其知识产权产品；或者通过授权，由被授权人销售其知识产权产品。三是我国汇率相对波动的可能性增加。加入WTO以后，我国实施贸易投资的自由化，逐步向外资开放国内金融市场，这增加了我国汇率相对波动的可能性。当人民币相对于某些国家的货币是升值的时候，就可能导致国际价格差的出现。④

---

① 参见韦承武：《2010年中国进口关税总水平将调整至9.8％》，载经济观察网，http：//finance. stockstar. com/SS2009121530094082. shtml，2012 - 01 - 11。

② 参见《中国加入〈信息技术协议〉（ITA）》，http：//wto. mofcom. gov. cn/aarticle/ddfg/200304/20030400086184. html，2012 - 01 - 11。

③ 我国台湾地区在20世纪70年代以前，平行进口极为罕见。因为，根据当时的代理商管理办法，台湾地区的厂商欲从国外输入产品，需通过代理商方可进口商品。1977年11月，上述代理管理办法废止后，贸易商就可自由输入商品，平行进口问题也就应运而生了。参见邱志平：《真品平行输入之解析》，27页，台北，三民书局，1996。

④ 参见李志弘：《论入世后我国平行进口的发展趋势和应对策略》，载《国际贸易问题》，2002（7）。

二、法律规制的必要

（一）从制定法的角度看

在我国现行的知识产权法律框架中，除了《专利法》第 69 条的规定被视为允许平行进口以外，没有体现规制平行进口问题的其他有关条款。

现行《专利法》中的有关规定包括以下条款：第一，第 11 条第 1 款规定，"发明和实用新型专利权被授予后，除本法另有规定的以外，任何单位或者个人未经专利权人许可，都不得实施其专利，即不得为生产经营目的制造、使用、许诺销售、销售、进口其专利产品，或者使用其专利方法以及使用、许诺销售、销售、进口依照该专利方法直接获得的产品"。该条第 2 款规定，"外观设计专利权被授予后，任何单位或者个人未经专利权人许可，都不得实施其专利，即不得为生产经营目的制造、许诺销售、销售、进口其外观设计专利产品"。第二，第 12 条规定，"任何单位或者个人实施他人专利的，应当与专利权人订立实施许可合同"。"实施"包含了制造、许诺销售、销售、进口等行为。第三，第 69 条第 1 项规定，"专利产品或者依照专利方法直接获得的产品，由专利权人或者经其许可的单位、个人售出后，使用、许诺销售、销售、进口该产品的"不视为侵犯专利权。第 11 条第 1 款规定了进口权，第 69 条第 1 项规定了权利穷竭原则。2008 年《专利法》的修改，加入了对进口权的限制，使得专利产品的平行进口根据我国专利法具备了合法性。

在 2008 年《专利法》修改之前，对于专利法中规定的进口权以及专利法是否禁止平行进口的问题存在着不同的解释：第一，认为上述规定构成禁止专利产品平行进口的法律依据。[①] 另外还有一种说法似乎与此相仿，即"只要专利权人在我国获得专利权后，其他人在境外市场购买有该专利的产品，如未经专利权人同意就进口到我国境内，便构成对专利权人进口权的侵犯"[②]。第二，认为《专利法》第 11 条规定的进口权与禁止平

[①]　参见郑成思：《〈合同法〉与知识产权法的相互作用（下）》，载《电子知识产权》，1999（10）。

[②]　王庭熙：《平行进口中的知识产权保护问题》，载《民商法论丛》，第 16 卷，72 页，北京，法律出版社。

行进口之间没有必然联系。① 第三，认为"在专利领域，从我国本国法中寻求允许平行进口的依据不那么容易"；但是，依据我国专利法的规定，是否允许平行进口行为，关键在于对《专利法》第 11 条及第 69 条中分别出现的"许可"一词的解释；从我国基本法律的规定看，没有排除默示许可的可能性。②

　　从当时相关条文的字面上看，似乎第一种看法比较合理。不过，在解释我国《专利法》第 11 条有关进口权的规定（有关专利权之效力规定）时，需要考虑规定进口权的立法背景。我国 1992 年第一次修订《专利法》增加进口权的规定是为了与 TRIPs 的规定相一致。如前所述，TRIPs 第 28 条规定了专利权人享有进口权，该条特别对"进口权"加注解释如下："该项权利与所有其他根据本协定授予的关于使用、销售或分销货物的权利一样，均应遵守第 6 条的规定。"这意味着 TRIPs 将进口权的效力范围，即权利人是否可以依据进口权阻止平行进口的问题留给成员立法决定。换言之，我国依照 TRIPs 的要求，在《专利法》中增加规定进口权，并不意味着专利权人即可以凭借该进口权阻止平行进口。因此，"认为我国《专利法》第 11 条的规定否定了平行进口的观点与 TRIPs 协议的框架结构不相一致"③。当时的进口权的规定并未涉及平行进口问题。④

　　当现行《专利法》引入了对进口权的限制之时，产生了进口权穷竭的问题。我国台湾地区《专利法》即明确表明其采用的是国际穷竭原则，即所涉及的制造和销售不以台湾地区为限。

---

　　① 参见余翔：《中国智慧财产权权利耗尽及产品平行输入体制研究》，载《科技法律透析》，2002（4）。

　　② 参见尹新天：《从我国专利法看平行进口》，载《中国专利与商标》，2001（2）。

　　③ 尹新天：《从我国专利法看平行进口》，载《中国专利与商标》，2001（2）。

　　④ 从对法律文本的解释中所包含的对法律确定性的追求看，这种解释符合法律确定性的要求。在决定法律文本的意思时，涉及立法者的原意、法律文本的语义和解释者的理解三者之间的关系，三者的关系表现为：立法者的原意体现于法律文本的语义，继而为解释者所理解和适用。"法律解释是解释者对法律文本的意思的理解和说明，它内含着对法律确定性的追求，如果解释者可以主观任意地解释和适用法律，法律的确定性、法治的价值就无从谈起，法律解释也就不具有目的正当性。"参见张志铭：《法律解释操作分析》，59、65、66 页，北京，中国政法大学出版社，1999。

此外，国务院于 2010 年修订了《中华人民共和国知识产权海关保护条例》以规范侵权货物的进出口。该条例第 3 条规定，国家禁止侵犯知识产权的货物进出口。根据该条例，知识产权人通过将其知识产权向海关备案，就可以在其认为必要时向海关提出采取保护措施的申请。与其他知识产权法律的规定相一致，知识产权海关保护条例所规范的侵权货物同样未将平行进口的产品包括在内。实践中所反映的情况也说明了这一点。例如，台湾一家音像公司将其歌曲专辑的出版权，在除台湾地区以外的其他地方分别授权。北京的一家音像公司获得了该专辑在大陆地区的出版权。但在该公司将其制作的专辑推向市场之际，却发现市场上已有来自境外的该专辑的制成品。该公司要求海关追查进口单位，制止进口歌曲专辑的销售。但就所取得的证据材料看，该专辑并非盗版制品，而属于原版进口，因此并不违反知识产权海关保护条例，不属于海关查处的范围。[①]

（二）从执法与司法实践的角度看

迄今为止，在我国，诉至法院的与平行进口有关的案件有若干起，以下选择其中四起为例予以分析。一是"香港太平洋优利达公司、北京京延公司诉雅芳（中国）公司侵犯计算机软件著作权案"（以下简称"雅芳"案）；二是"上海利华有限公司诉广州经济技术开发区商业进出口贸易公司侵犯商标权案"（以下简称"利华"案）。另外两起分别为米其林集团总公司诉胡亚平侵犯商标专用权纠纷案及米其林集团总公司诉谈国强等侵犯商标专用权纠纷案（下称"米其林"案）。

1. "雅芳"案中被忽视的平行进口因素。

1995 年，雅芳（中国）公司（以下简称雅芳公司）从美国 Jenkon 数据公司处购买了一套多层市场系统软件，其中包括支持性软件 Unidata 3.1.5b 版本，安装在其网络系统上。1996 年 6 月，香港太平洋优利达公司（以下简称 PU 公司）向中国国家版权局投诉，指控雅芳公司未经授权使用其拥有著作权，并已在中国软件登记中心登记的计算机软件，要求对该侵权行为进行行政处罚。国家版权局于 1997 年 5 月 26 日下发了《关于对广州雅芳有限公司侵权行为给予行政处罚的决定书》。该决定书认定，雅芳公司"在向实际上没有授权资格的美国 Jenkon 数据公司购买使用该

---

① 参见孙颖：《平行进口与知识产权保护之冲突及其法律调控》，载《政法论坛》，1999（3）。

软件时，没有签订任何授权合同或其他法律文件，未尽义务核查提供软件方是否拥有该软件的著作权，从而未经合法授权复制使用了他人的计算机软件，侵犯了他人的著作权"。上述决定对雅芳公司作出了以下行政处罚：未经合法授权，不得再使用 Unidata 软件；罚款人民币 49 万元。①

1997 年 8 月，PU 公司及其独家代理商北京京延公司以同样的理由向广东省高级人民法院提起诉讼，要求赔偿损失 3 000 万美元。1998 年 6 月 18 日，广东省高级人民法院认定被告侵犯了原告的著作权，判决雅芳公司未经合法授权不得再使用 Unidata 软件，并向原告支付赔偿金 1 200 万美元。② 被告不服一审判决，遂向最高人民法院提出上诉。1999 年 9 月 26 日，最高人民法院以"原判决部分事实认定不清，可能影响案件正确判决"为由，裁定撤销原判，发回重审。③

此案最后以原告撤诉结案，但是却留下了值得人们思索的问题。无论是行政执法部门还是一审法院都没有从平行进口的角度审理这一案件。从笔者所掌握的材料分析，本书认为"雅芳"案实际上是一起与 PU 公司诉美国 Unidata 公司案有着密切联系的平行进口案件。④ 对此，可以从以下五个方面予以考察：

第一，PU 公司与美国 Unidata 公司之间的关系以及 PU 公司所享有的权利的性质。作者认为，两者之间的关系是一种契约关系，双方于 1992 年 2 月 21 日在美国签订了"软件经销许可协议"，此后，于 1994 年 9 月 4 日重新签订上述协议，在该协议中，美国 Unidata 公司为许可人，PU 公司为被许可人。该协议的主要内容包括：（1）PU 公司享有在中国销售区（含香港、台湾地区）内独家经销该协议所指定被许可软件（即 Unidata 公司开发研制的大型商业化数据库管理系统软件）的权利；

---

① 参见国家版权局办公室编：《中国著作权实用手册》，266 页，北京，中国书籍出版社，2000。

② 参见广东省高级人民法院（1997）粤知初字第 1 号民事判决。

③ 参见最高人民法院（1998）知终字第 6 号民事裁定。

④ 几乎在对雅芳公司提起诉讼的同时，PU 公司在美国对美国 Unidata 公司提起了类似的诉讼，指控被告违反了它们之间的协议。1999 年，美国科罗拉多州联邦地区法院仲裁庭裁决：被告侵犯原告著作权，向原告支付损害赔偿 359 万美元、律师费 52 万美元。参见阎桂珍：《美国人为何赔款》，资料来源：http://www.chinalawinfo.com/research/lgyd/details.asp? lid=1357。

（2）PU公司应独家地和完全地负责进行该软件产品在销售区内的用户使用许可授权、生产和经销；（3）PU公司在销售区内可以选择用自己的版权和专属权标记代替 Unidata 公司对指定软件的版权和专属权标记；（4）在协议有效期内，PU公司对指定软件有权申请并拥有在其销售区内的国家或地区的法律所承认和授予的版权，但在进行有关版权的申请中，PU公司应申明它是在 Unidata 公司的许可下进行的，Unidata 公司享有回归权。1994 年 10 月，PU 公司向中国软件登记中心提出 Unidata V2.3.2 软件著作权登记申请，申请文件中载明作品类型为原创作品，PU 公司已对该软件作了彻底的汉化。1995 年 5 月 2 日，PU 公司获准在我国登记 Unidata V2.3.2 软件的著作权。上述协议内容表明，PU 公司与美国 Unidata 公司之间的关系并非转让人和受让人之间的关系，而是许可人和被许可人之间的关系；PU 公司对 Unidata V2.3.2 软件所拥有的权利受到协议所约定的区域和时间的限制，这一权利仅仅在中国销售区内并在协议的有效期内有效，许可人享有回归权。由于我国著作权法系采用著作权自动保护主义，著作权的获得无须履行任何法定手续，因此，PU 公司向中国软件登记中心进行的 Unidata V2.3.2 软件著作权登记申请只具有证据上的意义，而不具备创设权利的意义。这意味着，PU 公司所拥有的并不是真正意义上的著作权，实际上是一种独占使用权。也就是说，PU 公司所拥有的是一种合同权利而非法定权利。本案的一审法院广东省高级人民法院实际上作出了这样的认定，该法院认为，PU 公司依据其与 Unidata 公司签订的协议取得了在中国销售区内独家经销 Unidata 软件的权利，并依法进行了计算机软件著作权的登记。

第二，雅芳公司与 Jenkon 数据公司之间的关系。雅芳公司以 15 200 美元的价钱从 Jenkon 数据公司购买软件安装在自己办公室的网络系统中，它们之间是一种软件产品的销售关系。由于 Jenkon 数据公司系 Unidata 公司的代理商，它向雅芳公司销售的软件属于经权利人（Unidata 公司）同意投放美国市场的正版产品，因此，雅芳公司所购买的软件具有合法的来源。

第三，著作权许可协议与软件销售合同之别。本案涉及了两类不同的协议，一为 PU 公司与 Unidata 公司之间的软件著作权许可协议；另一为雅芳公司与 Jenkon 数据公司之间的软件产品销售协议。前者的标的为软件作品，被许可人获得的是对软件作著作权意义上的利用的权利；这种协议应当采用书面形式。后者的标的为软件复制件——软件作品的载体，买受人所获得的是软件复制件的所有权，所有人对其拥有的复制件的利用受到法律的限制。① 这种协议不要求采取书面形式。

　　第四，雅芳公司从境外权利人处购买软件是否构成平行进口的问题。根据上述对 PU 公司与美国 Unidata 公司之间的关系以及 PU 公司所享有权利的性质的考察，雅芳公司的行为符合平行进口的性质和特点。② 倘若 PU 公司与美国 Unidata 公司之间没有任何关系，包括在软件复制件销售行为发生时已经不存在任何关系，如软件著作权已经转让，那么，雅芳公司虽然在境外购买的软件有合法的来源，但不属于平行进口范畴。③

　　第五，雅芳公司的平行进口行为是否构成侵权的问题。对此需要结合 PU 公司与 Unidata 公司之间的软件著作权许可协议中的地域条款以及雅芳公司的主观状态进行分析。如前所述，许可协议中的地域条款约定 PU 公司享有在中国销售区（含香港、台湾地区）内独家经销该协议所指定被许可软件的权利④，因此，Unidata 公司的代理商将软件销售给位于上述销售区内的雅芳公司，显然违反了协议约定，Unidata 公司应承担相应的责任自不待言。而雅芳公司是否要对其从境外购买诉争软件复制件承担责任，对此，从其他国家或地区的经验看，这取决于其对上述协议是否知情，即是否知晓 Unidata 公司在销售软件上的地域限制。按照 Unidata 公司时任总裁的证言，在 PU 公司提起诉讼之前的任何时候，Unidata 公司从未告知雅芳公司有关许可协议的存在。这一证言应足以证明雅芳公司并不知悉许可协议之存在，在本案中不应承担任何责任。此外，从其他国家

---

　　① 例如，我国现行《计算机软件保护条例》第 16 条规定，软件的合法复制品所有人享有下列权利：（1）根据使用的需要把该软件装入计算机等具有信息处理能力的装置内。（2）为了防止复制品损坏而制作备份复制品。……（3）为了把该软件用于实际的计算机应用环境或者改进其功能、性能而进行必要的修改。

　　② 需要指出的是，一般的平行进口之目的在于转售，本案之进口则非用于转售。由于判断是否构成平行进口的关键性要素为，产品系由权利人或经其同意之人投放于出口国或地区市场，因此，雅芳公司的行为符合平行进口的条件。

　　③ 这种情形与前述美国联邦最高法院审理的 Boesch 诉 Graff 案中的情形类似，参见 133 U. S. 697（1890）。本书第四章注释中有对该案的介绍。

　　④ 从许可人的角度看，该约定就是一种地域限制。

或地区的有关立法看，在禁止版权产品平行进口的一般原则下，允许一些
例外。例如，《美国著作权法》允许"为私人使用而不为销售目的的进
口"。这里的"私人使用"并不包括用于经营目的之使用，如本案雅芳公
司的使用。

2. "利华"案判决对平行进口问题的回避。

在"利华"案中，原告上海利华有限公司为"LUX"商标所有人荷兰
联合利华有限公司在我国成立的第一家合资企业，生产"LUX"（力士）牌
系列产品。1997 年 9 月 22 日，原告与"LUX"、"LUX 力士"在中国的注
册商标所有权人荷兰联合利华有限公司签订了"联合利华商标许可合同"，
根据该合同，原告在中国大陆非独占使用以上两个商标。1998 年 10 月 5
日，原告又与商标权人签订了修订协议，将商标许可方式改为独占许可，
并订明：被许可人有权对任何侵犯本协议授予的权利的行为采取法律措施，
或其他被许可人认为适当的行动。此后，原告多次在媒体上公告协议的主
要内容，并将上述协议在国家工商行政管理局商标局和海关总署备案。

1999 年 5 月 28 日，中国佛山海关发现并依法扣留了本案被告广州经
济技术开发区商业进出口贸易公司进口的泰国产的"LUX"牌香皂共 895
箱。1999 年 6 月，本案原告以被告未经许可进口、销售泰国产"LUX"
牌香皂，侵犯了自己的"LUX"及"LUX 力士"商标独占使用权为由，
向广州市中级人民法院起诉，请求法院判令被告立即停止进口、销售侵犯
原告"LUX"及"LUX 力士"商标独占使用权的商品；在有关报纸上公
开向原告赔礼道歉、消除影响；赔偿原告经济损失人民币 11 万元。对于
原告的指控，被告辩称：所进口的"LUX"牌香皂，系经"LUX"商标
权人许可在泰国合法制造的真品，进口商品来源合法，其进口到国内销售
也应合法。若上述情况属实，那么此案即属平行进口案件。然而，主审法
院认为，被告提供的证据不足以证明所进口的产品系经商标权人许可制造
的，被告的平行进口抗辩不能成立；原告系"LUX"及"LUX 力士"注
册商标在中国的独占许可使用人，其对上述商标享有的独占使用权应受法
律保护；被告在未经上述注册商标的权利人许可的情况下，进口"LUX"
牌香皂侵犯了原告对上述注册商标所享有的独占许可使用权。因此，法院
判决：被告应停止侵权行为，向原告赔礼道歉并赔偿损失。①

---

①　参见杨金琪：《平行进口中的商标侵权》，载《中国专利与商标》，2000 (3)。

对于该案判决，一般认为，在法院无法认定本案为商标商品平行进口纠纷的情况下，判定被告进口、销售"LUX"牌香皂侵犯了原告在我国大陆享有的商标独占许可使用权，该判决"并无不当"。但是，本案判决遗留了一个缺憾，即未对平行进口问题作出正面回应。如果被告进口的商品确系经商标权人许可在泰国制造的，那么，其平行进口行为是否侵犯原告享有的独占使用权？对此，该判决没有给予回答。①

3. 两起"米其林"案件：原告的许可具有决定意义。

2009 年 2 月 12 日，米其林集团总公司向湖南省长沙市中级人民法院提起两起侵犯商标专用权诉讼，分别为米其林集团总公司诉胡亚平侵犯商标专用权纠纷案（简称"米其林诉胡亚平"案）②；米其林集团总公司诉谈国强等侵犯商标专用权纠纷案（简称"米其林诉谈国强等"案）。③

这两起案件的原告米其林集团总公司是一家成立于 1863 年的法国企业，其使用于轮胎与车辆等产品上的"轮胎人图形"与"MICHELIN"系列商标均已经在中国获得注册。2008 年 4 月，原告发现两案中的被告经营、销售标注其注册商标的轮胎产品，而这些产品并非来自米其林集团总公司在中国的销售网络，据此认为该类销售行为侵犯其商标权，遂于2009 年 2 月 12 日向法院提起侵犯商标权诉讼。

两案中的被告均辩称，其所销售的轮胎为原告在日本的工厂生产的正品，故并没有侵犯原告的商标专用权；即便所销售的轮胎被法院认定为侵权产品，所涉产品也均系合法取得，并能说明提供者，依法不应承担赔偿责任。

经查明，两案中所涉轮胎标注的产地均为日本，原告确认它们出自其日本工厂，即两案中被告所销售的轮胎并非假冒原告商标的产品。不过，两案中被告所销售的产品与经原告许可在中国销售的产品均存在差异。"米其林诉胡亚平"案中被控侵权的轮胎产品被认定改变了产品的速度级别，而"米其林诉谈国强等"案中被控侵权产品被认定缺少 3C 认证（强制性产品认证）。在对两案的判决意见中，法院均认为，上述差异会给商标权人的利益带来损害。

---

① 参见杨金琪：《平行进口中的商标侵权》，载《中国专利与商标》，2000（3）。
② 参见湖南省长沙市中级人民法院（2009）长中民三初字第 0072 号民事判决书。
③ 参见湖南省长沙市中级人民法院（2009）长中民三初字第 0073 号民事判决书。

在"米其林诉胡亚平"案中，经法院查明，被告销售的轮胎标注了与原告注册商标相同的轮胎人图形及 MICHELIN 文字组合，并在多处标识"MICHELIN"文字，同时标注"225/55R16"、"95Y"等技术指标和"pilot preceda pp2"花纹以及 3C 认证标志等。但是，原告此种型号的轮胎无 Y 级速度级别，且标签贴纸上标明的花纹与轮胎上的标注不一致。法院认为，由于被控侵权轮胎上标注有 3C 认证标志，可以认定其系由米其林同型号其他速度级别的产品修改而来的轮胎产品。而改变轮胎的速度级别对消费者及商标权人均会带来损害，以低速度级别的轮胎冒充高速度级别的轮胎属于以次充好和对消费者进行欺诈的行为；由于将不属于 Y 级轮胎标记为高等级的 Y 级轮胎，使相关公众误认为该 Y 级轮胎为原告生产的同级轮胎，这破坏了商标注册人、注册商标和商品的真实联系。商标注册人将标有该商标的商品投放市场后，注册商标、凝聚在该商标中的商标权人的商誉与具体商品及其各种特性形成唯一对应关系，改变该商标或该商品中的任一要素，都有可能构成对注册商标的识别、指引功能的损害。因此，法院认定，本案所涉及的改变速度级别的轮胎产品，由于其上标注了米其林商标，而使相关公众将该轮胎误认为原告生产的 Y 级轮胎，使消费者对于产品的来源产生混淆，同时也危及了商标注册人对于产品质量保证的信誉，构成商标侵权。

而在"米其林诉谈国强等"案中，经法院查明，被告销售的轮胎上标注了与原告注册商标相同的轮胎人图形及 MICHELIN 文字组合，并在多处标识"MICHELIN"文字，同时标注"215/55R16"、"93W"等技术指标，但是，该轮胎上没有 3C 认证标志。法院认为，本案所涉及之被控侵权轮胎产品在我国属于强制 3C 认证的产品，必须经国家指定的认证机构认证合格、取得指定认证机构颁发的认证证书、并标注认证标志后，方可出厂销售、进口和在经营性活动中使用。本案中，未经 3C 认证这一事实意味着，被控侵权轮胎系未经海关合法进口的产品，该类产品禁止在中国市场上流通。对于必须强制认证的轮胎产品，无 3C 标志但标注了"MICHELIN"系列商标的轮胎流入市场，将会损害原告商标的声誉。同时，根据最高人民法院有关批复的意见①，任何将自己的姓名、名称、商

---

① 参见《最高人民法院关于产品侵权案件的受害人能否以产品的商标所有人为被告提起民事诉讼的批复》，法释〔2002〕22 号。

标或者可资识别的其他标识体现在产品上，表示其为产品制造者的企业或个人，均属于我国《民法通则》第122条规定的"产品制造者"和《产品质量法》规定的"生产者"。法院认为，被告未经原告许可在我国销售、标注原告商标而无安全性保障的轮胎，由此引发的法律后果和对产品的否定性评价均会通过标注在产品上的"MICHELIN"系列商标而指向作为商标权人的原告。因此，法院判定，被告在其经营场所销售未经原告许可而标有"MICHELIN"系列商标的轮胎产品的行为侵犯了原告注册商标专用权。

上述两起案件存在以下诸多相似之处：（1）被控侵权轮胎产品均系在日本由原告授权合法制造；（2）被控侵权产品进入中国市场销售均未经过原告的许可；（3）被控侵权产品的进口系第三方所为，被告为产品的销售商；（4）被告均被判定侵犯了原告商标权。两案涉及的产品实际均为平行进口的产品，法院对于两案被控侵权产品非假冒商品均予以了确认，并且在确定被告的赔偿责任时对该因素给予了考虑。例如，在"米其林诉谈国强等"案中，法院认为："两被告销售侵权产品的行为虽已构成商标侵权，但考虑该产品毕竟仍是原告的产品，故两被告的销售行为并未影响原告自身的销售利润，与假冒、仿冒、傍名牌等商标侵权行为相比，有其特殊性。"法院考虑到了这种特殊性，并"根据侵权行为的性质、期间、后果、商标的声誉及制止侵权行为的合理开支等因素综合确定本案的赔偿数据"。而在"米其林诉胡亚平"案中，法院认为："侵权轮胎已经3C认证这一事实对于确定被告的责任同样具有重要意义：（1）被控侵权轮胎上有3C认证，即意味着该产品本身是允许在中国境内进行销售的；（2）米其林轮胎是否生产了速度级别为Y级的轮胎，并非一个公知事实，故在轮胎上标记有3C认证的情况下，要求普通的轮胎销售者对于米其林的全系列轮胎产品的具体情况进行全面的了解显然要求过高。"法院并认为，"根据现有证据，认定被告销售侵权产品的行为具有主观过错证据不足；至于被告是否从原告指定途径进货不影响该进货行为的合法性"。

然而，我们发现，对于诉争产品的来源对案件处理的意义，法院又作出了不同的意见，例如，在"米其林诉谈国强等"案中，法院认为："无论这些产品由谁生产，销售该类产品的行为均属于违法行为，依法应予制止。这里，该案的重要问题不在于这些产品由谁生产，而在于这种未经许可的销售行为，是否可能损害商标注册人的利益。"在这里，法院对于诉争产品系来自原告授权生产这同一个事实，却采用了另外一个判断标准。也就是说，被告在中国销售诉争产品的行为未经原告的许可，因此，该行为构成对原告商标权的侵犯；然而，被告所销售的系原告授权生产的产品，因此，该行为似乎情有可原。对于前者，法院考虑的是实质要素（原告的同意）；对于后者，法院考虑的是形式要素（来源合法）。这本是平行进口问题中应该一并考虑的问题，而在这两起案件中却被分割开来，由此导致了这两起案件中的法律推理前后的不一致。

与前述两起案件不同的是，在这两起"米其林"案中，法院关注诉争产品的来源的合法性问题，而且来源的合法性对于案件的处理也产生了一定的影响。也正因如此，"米其林诉谈国强等"案被视为迄今为止最为重要的涉及平行进口的案件，该案的判决被认为最为接近采取一种国际穷竭原则的立场。① 尽管如此，该案判决对于平行进口问题的态度仍然是语焉不详，原因在于该案的推理仍然是建立在原告的许可基础之上，而非建立在产品的差异之上。也就是说，若是未经原告许可，即便诉争产品与原告许可在中国销售的产品完全一样（包括产品品质及其所附着的所有标签），从该案的推理中也无法得出被告行为合法的结论。

从上述这些案例的判决可以看出，由于我国现行法律法规的不完善，我国对平行进口的法律规制还有缺憾，所以在执法与司法保护实践中，对同样涉及平行进口的案件，无法做到相似案件相似处理，作出判决的法律依据和法律推理也不尽统一与协调，令人感到法制统一和司法公正没有得到完全实现。② 随着平行进口现象的增加，正视平行进口问题、对其进行具有统一性与协调性的法律规制变得愈益迫切。

---

① See Daniel Chow, *Exhaustion of Trademarks and Parallel Imports in China*, 51 Santa Clara L. Rev. 1283 2011.

② 对于缺乏对平行进口进行法律规制的国家，有西方学者评论道："在这些国家，几乎无法预见案件的结果"。参见 Christopher Heath, *Exhaustion and Parallel Imports in Asia*, 33 IIC (2002)。

第三节　平行进口的规制与争议之解决

一、借鉴现有的法律规制方法

"他山之石，可以攻玉"。本书对平行进口的法律规制进行比较研究的目的在于寻找一种规制平行进口的相对合理而可行的方法，以对我国的平行进口法律制度之构建有所裨益。

（一）采用协调化的解决方案

如前所述，协调化的解决方案兼顾案件所牵涉的各方利益，顺应国际贸易发展的基本趋势。因此，本书认为，在我国今后解决平行进口问题时，应该采用上述协调化解决方案。

（二）借鉴我国香港与台湾地区的保护实践

在构建我国的规制平行进口的法律制度时，尤其需要重视借鉴我国台湾地区和香港地区的有关保护实践。我们在知识产权保护上有许多相似之处，面临着同样的问题，而台湾地区和香港地区已经有一段规制平行进口的历史，它们既积累了经验，也留下了教训。我们应当借鉴其经验，更应吸取其教训，以便在制度设计时少走弯路。

在香港特别行政区《版权条例》[①] 中，相关规定包括：第一，标题为"间接侵犯版权：输入或输出侵犯版权复制品"的第 30 条规定："任何人未获作品的版权拥有人的特许，将该作品的复制品输入或输出香港，而他知道或有理由相信该复制是该作品的侵犯版权复制品，而且他输入或输出该复制品并非供自己私人和家居使用，即属侵犯该作品的版权。"第二，标题为"'侵犯版权复制品'的含义"的第 35 条第 3 款规定："除第 35A 或 35B 条另有规定外，如（a）某作品的复制品（附属作品的复制品除外）已输入或拟输入香港，并且（b）该复制品（附属作品的复制品除外）假使在香港制作即会构成侵犯有关作品的版权，或违反关乎该作品的专用特许协议，该复制品（附属作品的复制品除外）亦属侵犯版权复制品

---

① 参见香港特别行政区《版权条例》，http：//translate. legislation. gov. hk/gb/www. legislation. gov. hk/blis ＿ ind. nsf/WebView？ OpenAgent&vwpg＝CurAllChinDoc ＊ 496 ＊ 100 ＊ 528.1♯528.1，2012－01－11。

（附属作品的复制品除外）。"第 35 条第 4 款则规定："就第 118 至 133 条（刑事条文）而言，'侵犯版权复制品'（infringing copy）并不包括符合以下说明的某作品的复制品：（a）是在制作它的所在国家、地区或地方合法地制作的。"第三，规定了"专用特许"的第 103 条规定："在本部中，'专用特许'（exclusive licence）指由版权拥有人签署或由他人代其签署的书面特许，授权特许持有人在摒除所有其他人（包括批出该特许的人）的情况下行使本应属该版权拥有人可行使的独有权利。"因此，上述所指的"专用特许"是指书面的独占许可协议，在没有书面许可进口的情况下，经授权制作的版权复制品仍有可能成为"侵犯版权复制品"。上述规定表明，一方面，《版权条例》对于版权产品的平行进口并未作明确的禁止；另一方面，违反有关的独占许可协议是认定有关的复制品是否为"侵犯版权复制品"的标准之一。在此基础上，任何违反独占许可协议的进口版权复制品的行为都构成侵权，并可能构成犯罪。按照香港立法会的意图，向香港平行进口版权产品既可以构成侵权，甚至还可能构成犯罪。这也正是美国贸易代表通过施加压力希望香港做到的。①

《版权条例》通过强化独占许可协议的调整作用，反映了在平行进口问题上进行利益平衡的努力。但是，却存在保护过度之嫌，任何违反独占许可协议的进口版权复制品的行为都构成侵权，并可能构成犯罪。对此，已有学者担心，这种保护水平恰恰"正是危险所在"②。

台湾地区的"专利法"和"著作权法"都对平行进口问题作出了规定，也存在一些值得引以为戒的问题。台湾地区"专利法"③ 第 57 条第 1 项第 6 款规定，专利权人所制造或经其同意制造之专利物品贩卖后，使用或再贩卖该物品者，属于专利权之效力排除事项之一；上述制造、贩卖不以台湾地区为限。也就是说，对于发生在其他国家或地区的首次销售行为

---

① 参见 Michael Pendleton, *Hong Kong's Intellectual Property is of far Wider Scope than Britain or the United States*，载《知识产权研究》，第 8 卷，北京，中国方正出版社。

② Michael Pendleton, *Hong Kong's Intellectual Property is of far Wider Scope than Britain or the United States*，载《知识产权研究》，第 8 卷，北京，中国方正出版社。

③ 参见台湾地区"专利法"，http：//vip.chinalawinfo.com/newlaw2002/slc/slc.asp? db＝twd&gid＝939527164，2012－01－11。

也予以承认。第57条第2项规定，前项"第6款得为贩卖之区域，由法院依事实认定之"。台湾地区"专利法施行细则"第35条进一步规定所谓的"得为贩卖之区域"，"应依契约之约定，契约未订定或其内容不明确者，应探求当事人之真意，交易习惯或其他交易客观事实"。上述规定会带来三个方面的问题：第一，由于在何处销售才符合首次销售之要件属于法律问题，而非事实问题，法院根本无从依事实予以认定。因此，严格说来，第57条第2项之授权性规定并无意义。① 第二，在契约当事人对于销售区域未作约定或约定不明时，法院得依客观情事判断当事人订约时是否具有在某特定区域销售之真意，而不是直接援引台湾地区"专利法"第57条第1项第6款之规定，采用国际穷竭原则而允许专利产品得平行进口。这样通过"专利法实施细则"之规定排除"专利法"之规定，这无疑导致其立法体系的矛盾与冲突。第三，由于台湾地区"专利法"第57条第1项第6款之规定在性质上属于为保护公共利益之强制性规定，因此，即使专利权人以契约约定予以排除适用，如专利权人与买受人约定不得转售，这种约定并不具有专利法上之效力，而仅具有债权上之效力，买受人若违反该约定并不会构成专利权之侵害。②

台湾地区"著作权法"③ 第87条第4款明文规定"未经著作财产权人同意而输入著作原件或其重制物者"视为侵害著作权或制版权，明确禁止著作权产品的平行进口。由于这一条款系因外来压力而规定，引起台湾各界之争议，受到了人们尖锐的批评。批评者认为，禁止平行进口的规定未通盘考量立法体系之一致性，造成了法律适用上的疑义，可能使社会结构受到极大的冲击，甚至还要付出难以估量的经济成本。④

二、争议之解决

(一) 结合现状对不同类型权利的不同考虑

在规制平行进口的问题上，在考虑知识产权保护和国际贸易自由化的

---

① 参见谢铭洋：《专利进口权与平行输入》，载《月旦法学杂志》，1995 (6)。
② 参见谢铭洋：《专利进口权与平行输入》，载《月旦法学杂志》，1995 (6)。
③ 台湾地区"著作权法"，http://vip.chinalawinfo.com/newlaw2002/slc/slc.asp? db=twd&gid=939527148，2012-01-11。
④ 参见张凯娜：《著作物平行输入立法之检讨》，载《月旦法学杂志》，1997 (7)。

一般趋势的同时，还应结合我国的现状对涉及不同类型权利的平行进口进行细致的考察。

首先，在专利产品的平行进口政策的设计上应考虑我国专利权的实际情况。尤其是要考虑我国目前所保护的大多数发明专利均来自其他国家或地区这一现实。中国国家知识产权局的统计数据表明，在我国授予的发明专利中，外国人拥有一半以上。从这个角度看，我国在发展上尚较大程度地依赖于外来技术，属于技术输入国。技术输入国与技术输出国在专利立法政策上是有区别的。如前所述，专利保护的最终目的是促进产业的发展。在上述两类国家中有不同的实现途径。对于技术输出国而言，由于其自然人或法人拥有大量的专利技术，尤其是发明专利技术，因此，通过加强对专利权的保护，包括对专利产品的平行进口上的保护，可以促进其产业的进一步发展。而在技术输入国，由于许多发明专利来自其他国家或地区，因此，保护强度的增加，包括对平行进口予以制止反而对本国产业发展不利。况且，为了促进国际贸易自由化，发达国家禁止专利产品平行进口之做法，已经逐渐被打破。允许专利产品的平行进口已经成为一种国际趋势。因此，对于专利产品的平行进口的法律规制应考虑到我国现阶段产业发展之实际状况以及专利制度实施之情形。一味采取禁止的态度不足为训。因此，现行《专利法》允许平行进口既有利于我国产业的发展，又符合鼓励自由贸易的国际趋势。

其次，对于著作权产品平行进口的法律规制问题，不能忽视著作权的文化意义。一方面，需要汲取台湾地区禁止著作权产品的平行进口带来负面影响的教训；另一方面，也应注意到禁止平行进口可能带来的对本土文化的积极影响。例如，挪威从 1993 年开始禁止著作权产品的平行进口，结果对其民族文化的发展起到了积极的影响。

再次，对于商标产品平行进口的法律规制问题，需要同时考虑以下两个方面的因素：一方面，在市场环球化过程中，在国际产品设计、定价、促销以及销售中的政治边界的意义已经降低。与此同时，由于公司地址、国外公司控股的程度以及公司领导人及员工的国籍等因素，国内外企业的区分开始变得困难。一个国家的商标法应该反映这样一种事实：许多产品都是在国际声誉的基础上销售的。[1] 另一方面，应当考虑我国经济生活中

---

① 参见 T. Levitt，*The Marketing Imagination*，Chap. 2（2d ed. 1986），转引自 Timothy H. Hiebert 书，157 页。

的一种普遍现象①，即自改革开放以来，我国一些企业与外国商标权人订立商标独占使用许可合同；或者我国企业与外国商标权人成立合资公司，由合资公司独占使用商标权人在中国注册的商标。独占被许可人往往在其制造的商品上使用被许可的商标以外，还投入巨资对所使用的商标进行广告宣传，使所使用的商标因被许可人的使用和宣传而在我国市场上享有了较高的信誉。前述"LUX力士"、"宝洁"等品牌即是如此。对于涉及这些品牌产品的平行进口，基于对我国独占被许可人的合法权益的保护，禁止平行进口就具有其正当性理由。这种正当性同样可以通过许可人和被许可人之间所约定的独占许可使用权的地域范围得到体现。例如，前述"LUX力士"牌香皂的进口若属于平行进口，也应被制止。②

基于上述分析，本书不赞成采用简单的二分法，即禁止版权产品的平行进口，允许商标产品的平行进口。

（二）通过"逐案演进"方式实现对平行进口的法律规制

笔者同意对应当如何建立和完善关于平行进口的法律规则与制度作出审慎的思考，因为它涉及对有关各方的平等保护，涉及建立一个有利于公平、自由竞争的更为合理的法律制度，应当着眼于贸易自由化和经济全球化的要求。③ 本书以为，在现阶段，在对平行进口的法律规制的方式上，在适当、审慎立法的同时，应通过"逐案演进"的方式实现对平行进口的法律规制。这种方式与本书所建议的采取协调化的解决方案是协调一致的。因为协调化的解决方案恰恰需要结合个案情况具体解决问题。

从其他国家或地区的实践可以看出，对平行进口的法律规制存在着立法上的难题。大多数立法对此均未作规定，即使作出规定的立法也遭遇一些始料未及的问题。我国台湾地区的相关立法所带来的问题即为前车之

---

① 针对本国具体情况规制平行进口并不乏前例。例如，在韩国，根据其1995年12月发布的有关商标产品的平行进口准则，只有同时在国内生产同样的产品，商标所有人才能禁止平行进口。也只有在这种情形下，公众才会对产品的质量有一定的期待，这种对在国内生产的产品质量的期待有别于对在国外生产的产品的期待。因此，可以推断，在国内生产的产品与在国外生产的产品之间存在着质量上的差别。事实上，该准则可被视为韩国对其就业机会的一种比较隐蔽的保护。

② 参见杨金琪：《平行进口中的商标侵权》，载《中国专利与商标》，2000（3）。

③ 参见邵景春：《平行进口诘问法律》，载《民事责任与民法典体系》，371页，北京，法律出版社，2002。

鉴。因此，对于平行进口的法律规制问题，采取具体问题具体分析的态度似更为可取。正如台湾地区学者所强调的那样，"遭遇难题时，逐案演进的必要性"，"法官造法之'个案性'与'尝试性'……特别适宜'候补地'被用来演进立法者对之尚不甚了解的案型。盖对这种案型立法者既尚不甚了解，勉强'立法'加以规范，只有使得对该案型之规范陷入僵局，于事无补"①。在中国，也有司法审判人员认识到这一问题，在修改我国《商标法》和《专利法》的时候，提出"不要把商标商品或专利产品的平行进口问题写入法律中，以免以后在执法中造成被动"②。

笔者以为，实践中出现的平行进口争议复杂多样，亟待解决，而又不能在短时间里通过迅速立法加以解决。在这种情况下，由法院以个案解决争议较为可行。法院和法官可以根据具体案情，按照我国有关的法律原则和法律精神，参考外国判例解决争议。同时，法院可以在个案解决的基础上积累经验，通过一定级别的法院加以选择，形成相关的司法先例，这既可以为以后的类似案件提供指导，解决司法实践中出现的问题；又可以为我国将来的平行进口立法提供坚实的基础。中国从 2010 年开始的案例指导制度，为我们提供了通过"逐案演进"方式实现对平行进口进行法律规制的有效平台。③

在实践中，平行进口所涉及的产品往往同时受到多重权利（包括专利权、商标权以及著作权）的保护，当以权利穷竭原则解决这类产品的平行进口问题时，将出现矛盾的结果，例如，若依照商标权，平行进口允许，而依照著作权，则不允许。为此，苏黎世商事法院曾经倡议一种统一的解决方案解决专利权、商标权和著作权的穷竭制度。该法院认为，平行进口属于竞争法上的问题，而非任何特定的知识产权问题。④ 世界银行的相关研究报告也认为，由于平行进口的两面性，从经济效益的角度看，任何一种绝对地禁止或支持平行贸易的政策均不具有正当性。而采用合理性规

---

① 黄茂荣：《法学方法与现代民法》，台大法学丛书（三二），95、96 页，北京，中国政法大学出版社，2001。

② 杨金琪：《平行进口中的商标侵权》，载《中国专利与商标》，2000（3）。

③ 参见胡云腾：《人民法院案例指导制度的构建》，http：//www.legaldaily.com.cn/zbzk/content/2011 - 01/30/content _2463590.htm? node=25496。

④ See Christopher Heath（ed.），*Parallel Imports in Asia*，Kluwer Law International，2004，p.22.

则，兼顾平行进口的法律地位及制造商禁止平行进口的垂直限制具有经济上的合理性。① 发展中国家需要在竞争政策与知识产权保护的框架内解决平行进口问题。② 笔者认为，由司法机关通过"逐案演进"方式从竞争法的角度解决平行进口争议是当前处理复杂的平行进口问题的可行方式。

① See Keith E. Maskus & Yongmin Chen, *Vertical Price Contril and Parallel Imports: Theory and Evidence*, Policy Research Working Paper 2461, the World Bank, pp. 22 - 23.

② See Keith E. Maskus & Yongmin Chen, *Vertical Price Contril and Parallel Imports: Theory and Evidence*, Policy Research Working Paper 2461, the World Bank, p. 10.

参考文献

一、中文文献

1. 董安生. 民事法律行为. 北京：中国人民大学出版社，1994

2. 冯震宇. 了解智慧财产权. 台北：永然出版公司，1994

3. 郭禾. 知识产权法选论. 北京：人民交通出版社，2002

4. 国家版权局办公室编. 中国著作权实用手册. 北京：中国书籍出版社，2000

5. 黄晖. 驰名商标和著名商标的法律保护. 北京：法律出版社，2001

6. 黄茂荣. 法学方法与现代民法. 台大法学丛书（三二）. 北京：中国政法大学出版社，2001

7. 孔祥俊. WTO 知识产权协定及其国内适用. 北京：法律出版社，2002

8. 李镁. 商标授权论. 台北：三民书局，1994

9. 李明德等. 欧盟知识产权法. 北京：法律出版社，2010

10. 刘春田主编. 知识产权法. 4 版. 北京：中国人民大学出版社，2009

11. 邱志平. 真品平行输入之解析. 台北：三民书局，1996

12. 单文华主编. 国际贸易法学. 北京：北京大学出版社，2000

13.《十二国著作权法》翻译组译. 十二国著作权法. 北京：清华大学出版社，2011

14. 史尚宽. 民法总论. 北京：中国政法大学出版社，2000

15. 王先林. 知识产权与反垄断法. 北京：法律出版社，2001

16. 王轶. 物权变动论. 北京：中国人民大学出版社，2001

17. 王泽鉴. 民法物权. 北京：中国政法大学出版社，2001

18. 吴汉东等. 无形财产权制度研究. 北京：法律出版社，2001

19. 谢铭洋. 智慧财产权之基础理论. 台大法学丛书（八四），台北：翰芦图书出版有限公司，2001

20. 谢铭洋等. 著作权法解读. 台北：月旦出版社有限公司，1992

21. 严桂珍. 平行进口法律规制研究. 北京：北京大学出版社，2009

22. 尹新天. 专利权的保护. 北京：知识产权出版社，2005

23. 张志铭. 法律解释操作分析. 北京：中国政法大学出版社，1999

24. 郑成思. 关贸总协定与世界贸易组织中的知识产权. 北京：北京出版社，1997

25. 郑成思. 世界贸易组织与贸易有关的知识产权. 北京：中国人民大学出版社，1996

26. 郑成思. 知识产权论. 北京：法律出版社，2001

27. 郑成思. 知识产权与国际贸易. 北京：人民出版社，1995

28. 钟兴国等. 世界贸易组织——国际贸易新体制. 北京：北京大学出版社，1997

29. ［德］阿道夫·迪茨. 欧共体中的著作权. 欧洲委员会，1978

30. ［印］巴吉拉斯·拉尔·达斯. 世界贸易组织协议概要. 刘刚译. 北京：法律出版社，2000

31. ［美］本杰明·N·卡多佐. 法律的成长：法律科学的悖论. 董炯等译. 北京：中国法制出版社，2002

32. ［英］彼得·斯坦，约翰·香德. 西方社会的法律价值. 王献

平译．北京：中国人民公安大学出版社，1990

　　33．［英］丹尼斯·罗伊德．法律的理念．张茂柏译．台北：联经出版事业公司，1984

　　34．［日］富田彻男．市场竞争中的知识产权．北京：商务印书馆，2000

　　35．［印］甘古力．知识产权：释放知识经济的能量．宋建华等译．北京：知识产权出版社，2004

　　36．简明不列颠百科全书（中文版）．北京：中国大百科全书出版社，1985

　　37．世界贸易组织秘书处编．贸易走向未来．张江波等译．北京：法律出版社，1999

　　38．世界知识产权组织编写．知识产权纵横谈．张寅虎等译．北京：世界知识出版社，1992

　　39．［美］小杰伊·德雷特勒．知识产权许可．王春燕等译．北京：清华大学出版社，2003

　　40．蔡宝刚．阻却知识产权平行进口的立法思考——以 TRIPS 协议为目标和准则．扬州大学学报，1998（6）

　　41．蔡明诚．论智慧财产权之用尽原则．政大法学评论，第 41 期

　　42．管敏正．试论平行进口的合法性及其趋势．山东法学，1997（3）

　　43．郭禾．集成电路知识产权的法律保护．中国—欧盟知识产权高级研讨班（2001 年 10 月 29 日～11 月 13 日，北京，中国人民大学法学院）上的演讲稿

　　44．胡开忠．知识产权限制理论的新发展．见：私法研究（创刊号）．北京：中国政法大学出版社，2002

　　45．黄晖．内外有别——商标权利用尽的判例与立法．国际贸易，1999（4）

　　46．李长英．平行进口产生的充分必要条件．当代经济科学，2004（3）

　　47．李琛．商标权利瑕疵的矫正与经济分析．见：法学前沿．第 2 辑．北京：法律出版社，1998

　　48．李琛．市场统一中的人文失落——欧盟法与欧洲大陆著作权观念的冲突．见：私法研究．创刊号．北京：中国政法大学出版社，2002

　　49．李晓桃等．平行进口与我国商标权保护．律师世界，2001（7）

50. 李小伟．论平行进口与商标权保护的关系．中国专利与商标，1996（2）

51. 李志弘．论入世后我国平行进口的发展趋势和应对策略．国际贸易问题，2002（7）

52. 刘春田．"在先权利"与工业产权——《武松打虎》案引起的法律思考．见：法学前沿．第1辑．北京：法律出版社，1997

53. 刘筠筠．国际贸易背景下专利权用尽原则探究——兼论平行进口问题．北京工商大学学报（社会科学版），2008（5）

54. 罗怡德．智慧财产权法与公平交易法：专利授权与不公平交易．辅仁法学．第14期

55. 梅夏英．民法上"所有权"概念的两个隐喻及其解读．中国人民大学学报，2002（1）

56. 孟祥娟．论专利权保护与平行进口问题．北方论丛，2006（5）

57. 南振兴．试论平行进口中的商标法律问题．国际贸易问题，1995（1）

58. 曲三强．平行进口与我国知识产权保护．法学，2002（8）

59. 邵景春．平行进口诘问法律．见：民事责任与民法典体系．北京：法律出版社，2002

60. 孙颖．平行进口与知识产权保护之冲突及其法律调控．政法论坛，1999（3）

61. 谢铭洋．专利进口权与平行输入．月旦法学杂志，1995（6）

62. 韦承武．2010年中国进口关税总水平将调整至9.8%．经济观察网，http://finance.stockstar.com/SS2009121530094082.shtml

63. 王传丽．与贸易有关的知识产权问题——析商标权与灰色市场进口．政法论坛，1995（1）

64. 王春燕．也论知识产权的属性．中国法学，1996（3）

65. 王睦岭．专利法上之平行输入与耗尽原则的探讨．法令月刊，53（6）

66. 王庭熙．平行进口中的知识产权保护问题．见：民商法论丛（总第16卷）．北京：法律出版社，2000

67. 王晓东．WTO新一轮多边工业品关税谈判研究．国际经济合作，2008（10）

68. 王晓晔．欧共体竞争法中的知识产权．环球法律评论，2001 年夏季号

69. 王涌．所有权概念分析．中外法学，2000（5）

70. 阎桂珍．美国人为何赔款．北大法律信息网，http：//www. chinalawinfo. com/

71. 杨金琪．平行进口中的商标侵权．中国专利与商标，2000（3）

72. 叶京生．论知识产权平行进口及对我的立法建议．国际商务研究，2004（1）

73. 尹新天．从我国专利法看平行进口．中国专利与商标，2001（2）

74. 余翔．采用国际耗尽原则——中国商标权耗尽与平行进口法律经济分析．国际贸易，2001（8）

75. 余翔．中国智慧财产权权利耗尽及产品平行输入体制研究．科技法律透析，2002（4）

76. 余翔．专利权穷竭与专利产品平行进口．国际贸易，2000（2）

77. 余翔．专利权、商标权耗尽及平行进口的法律经济比较研究．华中科技大学博士学位论文

78. 张今．论商标法上的权利限制．法商研究，1999（3）

79. 张今．平行进口法律问题研究．政法论坛，1999（3）

80. 张凯娜．著作物平行输入立法之检讨．月旦法学杂志（第 26 期），1997

81. 张双林．燕市"商标"话旧．中华商标，1997（3）

82. 张韬．试论知识产权国际保护中的平行进口与进口权．法律科学，1995（5）

83. 郑成思．《合同法》与知识产权法的相互作用（下）．电子知识产权，1999（1）

84. 郑成思．知识产权若干问题辨析．中国社会科学院研究生院学报，1993（2）

85. 朱庆育．寻求民法的体系方法．比较法研究，2000（4）

86. ［美］托马斯·格雷．论财产权的解体．社会经济体制比较，1995（2）

87. ［美］约瑟夫·斯蒂格利茨．知识经济的社会政策．新华文摘，2000（3）

二、英文文献

1. Anne Fitzgerald & Brian Fitzgerald, Intellectual Property in Principle, Thomson Lawbook Co. , 2004

2. Beverly W. Pattishall et al. Trademarks and Unfair Competition. Newark: Matthew Bender, 1998

3. Brian Toyne et al. Global Marketing Management: A Strategic Perspective. Boston: Allyn & Bacon , 1989

4. Charles R. McManis. Intellectual Property and Unfair Competition. Berkeley: West Group, 2000

5. Christopher Heath. Parallel Imports in Asia. London: Kluwer Law International, 2004

6. Christopher Stothers. Parallel Trade in Europe: Intellectual Property. Competition and Regulatory Law, Hart Publishing, 2007

7. Doris Long, et al. International Intellectual Property. Berkeley: West Group, 2000

8. Edward S. Rogers: Good Will, Trademarks and Unfair Trading, Lawbook Exchange Ltd, 2001

9. Gordon V. Smith, Russell L. Parr. Intellectual Property: Licensing and Joint Venture Profit Strategies. New York: John Wiley & Sons, Inc, 1998

10. Guy Tritton. Intellectual Property in Europe. London: Sweet & Maxwell, 1996

11. Jay Dratler, Jr. Licensing of Intellectual Property. New York: Law Journal Seminars-Press, 1998

12. Melvin Simensky et al. Intellectual Property in the Global Market-Place. New York: John Wiley & Sons, Inc. , 1999

13. Peter Drahos. A Philosophy of Intellectual Property. Sudbury: Dartmouth Publishing Company, 1996

14. Ralph Folsom et al. International Business Transactions. New York: West Publishing Co. , 1992

15. Ruth Towse and Rudi Holzhauer. The Economics of Intellectual Property. UK • Northampton: Edward Elgar Publishing, Inc, 2002

16. Thomas Cottier and Petros C. Mavroidis（ed.）, Intellectual Property: Trade, Competition, and Sustainable Development, The University of Michigan Press, 2003

17. Thomas Hays. Parallel Importation under European Union Law. London: Sweet & Maxwell, 2004

18. Timothy H. Hiebert. Parallel Importation in U. S. Trademark Law. Westport: Greenwood Press, 1994

19. Warwick A. Rothnie. Parallel Imports. London: Sweet & Maxwell, 1993

20. W. R. Cornish. Intellectual Property: Patent, Copyright, Trademarks and Allied Rights. London: Sweet & Maxwell, 1996

21. Abdulquwia A. Yusuf, et al. Intellectual Property Protection and International Trade. 16 World Competition: L. & Econ, 1992

22. Andreas Reindl. The Magic of Magill: TV Program Guides as a Limit of Copyright Law? 24 IIC 60（1993）

23. Ansgar Ohly. Trade Marks and Parallel Importation-Recent Developments in European Law. 30 IIC 512（1999）

24. Brigitte Lindner. Switzerland: The Cradle of International Exhaustion? [1999] E. I. P. R.

25. Carol Wolf. Losing $ 63 Billion to Gray Market Is Sleuth Obsession. http: //www. bloomberg. com/apps/news? pid ＝ newsarchive&sid ＝ aB-SGM5eaLYrc&refer＝home

26. Christian Rosner, Van Doren ＋ Q. The Very Last Step? [2002] EIPR 605

27. Christopher Heath. Exhaustion and Parallel Imports in Asia. IIC Vol. 33, 5/2002

28. Christopher Heath. From "Parker" to "BBS" -The Treatment of Parallel Imports in Japan. 24 IIC 179（1993）

29. Christopher Heath. Parallel Imports and International Trade. 28 IIC 623（1997）

30. Christopher Stothers. International Exhaustion of Trade Marks and Consent in the EEA. [2001] 7 EIPR 344

31. Cohen Jehoram. Parallel Imports and Intellectual Property Right. 30 IIC (1999)

32. David Parkins et al. Exhaustion of Intellectual Property Rights. in PLI's Fifth Annual Institute for Intellectual Property Law，1999

33. Florian Albert and Christopher Heath. Dyed But Not Exhausted-Parallel Imports and Trade Marks in Germany. 28 IIC 24 (1997)

34. Frederick M. Abbott. First Report （Final） to the Committee on International Trade Law of the International Law Association on the Subject of Parallel Importation. （1998) 1 J. Internat. Econ. L.

35. Geoffrey M. Goodale. The New Customs Gray Market Regulations：Boon or Bust for U. S. Trademark Owners? AIPLA Quarterly Journal，Fall 2000

36. Hanns Ullrich. Technology Protection According to TRIPS：Principles and Problem. in Beier & Schricker （eds.) "From GATT to TRIPS"

37. Herman C. Jehoram. Prohibition of Parallel Imports through Intellectual Property Rights. 30 IIC 495，508－511 （1999)

38. Horst-Peter Gotting. Protection of Well-Known， Unregistered Marks in Europe and the United States. 31 IIC 390 (2000)

39. Irini A. Stamatoudi and Paul L. C. Torremans. International Exhaustion in the European Union in the Light of "Zino Davidoff"：Contract versus Trade Mark Law? 31 IIC 124 (2000)

40. Jochen Pagenberg. The Exhaustion Principle and "Silhouette" Case. 30 IIC 19 (1999)

41. John C. Hilke. Free Trading or Free-Riding：An Examination of the Theories and Available Empirical Evidence on Gray Market Imports. 32 World Competition 75 (1988)

42. John Hockley. Parallel Importation of Trade Marked Goods into Australia. 16 IIC 549 (1985)

43. Joseph Straus, Implications of the TRIPS Agreement in the Field of Patent Law, in Beier & Schricker （eds.) From GATT to TRIPS-The Agreement on Trade-Related Aspects of Intellectual Property Rights

44. J. S. Chard and C. J. Mellor. Intellectual Property Rights and Par-

allel Imports. 12 The World Economy 69 (1989)

45. Kara Josephberg, David Lange et al, Korean Trade Commission rules against parallel imports, Intellectual Property & Technology Law Journal, Feb 2003 v15 i2

46. Kaoru Takamatsu. Parallel Importation of Trademarked Goods: A Comparative Analysis, 57 Wash. L. Rev. (1982).

47. Keith E. Maskus & Yongmin Chen, Vertical Price Contril and Parallel Imports: Theory and Evidence. Policy Research Working Paper 2461, the World Bank.

48. Kevin Wang, Cell Phone Industry's Dirty Little Secret: China's 145 Million Unit Gray Market, see http: //www. isuppli. com/china-electronics-supply-chain/news/pages/cell-phone-industrys-dirty-little-secret-chinas-145-million-unit-gray-market. aspx.

49. Lynda J. Zadra-Symes et al. Using U. S. Intellectual Property Rights to Prevent Parallel Imports. [1998] 6 EIPR.

50. Margreth Barrett. A Fond Farewell to Parallel Imports of Patented Goods: The United States and the Rule of International Exhaustion. [2002] 12 EIPR

51. Marleen Van Kerckhove & David Perkins. European Community and International Exhaustion: Shades of Grey. PLI's Seventh Annual Institute for Intellectual Property Law, 2001. 7

52. Michael Pendleton. Hong Kong's Intellectual Property is of Far Wider Scope than Britain or the United States. 见：知识产权研究. 第8卷. 北京：中国方正出版社，1999

53. Michael S. Knoll. Gray-Market Imports: Causes, Consequences and Responses. Law & Policy in International Business, Vol. 18 (1986)

54. Naomi Gross. Trade Mark Exhaustion: The U. K. Perspective. [2001] E. I. P. R. 224

55. Research Report. International Price Comparisons-a survey of branded consumer goods in France, Germany, Sweden, the UK and the US. Economist Intelligence Unit (EIU), 2001

56. Shusaku Yamamoto. A Reversal of Fortune for Patentees and Par-

allel Importers in Japan. 7 EIPR 341 (1995)

　　57. S. K. Verma. Exhaustion of Intellectual Property Rights and Free Trade-Article 6 of the TRIPS Agreement. 29 IIC

　　58. Theodore H. Davis, Jr. Territoriality and Exhaustion of Trademark Rights under the Law of the North Atlantic Nations. 89 Trademark Rep. (1999)

　　59. Thomas Cottier. The Prospects for Intellectual Property in GATT. 28 CML Rev (1991)

　　60. Tzen Wong. Exceptions to the Free Movement of Parallel Imports. [2000] 12 EIPR 585

　　61. William A. Hoyng. A Surprising Decision. 21 AIPPI 26 (1/1996)

　　62. W. R. Cornish. Trade Marks: Portcullis for the EEA? [1998] 5 EIPR

后　记

　　正如本书开篇所说，平行进口"被视为国际贸易领域中与知识产权有关的最扑朔迷离的现象之一"，笔者当初选择以此作为博士论文的选题，也是为该论题的不确定性所吸引。自笔者开始关注该选题至今已经过去了若干年，现在有更多的研究者开始关注该课题，并陆续有相关著述出现。在相关的立法上，也开始出现了变化。笔者在博士论文中曾提出："允许专利产品的平行进口已经成为一个国际趋势。因此，对于专利产品的平行进口的法律规制应考虑到我国现阶段产业发展之实际状况以及专利制度实施之情形。一味采取禁止的态度不足为训。"令人欣喜的是，我国《专利法》2008年修正之后，通过对进口权的限制，允许了专利产品的平行进口。

　　然而，平行进口问题的不确定性及围绕平行进口的争论却依然存在。笔者希望，本书所着意于构建的理论框架与分析工具对于解决相关问题能够有些许助益。

本书是在作者的博士学位论文《平行进口法律规制的比较研究》的基础上更新补益而成。

论文的部分内容曾在修改后以《贸易中知识产权与物权冲突的解决原则》为题发表于《中国人民大学学报》2003年第1期。2004年5月24日，笔者曾以《权利穷竭与平行进口》为题在哈佛大学法学院东亚法律研究中心的圆桌讨论会（EALS Roundtable Discussion）上做主题发言，哈佛大学法学院 William Fisher 教授及来自该法学院的访问学者、学生参加了讨论会，并对笔者的发言内容作了很有益的提问与评价。这些意见对于此后论文的修改都有助益。

从博士论文的写作至本书的完成，作者一直承蒙恩师赵中孚教授的悉心指导。笔者有幸在赵师的指导下，攻读中国人民大学民商法学专业博士学位。导师深厚的学养与儒雅的风格如春风化雨。记得2003年7月，在笔者即将赴哈佛大学法学院做访问研究之际，导师曾赠诗勉励："博文力作选入库，归时再闻新喜歌"。由于笔者自2004年至今，一直主持"知识共享中国大陆项目"，"博文"今日方得以付梓，实有愧于恩师的期许。如今，赵师更是以八秩高龄为本书作序。大恩不言谢，笔者在此对恩师无以为谢，唯有以老师为榜样，认真研究与教学。

作者感谢各位论文评阅人和答辩委员会委员，感谢他（她）们对论文提出的诸多有益意见与建议。感谢论文答辩委员会主席江伟教授，感谢江教授对笔者论文的肯定并推荐本论文进入"法律科学文库"。感谢刘春田教授对笔者论文选题提供的指导，感谢王轶教授就有关问题为笔者释疑解惑，感谢学界前辈郭寿康教授和同事郭禾教授、李琛教授和清华大学法学院图书馆于丽英馆长在笔者写作论文时给予的帮助。

感谢中国人民大学出版社法律出版分社的编辑们，没有他（她）们的支持与辛勤劳动，本书不可能出版。

最后，在本书的修订更新工作中，中国人民大学法学院研究生李鲁静、陈宇洋、肖娅妮和孙蓓蓓诸同学帮助笔者收集整理相关资料和校对等，在此一并致谢。

王春燕

2012年3月于中国人民大学法学院

图书在版编目（CIP）数据

平行进口法律规制的比较研究/王春燕著．—北京：中国人民大学出版社，2012.5
（法律科学文库）
ISBN 978-7-300-15623-1

Ⅰ．①平… Ⅱ．①王… Ⅲ．①贸易法-对比研究 Ⅳ．①D996.1

中国版本图书馆 CIP 数据核字（2012）第 072395 号

"十二五"国家重点图书出版规划
法律科学文库
总主编　曾宪义
平行进口法律规制的比较研究
王春燕　著
Pingxingjinkou Falüguizhi de Bijiaoyanjiu

出版发行	中国人民大学出版社			
社　　址	北京中关村大街 31 号	**邮政编码**	100080	
电　　话	010 - 62511242（总编室）	010 - 62511398（质管部）		
	010 - 82501766（邮购部）	010 - 62514148（门市部）		
	010 - 62515195（发行公司）	010 - 62515275（盗版举报）		
网　　址	http://www.crup.com.cn			
	http://www.ttrnet.com（人大教研网）			
经　　销	新华书店			
印　　刷	涿州市星河印刷有限公司			
规　　格	170 mm×228 mm　16 开本	**版　　次**	2012 年 5 月第 1 版	
印　　张	16 插页 2	**印　　次**	2012 年 5 月第 1 次印刷	
字　　数	263 000	**定　　价**	48.00 元	